나도 잘 하고 싶다

예제가 풍부한

AutoCAD & SketchUp

박남용 · 안혜진 공저

피앤피북

PREFACE

본 도서는 건축 및 인테리어, 조경, 토목 분야에서 광범위하게 사용되고 있는 디지털 디자인 도구인 AutoCAD와 SketchUp에 대한 주요 기능을 소개하고 관련 예제들을 풍부하게 담고자 하였습니다.

AutoCAD는 2차원과 3차원의 기능을 동시에 담고 있어 예전부터 다양한 디자인 분야에서 사용해 왔습니다. 그러나 점차 디자인 분야에서 신속한 모델링과 보다 쉬운 편집에 대한 요구가 증가하게 되었으며 이를 겨냥한 다양한 3차원 모델링 및 시각화 도구들이 등장하게 되었습니다. 이런 상황에서 AutoCAD의 3차원 기능에 대한 관심을 급격하게 줄어든 상황에 직면하게 되었습니다. 최근 각 대학 및 직업계 고등학교, 직업전문학교(학원 포함)에서도 AutoCAD 3차원에 대한 학습은 지양하고 이를 대체하는 3차원 학습으로 변화되고 있습니다. 단, AutoCAD 2차원에 대한 필요성과 학습은 지속되고 있는 상황입니다.

특히, SketchUp은 지속적으로 기능 개선 및 발전을 거듭하였고, 건축 및 인테리어, 조경 등 3차원 시각화에 가장 편리한 도구로 자리매김하고 있습니다. 더불어 확장 프로그램 관리자(Extension Manager)에서 다양한 루비(Ruby = Plug − In)를 추가할 있어 신속한 3차원 형상 표현을 가능케 하였습니다. 3D Warehouse(공유)와 Trimble Connect(연결)는 전 세계 디자이너들과 각종 정보, 자료 및 디자인 컨셉을 상호 교환할 수 있도록 하였습니다. 이처럼 AutoCAD와 SketchUp은 상호 호환성이 우수하어 디자인 분야에서 가장 기본이 되는 필수적 디지털 도구로 선호되고 있습니다.

본 도서의 특징은 다음과 같습니다.

1. 실무에 필요한 AutoCAD 2D 및 SketchUp 3D와 관련한 명령어(도구)들을 빠짐없이 소개하였습니다.
2. 주요 내용마다 관련 팁(TIP)을 추가하여 보다 세밀하게 명령어와 도구들을 살펴볼 수 있도록 구성하였습니다

3. 2차원 드로잉과 3차원 모델링 응용력을 향상시키고자 AutoCAD 2D와 SketchUp 3D와 관련한 다양한 예제를 수록하였습니다.

4. 3차원과 관련된 SketchUp 편의 본문은 학습의 편의성을 위해 대표 예제를 제시하고 이를 해결하기 위한 명령어 및 도구들의 수행 절차를 '따라하기' 방식으로 구성하였습니다.

5. AutoCAD 2D와 SketchUp 3D 동영상 강좌를 제공해드림으로써 학습자 스스로 예습과 복습이 가능하도록 하였습니다.

본 도서가 출간되기까지 함께 고생하여 주신 도서출판 피앤피북 대표님과 임직원들에게 깊은 감사의 뜻을 전합니다.

저자 박남용 · 안혜진

CONTENTS

PART 05 정보 조회 및 주석 입력 명령(도구)

PART 06   도면 배치 및 출력 명령(도구)

CHAPTER **01** 도면의 배치 및 출력

PART 03 주제로 배워보는 기본 도구 학습 II

AutoCAD & SketchUp

01

오토캐드 살펴보기

PART

01

AutoCAD의 시작

SketchUp Pro

CHAPTER

01 AutoCAD 화면구성과 제어

1 AutoCAD의 소개

1) 개요

CAD란 "Computer Aided Design & Drafting"의 약어로 "컴퓨터를 활용한 설계"를 의미합니다. 설계 시에 컴퓨터가 분석기능, 해석기능, 편집기능 등을 제공하여 설계도면의 작성, 설계도면의 산출, 도면에 관계된 견적서 작성, 도면자료 관리에 다양한 도움을 받을 수 있습니다.

현재는 MS-Office, 3DS-MAX, SketchUP, PHOTOSHOP 등의 다양한 소프트웨어와 상호 호환 및 연동이 자유로워지면서 보다 다양한 업무에 도입되고 있습니다. 특히 건축 및 인테리어 디자인 분야에서는 2차원 도면 작업뿐만 아니라 3차원 및 렌더링 기법을 적용하여 보다 실제적인 설계 이미지 구현을 하고 있습니다.

최근 출시된 AutoCAD 버전은 기존 버전에서의 명령어를 그대로 유지하면서도 한층 UPGRADE된 명령어들을 선보이고 있어 사용자들의 설계 환경을 더욱 편리하게 만들어 주고 있습니다.

◎ TIP
현재, 전자 문서인 PDF 파일 형식의 도면 문서를 열어 CAD 도면으로 변환하거나 저장할 수 있음

◎ TIP
AutoCAD의 명령 입력 방식이 예전 CUI 명령 입력 방식(명령 입력줄에 직접 명령어 또는 단축키 입력)에서 점차 GUI 명령 입력 방식(아이콘화 된 명령의 클릭)으로 변화되고 있음

2) 활용 효과

① 단일 세션에서 복수의 도면 작업 (다수의 도면을 동시에 열어 작업 가능)
② 동적인 3차원 설계 구현 (사용자 중심의 3차원 명령어 제공)
③ 3차원 설계 작업에 대한 실사 이미지 구현 (현실감 있는 재질 및 조명 표현)
④ 웹을 활용한 작업의 다중 공유
⑤ 다양한 외부 소프트웨어와의 상호 데이터 공유
⑥ 사용자 중심의 손쉬운 인터페이스 제공 및 이로 인한 작업물의 품질 향상
⑦ 단축 메뉴 활용으로 인한 신속한 설계 작업

◎ TIP
AutoCAD 프로그램은 www.autodesk.co.kr에서 체험판(30일)과 학생용(3년간 무료)으로 제공되고 있음

❷ 화면의 구성과 주요 [탭]별 리본

현재 AutoCAD 인터페이스는 [탭]별 [패널]로 구성된 [리본] 메뉴화 되어 있습니다. [리본]은 2009버전을 중심으로 새롭게 선보이는 메뉴 바의 형식입니다. 리본 메뉴는 단어 위주의 명령어를 쉽게 인식하고 활용하도록 하는 새로운 메뉴라고 볼 수 있습니다. 화면 구성 중 가장 중요한 부분은 COMMANDLINE(명령 입력창)입니다. 명령어의 구체적인 실행 순서를 모르더라도 명령 행을 항상 주지하면 작업의 60% 이상 해결을 해결할 수 있습니다.

- ① 탭 줄
- ② 탭별 리본메뉴
- ③ 뷰 큐브
- ④ 탐색도구
- ⑤ 작업(그리기) 영역
- ⑥ 명령 입력줄
- ⑦ 상태막대
- ⑧ 뷰 포트 제어/ 뷰 조정/ 비주얼 스타일 제어
- ⑨ UCSICON
- ⑩ 모형 및 배치 탭

1) 신속접근 도구막대와 제목 표시줄

Drawing1.dwg

① 새 도면 열기 (Ctrl+N 입력)
② 기존 도면 열기 (Ctrl+O 입력)
③ 저장 (Ctrl+S 입력)
④ 다른 이름으로 저장 (Ctrl+Shift+S 입력)
⑤ 출력 (Ctrl+P)

⑥ 실행 명령 취소 (명령 입력창 ▶ 'U' 입력 또는 Ctrl+Z)
⑦ 취소 명령 복구 (명령 입력창 ▶ 'Mredo' 입력 또는 Ctrl+Y)

⑧ 다른 인터페이스로 화면 전환

(2016버전부터 기존 [클래식] 항목이 사라짐)

⑨ 파일 제목

◎ TIP

명령 아이콘 위에 마우스 포인터를 두고 우측 버튼을 누르면 해당 아이콘을 신속접근도구막대에 추가 가능

2) [탭] 별 리본

① [홈] 탭 리본

도면 작성에 주로 상용되는 명령들로 구성

◎ TIP

신속접근도구 명령 아이콘 위에 마우스 포인터를 두고 우측 버튼을 누르면 해당 아이콘을 신속접근 도구막대에서 제거 가능

◎ TIP

AutoCAD 파일의 확장자명은 .DWG 임

② [삽입] 탭 리본

다른 형식의 파일을 가져오거나 내보내는 명령들로 구성. 삽입된 객체를 수정하는 기능도 포함

◎ TIP

패널 빈 곳에 마우스 포인터를 두고 마우스 우측 버튼을 클릭 ▶ 탭 표시와 패널 표시 ▶ 탭과 패널 표시 개별 제어 가능

③ [주석] 탭 리본

문자 및 치수, 지시선 등의 기입을 위한 명령들로 구성

◎ TIP

탭 제목을 클릭 후 Ctrl를 누른 채 이동시켜 탭 제목의 순서 변경 가능함

④ [뷰] 탭 리본

작업화면 전환 및 레이아웃과 각종 팔레트 도구 명령들로 구성

⑤ [출력] 탭 리본

작업된 도면에 대한 배치 작업 및 출력 도구 명령들로 구성

3) 도면 작성 공간

◎ TIP
Ctrl + 0(숫자) 입력 ▶ 탭
과 패널을 숨기고 작업화
면을 최대로 확장함

① 실제적인 도면 작업이 이루어짐
② 작업화면 하단의 [모델]과 [배치] 탭은 도면의 작성 공간과 배치 공간을 의미하며, 탭
을 클릭하면 해당 공간이 전환됨

4) 명령 입력줄

◎ TIP
Ctrl + 9 입력 ▶ 명령 입
력줄 ON/OFF 가능함

패널의 도구별 아이콘을 클릭하지 않고 직접 단축키 등의 문자로 명령어를 입력하는
줄이며, 명령 아이콘을 클릭하더라도 다음 명령 수행에 관련된 지시사항은 반드시 명
령 입력창에서 확인함

◎ TIP
AutoCAD는 '자동 완성'
기능이 있어 명령어를 전
부 입력하지 않더라도 일
부 알파벳으로도 관련된
명령 단어를 찾아내어 리
스트해 줌

5) 상태바

좌표 확인, 특정점 찾기, 직교, 그리드 등을 ON/OFF 할 수 있도록 구성

❸ 화면 표시 및 제어 기능

도면을 본격적으로 작성하기 전에 작업 화면을 관리하고 또한 보조적으로 도움을 주는 필수 기본 기능들에 대하여 반드시 숙지하여야만 합니다. 오토캐드는 다수의 기능키 (F1, F2…)와 마우스 휠의 활용, 'Ctrl + C' 등과 같은 **[핫 키]** 등을 활용하여 편리하게 운용할 수 있습니다.

1) 기능키 활용법

(1) F1

오토캐드 도움말 **[HELP 명령]**

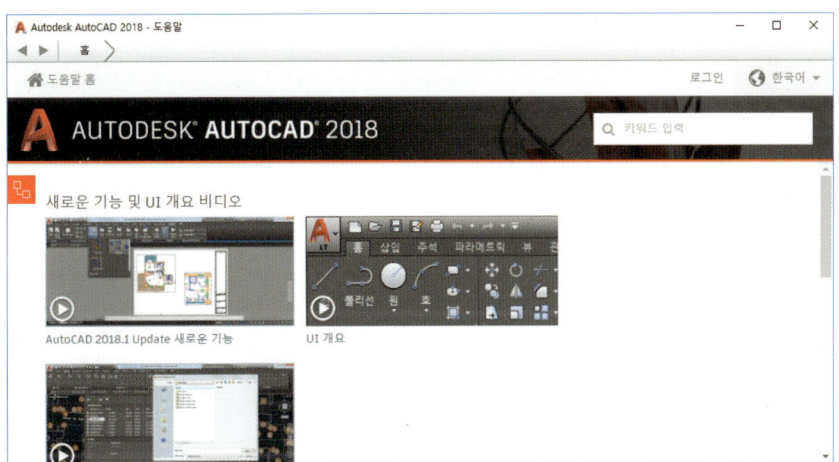

◎ **TIP**

화면 우측 상단의 '정보센터' 명령 입력란에 명령어를 입력하면 해당 명령어의 사용법을 확인할 수 있음

(2) F2

명령 입력줄 확장

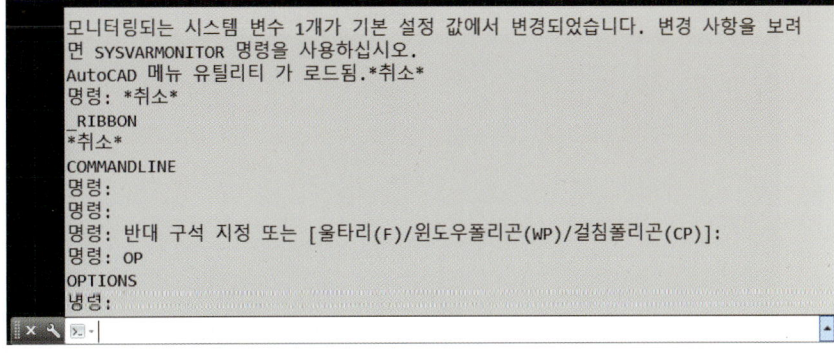

◎ **TIP**

명령 입력줄을 확장하여 이전 명령 사용 내역을 확인할 수 있음

◎ **TIP**

키보드의 상/하 방향키를 입력하면 사용된 명령을 확인하거나 실행할 수 있음

(3) F3

Osnap ON/OFF 기능(객체 특정점 탐색에 도움을 줌)

(4) F4

3dosnap ON/OFF 기능(3차원 객체 특정점 탐색에 도움을 줌)

◎ TIP
등각투영의 작성 예

(5) F5

등각 평면의 축 전환(Snap 명령의 옵션 중 Isometric(등각투영) 스타일과 함께 사용됨)

(6) F6

동적 UCS ON/OFF 기능(3차원에서 해당 면에 맞춰 그리기 할 수 있음)

(7) F7

Grid ON/OFF 기능(화면상에 일정 간격에 맞춰 격자 그리드 또는 점을 표현함)

◎ TIP
Grid 명령 입력 후 간격 값을 입력하여 그리드 크기 제어 가능

Grid on

◎ TIP
F9(스냅)을 ON하면 지정된 그리드 간격으로 커서 이동이 제한됨. 작업의 자유로움을 위해 스냅모드는 OFF 상태로 두는 것이 좋음

Grid off

(8) F8

Ortho ON/OFF 기능(직교된 수평과 수직으로 방향을 제어함)

◎ TIP

Grid 기능은 Snap 기능과 연계하여 일정 간격의 표준화된 형상 작성에 도움을 줌

(9) F9

Snap의 ON/OFF 기능(Snap에 의한 마우스 이동을 제어함)

(10) F10

극좌표 ON/OFF 기능(지정한 특정 각도 방향을 축적함)

(11) F11

객체 스냅 추적 ON/OFF 기능(상호 객체와 관계된 특정점을 추적함)

◎ TIP

객체 스냅 추적 기능은 상호 객체와 연관된 특정점을 추적하여 형상 작성에 도움을 줌

(12) F12

동적 명령 입력창의 ON/OFF [십자선 옆의 수치 입력창 표시]

동적입력 off   동적입력 on

◎ TIP

동적입력이 OFF되어 있으면 명령 입력줄에 명령어와 각종 값을 작성하여야 함

2) 마우스를 활용한 화면 제어

휠 : 작업화면 확대/축소 및 화면 이동에 활용

우측 버튼 : 명령 재실행 / 명령 실행 완료 / 신속접근 메뉴 펼침 등에 사용

좌측 버튼 : 각종 탭 및 리본 메뉴의 명령 아이콘 선택(클릭) / 명령어 세부 옵션 선택(클릭)에 활용

휠 마우스(Wheel Mouse)

◎ TIP

Ctrl + 9 : 명령 입력줄의 ON/OFF [화면 하단의 명령입력 창을 숨김]
Ctrl + 0 : Clenscreen의 ON/OFF [작업 화면을 더 넓게 사용 가능]

① 휠(Wheel) 더블 클릭 : Zoom 명령의 옵션 중 Extend, 즉 그려진 도면을 전체 화면에 맞추어 볼 수 있음

② 휠 회전 : 화면 Zoom IN(확대) / OUT(축소)

③ 마우스 커서를 작업창의 임의 곳에 두고 휠을 누르면 손바닥(PAN 기능)이 표시되며, 작업 화면을 자유자재로 움직임

④ 마우스 좌측 버튼 : 객체 / 도구(아이콘) / 풀다운 메뉴 선택

⑤ 마우스 우측 버튼 : 명령어 실행 / 종료 / 바로가기 메뉴 선택

3) 실행 된 명령의 단계별 취소 및 복구 방법

Undo[실행 명령 취소(단축키 U / Ctrl + Z)]는 최근 실행된 명령부터 차례대로 취소하는 명령이며, Mredo[취소 명령 복원(단축키 Ctrl + Y)]는 Undo로 취소된 명령을 차례로 복원시키는 명령입니다.

| 임의의 사각형 작성 | ERASE로 삭제 | UNDO 실행 (ERASE 명령 취소) | MREDO 실행 (UNDO 명령 취소) |

Undo와 Mredo

4) 'Options' 명령을 활용한 작업 화면 배경색 변환 방법

① A 버튼 ▶ 옵션 클릭

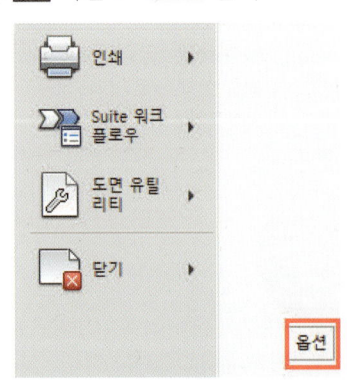

(자동저장시간 설정 및 십자선 및 작업공간의 배경 색상 등의 세부 작업 환경을 제어할 수 있음)

② [화면표시] 메뉴 ▶ [색상] 버튼을 클릭

◎ TIP

[화면표시] 탭 ▶ [십자선 크기]값을 조정하면 작업 화면에 마우스 포인터에 따라다니는 십자선의 크기를 제어할 수 있음

③ 색상 선택(콘텍스트(X) 선택 ▶ 색상 선택)

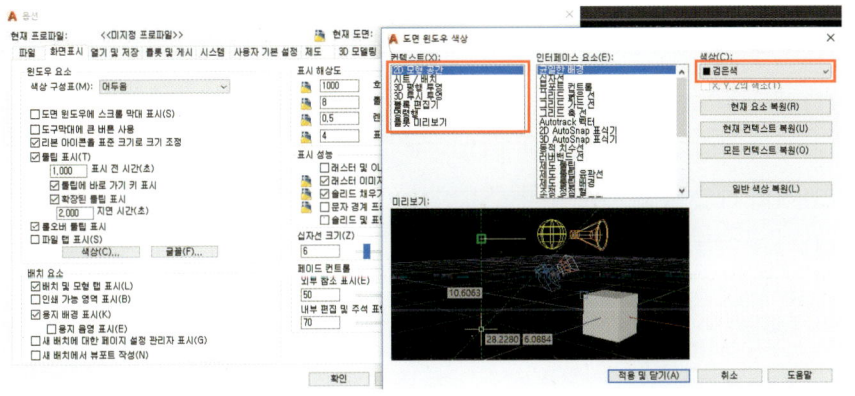

◎ TIP

작업 화면의 색상은 눈의 피로가 낮은 검정색으로 설정되어 있음. 녹색 등의 색상으로 변경할 경우 눈의 피로가 증가하여 작업 효율이 떨어짐으로 가능한 무채색 계열로 설정하는 것이 좋음

▶ [윈도우 요소] ▶ [색상 구성표(M)]을 '경량'으로 변경하면 리본 메뉴의 바탕이 흰색으로 변경됨

④ 적용 및 닫기(A) 버튼 클릭 ▶ 확인 버튼 클릭

⑤ 'Options' 명령을 활용한 파일 자동 저장 시간 설정 방법

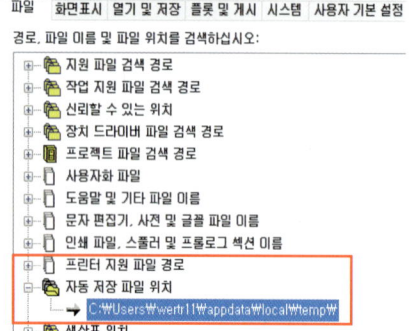

4 파일의 체계와 관리

CAD 파일은 다양한 핫 키를 활용하여 관리할 수 있습니다.

1) 파일 관리 핫 키

(1) 새로운 도면 열기(New, Ctrl + N)

(2) 기존 파일 열기(Open, Ctrl + O)

(3) 작업 파일 저장(Save, Ctrl + S)

(4) 다른 이름으로 저장(Save As, Shift + Ctrl + S)

OPEN(열기) 및 SAVE(저장)

① 파일 이름 : 찾거나 저장할 파일의 이름

② 파일 유형 : 찾거나 저장할 파일의 형식 지정

5 작업 영역의 크기와 작업 단위 설정(Limits & Units)

1) 개요

도면의 영역 즉 한계를 절대좌표로 설정합니다. 도면 작업 시 주로 활용하는 도면 한계는 A3 사이즈인 420×297mm입니다. 그러나 Limits명령을 통해 영역 설정 후 도면 작업을 진행할 경우 종종 자유스런 화면 이동을 방해할 수 있습니다. 이를 해결하기 위해 Limits를 무한대로 설정하는 것이 유리합니다.

도면의 작업은 mm 단위에서 시작합니다. 종종 inch 단위로 설정되는 경우가 있기에 Units 명령을 활용하여 mm 단위로 설정 변경합니다.

2) 작업 영역 설정과 작업 단위 설정 방법

(1) 작업 영역 설정

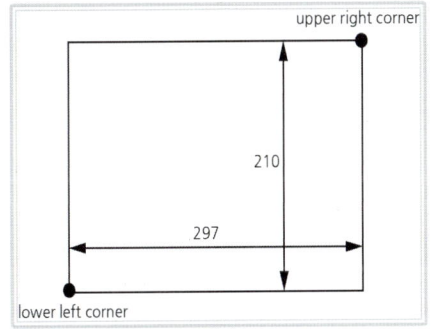

LIMITS(도면한계)

A판	사이즈	B판	사이즈
A0	841×1,189mm	B0	1,030×1,456mm
A1	594×841mm	B1	728×1,030mm
A2	420×594mm	B2	515×728mm
A3	297×420mm	B3	364×515mm
A4	210×297mm	B4	257×364mm
A5	148×210mm	B5	182×257mm
A6	105×148mm	B6	128×182mm
A7	74×105mm	B7	91×128mm
A8	52×74mm	B8	64×91mm
A9	37×52mm	B9	45×64mm
A10	26×37mm	B10	32×45mm

용지 사이즈

◎ TIP
Limits 명령에 의해 작업 영역이 설정되면 그 외 영역에서는 도면을 작성할 수 없게 됨. 그러나 Limits ▶ OFF 하게 되면 그 외 작업 영역에서 도면 작성 가능

◎ TIP
본문에 제시된 용지 사이즈를 참고하여 용도에 맞게 Limits를 설정 가능

① Limits [Enter ↵]

② ✕ ✎ ⌐ · LIMITS 왼쪽 아래 구석 지정 또는 [켜기(ON) 끄기(OFF)] <0.0000,0.0000>: · 에

좌측 하단 구석 점 '0,0' 입력 [Enter ↵]

③ ✕ ✎ ⌐ · LIMITS 오른쪽 위 구석 지정 <420.0000,297.0000>: · 에

대각선 방향 우측 구석 점 '297,210' 입력 [Enter ↵]

④ z입력 [Enter ↵] (영역을 지정한 후 반드시 Zoom 명령 실행)

⑤ ✕ ✎ ⌐ · ZOOM [전체(A) 중심(C) 동적(D) 범위(E) 이전(P) 축척(S) 윈도우(W) 객체(O)] <실시간>: ·

: 전체(A) 클릭 (Limits로 설정된 도면 전체 영역 확대)

(2) 도면 작업 단위 설정

① [도면 유틸리티] 항목 ▶ [단위] 클릭

◎ TIP
명령 입력줄에 'UNITS(단축키 : UN)'를 입력하여 '단위' 대화창을 열기할 수 있음

◎ TIP
복구(Recover) 명령을 활용하여 갑작스러운 컴퓨터 시스템 다운이나 프로그램 상의 오류로 인한 오류 파일을 복구할 수 있음

② [유형] 항목 드롭다운 버튼 ▶ Decimal(십진) 지정

◎ TIP
[각도]의 유형과 정밀도 변경도 가능함

③ Precision(정밀도) ▶ 드롭다운 버튼 소수점 자릿수 제어

◎ **TIP** 단축키 설정 과정

◎ **TIP** 단축키 설정
① [관리] 탭 ▶ [사용자화] 패널 ▶ [별칭 편집]을 활용하여 단축키 설정 가능
② 메모장에서 해당 명령어의 단축키 수정 후 반드시 [저장] 버튼 클릭
③ 명령입력줄 ▶ Reinit 명령 입력(엔터표시) ▶ [PGP] 체크 후 [확인] 버튼을 클릭하면 변경된 단축키로 사용 가능

단축키 설정 과정

MEMO

MEMO

그리기 명령(도구)

SketchUp Pro

CHAPTER

01 선 그리기와 지우기

1 선 그리기(Line)

1) 개요

미우스를 활용히어 선의 시작점을 지정 후 사용자가 원하는 다양한 형상을 작성할 수 있습니다.

[홈] 탭 ▶ 선 폴리선 원 호 (단축키 L)

그리기 ▾

2) 선(line) 작성 방법

(1) 시작과 다음 점 지정

① [홈] 탭 ▶ [그리기] 패널 ▶ 선 클릭

② 시작점 지정

③ 다음점 순차적으로 지정

④ Enter↵

◎ TIP
Line 명령을 실행하고 시작점 지정 ▶ 다음점 방향을 가리킨 후 명령 입력줄에 길이값을 입력하면 해당 방향으로의 선이 작성됨

(2) 기능키 F8(직교모드) 활용

① [홈] 탭 ▶ [그리기] 패널 ▶ 선 클릭

② 시작점 지정

③ F8키 입력 후 Ortho Mode(직교 모드) 활성화

④ 다음점 순자석으로 지성

⑤ Enter↵

◎ TIP
F8 기능키를 활용하여 수평 및 수직의 단순한 도형을 편리하게 작성할 수 있음

2 좌표를 활용한 선 그리기(Line)

1) 개요

상대좌표(@x,y), 상대극좌표(@거리값<각도값), 절대좌표(x,y), 절대극좌표(거리값<각도값)을 입력하여 보다 정확한 도형을 작성할 수 있습니다. 절대좌표와 절대극좌표의 활용빈도는 낮은 편이며, 상대좌표와 상대극좌표의 활용이 큽니다.

작성된 선은 마우스로 포인팅(선택) 후 나타나는 그립(Grip)점을 클릭 후 좌표값 또는 길이값을 입력하여 추가적인 길이 변화를 줄 수 있습니다.

◎ TIP

Grip은 **Line** 뿐만 아니라 작성된 모든 객체에서도 표시되며, 객체 특성에 의해 다양한 용도로 사용될 수 있음

2) 좌표 활용 방법

(1) 절대 좌표(x,y)를 활용한 선

◎ TIP

절대 좌표는 UCS 아이콘의 **X**와 **Y**축 교차점을 **0,0**(원점)으로 인식함

① [홈] 탭 ▶ [그리기] 패널 ▶ 선 클릭

② 시작점 지정 '0,0' 입력 [Enter↵]

③ 다음점을 절대 좌표 값으로 순차적 입력 (예 1000,0) [Enter↵]

(2) 상대 좌표(@x,y)를 활용한 선

◎ TIP

상대 좌표는 사용자가 지정한 점을 **0,0**(원점)으로 인식함

① [홈] 탭 ▶ [그리기] 패널 ▶ 선 클릭

② 시작점을 지정하기 위하여 화면상 임의 점 지정 [Enter↵]

③ 다음점을 상대 좌표값으로 순차적 입력(예 @1000,0) [Enter↵]

(3) 상대 극좌표(@거리값⟨각도값⟩)를 활용한 선

① **[홈]** 탭 ▶ **[그리기]** 패널 ▶ 클릭

② 시작점을 지정하기 위하여 화면상의 임의 점
지정

③ 다음점을 상대 극좌표 값으로 순차적 입력
(**예** @1000<0) Enter↵

극좌표 방향계

◎ **TIP**
상대 극좌표에서 각도
는 방향계를 참고하여
지정함

◎ **TIP**
'절대극좌표' 방법도 있
으나 많이 사용되지 않으
며, 형식은 @없이 거리
값과 각도값(1000<0)으
로 입력함

3 객체 선택과 지우기(Select & Erase)

1) 개요

명령 입력창에서 'Select Object(객체 선택)' 등의 지시사항이 제시될 때, 작성된 객체
를 다양한 방법으로 선택하고 지울(Erase) 수 있습니다.

객체를 지우는 명령어는 리본 메뉴 중 Modify(수정) 패널에서 🖌️ 을 클릭하거나 명
령 입력줄에서 'E'를 입력하여도 실행됩니다.

◎ **TIP**
객체 선택 ▶ 키보드
Delete 버튼 클릭
▶ 객체 삭제

2) 객체 선택 방법

(1) 단일 객체 선택

① 작성된 객체 선택

◎ **TIP**
떨어진 객체들을 클릭하
면 동시 선택되어지나
[Shift] 버튼을 동시에 누
르고 선택된 객체를 다
시 선택하면 선택에서
제거됨

(2) 모든 객체 선택

① 'Ctrl + A' 입력

◎ **TIP**

Selectsimilar 명령 입력
▶ 객체 선택 후 **[ENTER]**
키를 입력하면 주변 유사
객체들이 동시 선택됨

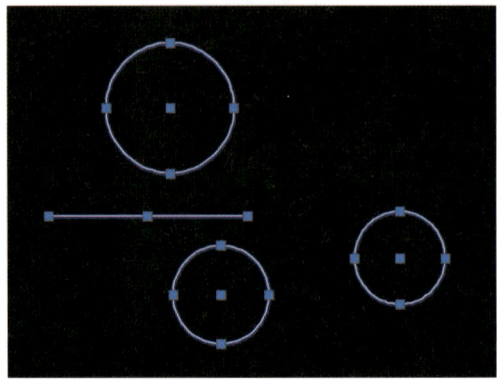

(3) Window 방법을 활용한 객체 선택(범위 내부에 포함된 객체만 선택)

① 선택할 객체를 중심으로 좌측 시작점 지정
② 선택할 객체를 중심으로 시작점 반대편 대각선 방향으로 지정

◎ **TIP**

Qselect(신속선택) 명령
을 활용하여 특정 조건에
맞는 객체를 신속히 선택
할 수 있음

◎ **TIP**

Crossing 방법을 '걸침'
방법이라고 해석하기도
함. 특히, 신축(Stretch)
명령은 객체 선택 시 걸
침 방법을 사용함

(4) Crossing 방법을 활용한 객체 선택(범위 내부에 포함되거나 걸쳐진 객체 선택)

① 선택할 객체를 중심으로 우측 시작점 지정
② 선택할 객체를 중심으로 시작점 반대편 대각선 방향으로 지정

◎ **TIP**

마우스 왼쪽 버튼을 누른 채 드래그하면 [올가미] 선택을 할 수 있음

◎ **TIP**

Ctrl 버튼을 누른 채 객체 추가 선택 / Shift 버튼을 누른 채 선택 된 객체 제외

3) 객체 지우기(Erase)

① [홈] 탭 ▶ [수정] 패널 ▶ 🖌 클릭

② 객체 선택 Enter↵

* 키보드의 'Delete' 버튼을 활용하여 선택된 객체 삭제 가능

4 객체 스냅 찾기(osnap)

1) 개요

객체 등에 존재하는 점을 찾아 선을 이어 그리거나 명확한 기준을 지정하여 객체 이동 또는 복사 등의 작업을 수행하고자 할 때 활용합니다. 객체에 존재하는 특정점을 찾기 위해 상태바 객체스냅(🖥) 아이콘을 클릭하거나 기능키 'F3'을 입력하여 활성화 한 후 그리기 등의 명령어를 실행합니다. 객체 스냅의 설정은 (🖥) 아이콘 위에 마우스 포인터를 두고 우측 버튼을 클릭하거나 명령 입력창에 'OS'를 입력한 후 찾고자 하는 객체의 특정점 사용 유무를 체크합니다.

◎ **TIP**

다양한 객체의 특정점을 찾는 도구인 객체 스냅(Object Snap) 중 노드(Node)점은 Divide나 Measure 명령을 수행 후 탐색할 수 있음

■ 객체 스탭(Osnap) 설정 전 후의 모습은 우측 이미지와 같음 (좌 : 설정 전 / 우 : 설정 후)

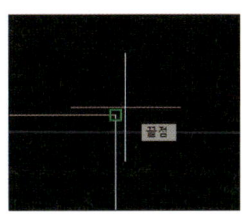

2) 객체 스냅 설정법

(1) 상태바의 [객체 스냅] 아이콘을 활용한 설정

① 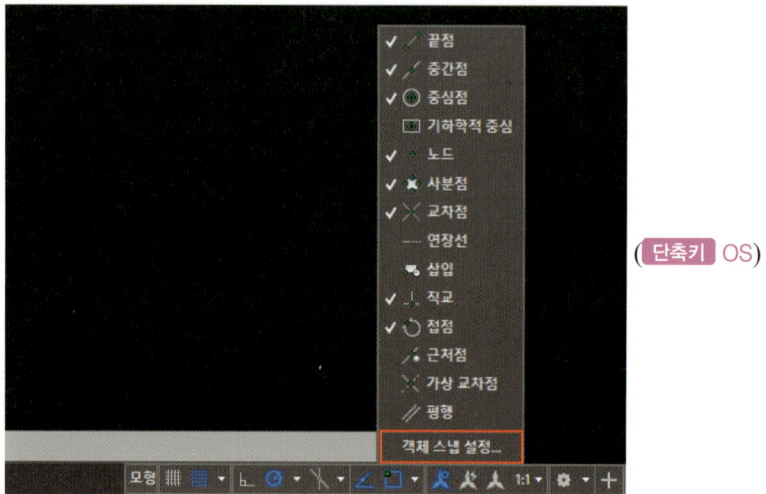 위 ▶ 마우스 포인터 위치

② 마우스 우측 버튼 클릭

③ 펼쳐진 객체 스냅 메뉴 확인

④ 펼침 메뉴 중 '객체 스냅 설정' 클릭

(단축키 OS)

◎ **TIP**

기능키 F3을 입력하여 Osnap 기능을 ON/OFF할 수 있음

◎ **TIP**

객체 스냅 모드의 모두를 선택하면 오히려 작업에 방해가 될 수 있음으로 필요한 스냅 모드만 선택하여 사용하는 것이 편리함

⑤ [객체 스냅 설정] 창에서 사용자가 찾고자 하는 특정점을 체크

- Endpoint(끝점) : 선이나 호의 가장 가까운 끝점 탐색

- Midpoint(중간점) : 선이나 호의 가장 가까운 중간점 탐색

- Center(중심점) : 원이나 호의 중심점 탐색

- Node(노드) : Divide나 Measure로 나누어 지정해둔 Point 탐색
- Quadrant(사분점) : 호, 원 또는 타원의 가장 가까운 사분점(0, 90, 180, 270도) 탐색
- Intersection(교차점) : 객체들이 만나는 교차점 탐색
- Extension(연장선) : 객체의 연장된 교차점 탐색
- Insertion(삽입점) : Text, Block, Shape의 삽입점 탐색
- Perpendicular(수직) : 한 객체에서 다른 객체로의 수직점 탐색
- Tangent(접점) : 객체들이 접하는 접점 탐색
- Ncarcst(근처점) : 현재 마우스 위치에서 객체위에 있는 가장 가끼운 한점 탐색
- Apparent intersection(가상교차점) : UCS과 관계없이 3차원의 교차점 탐색
- Parallel(평행) : 직선과 평행한 안내선 탐색

⑥ 확인 클릭

◎ TIP
객체 스냅은 그리기 뿐만 아니라 **Move, Copy, Rotate** 등 작업에 유용하게 활용됨

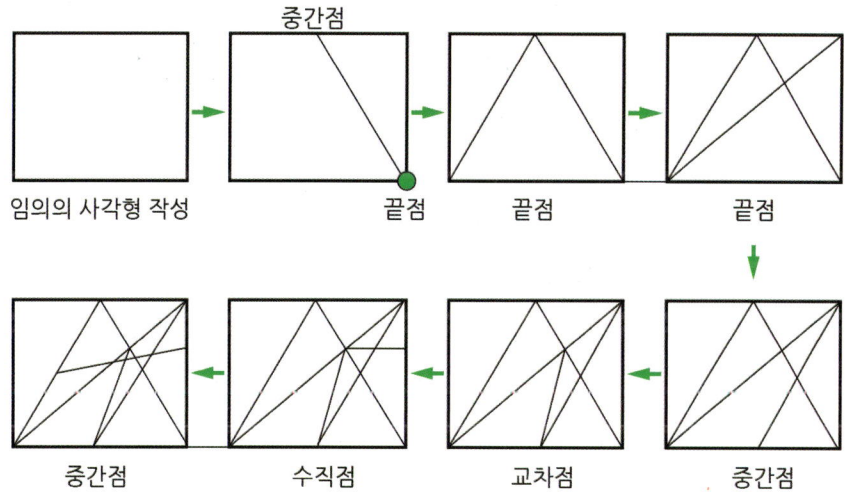

객체 스냅(Osnap) 활용

◎ TIP
Shift + 마우스 우측 버튼을 입력하여 객체 스냅 모드를 개별 선택하여 사용할 수 있음

MEMO

02 다양한 선의 표현

1 구성선 그리기(Xline)

1) 개요

구성선은 도면 작성에 필요한 중심선, 안내선 또는 다양한 무한대의 경사선을 작성할 때 주로 사용됩니다. 이와 관련된 명령어로는 양방향 무한선 작성의 'Xline'과 한 방향 무한선(광선) 작성의 'Ray' 명령이 있습니다.

[홈] 탭 ▶ [그리기] 패널 ▶ 드롭다운 버튼(▼) 클릭

◎ TIP
도면 작성을 할 경우 계획한 치수에 맞춰 Xline을 활용하여 중심선 작업을 미리 해두고 진행하는 것이 편리함

(단축키 Xline(XL))

✎(구성선) ✎(광선)으로 표현됩니다. 객체 스냅(Osnap) 기능과 함께 활용하면 보다 정확하고 다양한 무한의 구성선 작성이 가능합니다.

2) 구성선(Xline) 작성법

◎ TIP
[각도(A)] 옵션 클릭 ▶ 각도값 입력을 하면 지정 각도에 맞춰 무한대 구성선이 작성됨

(1) 수평 구성선

① [홈] 탭 ▶ [그리기] 패널 ▶ ✎ 클릭

② XLINE 점 지정 또는 [수평(H) 수직(V) 각도(A) 이등분(B) 간격띄우기(O)]:

: 수평(H) 클릭

③ 위치점 지정

④ Enter↵

(2) 수직 구성선

① [홈] 탭 ▶ [그리기] 패널 ▶ 🖉 클릭

② ⟨×✎ XLINE 점 지정 또는 [수평(H) 수직(V) 각도(A) 이등분(B) 간격띄우기(O)]:

: 수직(V) 클릭

③ 위치점 지정

④ Enter↵

◎ TIP
구성선(Xline)] 명령 중 [이등분(B)] 옵션 선택 ▶ 교차된 두 선의 교차점 지정 ▶ 첫 번째 객체 스냅 점 지정 ▶ 두 번째 선의 끝점 또는 근처점 지정

(3) 간격 띄우기

① [홈] 탭 ▶ [그리기] 패널 ▶ 🖉 클릭

② ⟨×✎ XLINE 점 지정 또는 [수평(H) 수직(V) 각도(A) 이등분(B) 간격띄우기(O)]:

: 간격띄우기(O) 클릭

③ 간격 값 입력 Enter↵

④ 간격 띄우기 대상 구성선 선택

⑤ 간격 띄우기 방향점 지정

⑥ Enter↵

◎ TIP
구성선(Xline) 명령 중 [간격띄우기(O)] 옵션 [통과점(T)] 옵션을 선택할 경우 간격 값에 상관없이 사용자가 직접 위치를 지정하여 구성선 간격 띄우기를 할 수 있음

(4) 구성선(Xline) 명령 중 [각도]와 [이등분] 옵션의 사용법은 23과 24 페이지의 [TIP] 내용 참고

3) 광선(Ray) 작성법

① [홈] 탭 ▶ [그리기] 패널 ▶ 🖉 클릭

② 시작점 지정

③ 방향점 지정

④ Enter↵

◎ TIP
기능키 F10을 활용하여 지정한 각도에 의한 [광선]을 정확하게 작성할 수 있음

■ 극좌표 추적을 위한 각도 설정(단축키 DS)

◎ TIP
명령 입력줄 ▶ DS 입력 후 [ENTER] ▶ 극좌표 각도 설정 가능

② 다중선 그리기(Mline)

1) 개요

다중선은 두 줄 또는 세 줄 이상의 선을 동시에 작성할 수 있는 명령입니다. 'Mledit' 명령을 활용하여 상호 교차된 다중선을 교차 유형을 변경할 수 있습니다. (단축키 ML)

2) 다중선 'Mline' 작성법

◎ TIP
Mline의 [축척]은 두 선 [간격]을 의미함

(1) 축척값(Scale)을 가진 다중선

① 'ML' 입력 Enter↵

② × ✎ - MLINE 시작점 지정 또는 [자리맞추기(J) 축척(S) 스타일(ST)]: : **축척(S)** 클릭

③ 축척 값 입력 Enter↵

④ 시작점 지정

⑤ 다음점 지정

⑥ Enter↵ 팁

◎ TIP
[스타일(ST)]옵션으로 Mlstyle에서 만든 스타일 이름을 입력하여 스타일 변경 가능(이 경우 반드시 축척(S)는 1로 설정하여야 함)

(2) 위치를 지정한 다중선

① 'ML' 입력 Enter↵

② × ✎ - MLINE 시작점 지정 또는 [자리맞추기(J) 축척(S) 스타일(ST)]: : **자리맞추기(J)** 클릭

③ × ✎ - MLINE 자리맞추기 유형 입력 [맨 위(T) 0(Z) 맨 아래(B)] <맨 위>: : **0(Z)** 클릭

④ 시작점 지정

⑤ 다음점 지정

⑥ Enter↵

◎ TIP
[자리맞추기(J)] 옵션에서 맨 위(T)는 기준선을 상단에 두고 다중선이 하단에 작성됨 / 0(Z)는 기준선을 중간에 두고 상단 및 하단에 다중선이 작성됨 / 맨 아래(B)는 기준선을 하단에 두고 다중선이 상단에 작성됨

MEMO

[TIP] Mlstyle 명령을 활용한 다중선 스타일 생성

[새로 만들기] 버튼 클릭 ▶ **[스타일 이름]** 입력 ▶ **[여러 중 스타일 수정]** 대화 상자 ▶ **[요소(E)]** ▶ 간격 띄우기와 색상, 선 종류 등을 추가 및 변경하여 다양한 스타일의 다중선을 생성함

3) 교차된 다중선의 교차 유형 변경

① 'Mledit' 입력 Enter↵

② 제시된 유형 중 선택

▶ 닫기(C) 클릭

③ 교차된 첫 번째 다중선 클릭
④ 교차된 두 번째 다중선 클릭

Mledit의 활용

3 폴리선 그리기(Polyline)

1) 개요

연속되어 이어진 하나의 단일 선의 성격으로 도형을 작성합니다. 이 외 기능으로 선의 폭을 부여하고, 직선과 곡선을 번갈아 가며 작성 할 수 있습니다.

[홈] 탭 ▶ [그리기] 패널 ▶ 폴리선 클릭(단축키 PL)

2) 폴리선 작성법

(1) 연속된 단일 폴리선

① [홈] 탭 ▶ [그리기] 패널 ▶ 폴리선 클릭

② 시작점 지정

③ 다음점 순차적 지정

④ Enter ↵

(2) 두께 폭이 있는 연속된 단일 폴리선

① [홈] 탭 ▶ [그리기] 패널 ▶ 폴리선 클릭

② 시작점 지정

③ ▪PLINE 다음 점 지정 또는 [호(A) 반폭(H) 길이(L) 명령 취소(U) 폭(W)]: : **폭(W)** 클릭

④ ▪PLINE 시작 폭 지정 <0.0000>: : 시작 폭 값 입력 [Enter↵]

⑤ ▪PLINE 끝 폭 지정 <0.0000>: : 끝 폭 값 입력 [Enter↵]

⑥ 다음점 순차적 지정

⑦ [Enter↵]

끝점

100

20

시작점

500

Pline의 활용

◎ TIP

Explode(단축키 : **X**) 명령
을 활용하여 분해하면 폭
값이 제거됨

(3) 직선과 곡선이 연속된 단일 폴리선 작성법

① [홈] 탭 ▶ [그리기] 패널 ▶ 🖼 폴리선 클릭

② 시작점 지정

③ ▪PLINE 다음 점 지정 또는 [호(A) 반폭(H) 길이(L) 명령 취소(U) 폭(W)]:

: **호(A)** 클릭

④ 다음점 지정

⑤ ▪PLINE [각도(A) 중심(CE) 방향(D) 반폭(H) 선(L) 반지름(R) 두 번째 점(S) 명령 취소(U) 폭(W)]:

: **선(L)** 클릭

⑥ 다음 점 지정

⑦ [Enter↵]

◎ TIP

지정점을 통과하는 스플
라인(**Spline**)과 지정점을
비켜가는 스플라인(**Spline**)
을 작성할 수 있음(스플
라인이란 자유 곡선을 의
미함)

MEMO

4 선 종류 및 축척 변경하기(Linetype & Ltscale)

1) 개요

도면 작업에서 주요하게 사용되는 선의 종류로는 숨은선, 일점쇄선(중심선), 실선 등이 있습니다.

선 종류(Linetype) 명령을 활용하여 기존의 실선에서 다양한 선의 종류를 선택하여 변경할 수 있으며, 숨은선(점선) 및 일점쇄선 등 선의 축척(Ltscale)을 조정함으로써 출력 시 명확하게 선의 종류가 구분되도록 표현할 수 있습니다.

◎ TIP
Ctrl +1 입력 ▶ 특성창
▶ 객체 선택을 통해 선
종류와 선축척을 개별 변
경 가능함

[홈] 탭 ▶ [특성] 패널 ▶ (단축키 Linetype(LT) / Ltscale(LTS))

2) 선 종류(Linetype) 변경

◎ TIP
선종류(Linetype)와 선축
척(Ltscale) 명령을 활용
한 설정 값은 도면층
(Layer) 설정과 연계됨

① [특성] 패널 ▶ 선 종류(Linetype)의 드롭다운 (▼) 버튼 클릭 (명령 입력줄에 'LT'라고 입력해도 됨)

② [기타] 항목 클릭

(향후 등록된 선 종류는 [Ctrl] + 1] 키를 입력하여 선택된 객체의 선 종류를 자유롭게 변경할 수 있음)

③ 선 종류 관리자(Linetype Manager) 창 ▶ ◀ 로드(L)... ▶ 버튼 클릭

◎ TIP
건축 단면도에서 단열재를 표현하고자 할 경우 선 종류 중 'Batting'을 활용함

④ [선 종류 로드 또는 다시 로드] 창 ▶ 스크롤 바 이동 ▶ 선 종류 선택

▶ ◀ 확인 ▶ 버튼 클릭

◎ TIP
임의 선종류 하나를 선택 후 'H'를 입력하면 H로 시작하는 선종류가 쉽게 탐색됨

⑤ 선 종류 관리자(Linetype Manager) 창 ▶ 신규 [선종류] 등록 확인

◎ TIP
선가중치 화면 표시 시스템 변수(Lwdisplay) 명령 입력 후 'ON/OFF' 옵션을 통해 작업화면에서의 선가중치 표현을 제어할 수 있음

⑥ 작업 화면 ▶ 작성된 선 선택

⑦ 특성(properties) 패널 ▶ **[선종류]**(Linetype) ▶ 드롭다운 (▼) 버튼 클릭

⑧ 'CENTER' 클릭

⑨ 작업화면 ▶ 선 종류 변경 확인

⑩ Esc 입력

3) 선의 축적(Ltscale) 변경

① [홈] 탭 ▶ [특성] 패널 ▶ ▶ [기타] 클릭

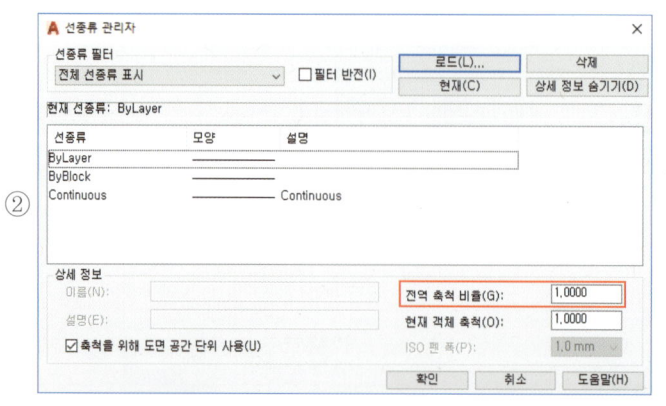

▶ 전역 축척 비율(G): [1.0000] 값 변경 ▶ [확인] 버튼 클릭

CHAPTER

03 도형 그리기

① 사각형 그리기(Rectang)

1) 개요

다양한 크기와 형태(모서리가 둥근, 모서리가 경사진)의 사각형을 즉시 작성할 수 있습니다. 객체 스냅 찾기 기능 즉 'Osnap' 명령과 함께 활용하면 보다 편리하게 작성할 수 있습니다.

[홈] 탭 ▶ [선 폴리선 원 호 그리기 ▼] ▶ ▢ (단축키 Rec)

◎ **TIP**
Rectang / Circle /
Ellipse / Polygon 등의 명령으로 작성된 도형을 폴리화 도형이라고 함

2) 사각형 그리기 작성법

(1) 상대좌표를 활용한 지정한 사각형 작성

① [홈] 탭 ▶ [그리기] 패널 ▶ ▢ 클릭

② 시작 구석점 지정

③ 사각형의 x방향 거리값과 y방향 거리값을 상대좌표(@x,y)로 입력 ▶ Enter↵

(2) 모서리가 둥근 사각형 작성

① [홈] 탭 ▶ [그리기] 패널 ▶ ▢ 클릭

② ▨✕🔍 RECTANG 첫 번째 구석점 지정 또는 [모따기(C) 고도(E) 모깎기(F) 두께(T) 폭(W)]:

  : 모깎기(F) 클릭

③ 반지름값 입력 Enter↵

④ 시작점 지정

⑤ 상대좌표(@x,y)값 입력 Enter↵

◎ **TIP**
특정 부분의 모서리는 Fillet(단축키 : F) 명령으로 둥글게 처리 가능

(3) 모서리가 경사진 사각형 작성

① [홈] 탭 ▶ [그리기] 패널 ▶ 클릭

② ✕ ↖ ▱ RECTANG 첫 번째 구석점 지정 또는 [모따기(C) 고도(E) 모깎기(F) 두께(T) 폭(W)]:
   : 모따기(C) 클릭

③ 첫 번째 모따기 값 입력 Enter↵

④ 두 번째 모따기 값 입력 Enter↵

⑤ 시작점 지정

⑥ 상대좌표(@x,y)값 입력 Enter↵

◎ TIP
특정 부분의 모서리는 Chamfer(단축키 : Cha) 명령으로 경사지게 처리 가능

2 원 그리기(Circle)

1) 개요

다양한 원형을 작성할 수 있습니다.

◎ TIP
중심점 및 2점, 3점 등을 지정할 경우 Osnap을 활용하면 정확함

2) 원형 그리기 작성법

(1) 중심점 지정 후 반지름 값을 활용한 원형 작성

① [홈] 탭 ▶ [그리기] 패널 ▶ 🔵 중심점, 반지름 클릭

② 중심점 지정

③ 반지름 값 입력 Enter↵

(2) 중심점 지정 후 지름 값을 활용한 원형 작성

① [홈] 탭 ▶ [그리기] 패널 ▶ 중심점, 지름 클릭

② 중심점 지정

③ 지름 값 입력 Enter↵

(3) 2점을 활용한 원형 작성

① [홈] 탭 ▶ [그리기] 패널 ▶ 2점 클릭

② 원의 첫 번째 점 지정

③ 원의 두 번째 점 지정

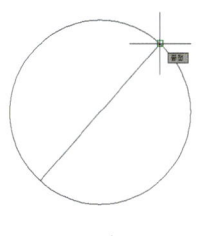

2점

(4) 3점을 활용한 원형 작성

① [홈] 탭 ▶ [그리기] 패널 ▶ 3점 클릭

② 원의 첫 번째 점 지정

③ 원의 두 번째 점 지정

④ 원의 세 번재 점 지정

3점

(5) 접점과 반지름을 활용한 원형 작성

① [홈] 탭 ▶ [그리기] 패널 ▶ 접선, 접선, 반지름 클릭

② 원이 접할 첫 번째 접선 지정

③ 원이 접할 두 번째 접선 지정

④ 반지름 값 입력 Enter↵

◎ TIP
Circle의 [접선, 접선, 반지름] 옵션을 활용하면 각진 모서리를 둥글게 처리할 수 있음

(6) 세 개의 접점을 활용한 원형 작성

① [홈] 탭 ▶ [그리기] 패널 ▶ 접선, 접선, 접선 클릭

② 원이 접할 첫 번째 접선 지정

③ 원이 접할 두 번째 접선 지정

③ 원이 접할 세 번째 접선 지정

◎ TIP
명령입력줄에 'C'를 입력 후 원 명령을 실행하면 [접선, 접선, 접선] 옵션이 제시되지 않음

③ 타원 그리기(Ellipse)

1) 개요

다양한 타원형을 작성할 수 있습니다.

2) 타원 그리기 주요 작성법

(1) 중심점과 2개 축점을 활용한 타원형 작성

① [홈] 탭 ▶ [그리기] 패널 ▶ 중심점 클릭

② 중심점 지정
③ 축의 첫 번째 점 지정
④ 축의 두 번째 점 지정

(2) 2개 축점과 1개 끝점을 활용한 타원형 작성

① [홈] 탭 ▶ [그리기] 패널 ▶ 축, 끝점 클릭

② 축의 첫 번째 점 지정
③ 축의 두 번째 점 지정
④ 축의 세 번째 점 지정

(3) 타원형 호 작성

타원형 호는 [축, 끝점] 방법으로 진행 후 연이어 호의 시작점과 끝점을 지정하며, 아래의 그림과 같은 순서로 포인팅하여 작성함

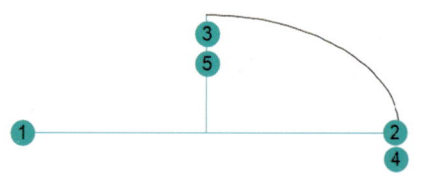

4 호 그리기(Arc)

1) 개요

다양한 호를 작성합니다.

◎ TIP
다양한 호 작성 방법이 있으나 '3점 / 시작점, 끝점, 반지름 / 시작점, 끝점, 방향' 방법을 많이 사용함

◎ TIP
호는 원과 타원을 작성 후 일부분을 절단하여 표현할 수 있음

2) 호 그리기 주요 작성법

◎ TIP
호(Arc)의 [3점] 옵션 사용 예)

(1) 세 점을 지정한 호 작성

① [홈] 탭 ▶ [그리기] 패널 ▶ [3점] 클릭

② 호 첫 번째 점 지정

③ 호 두 번째 점 지정

④ 호 세 번째 점 지정

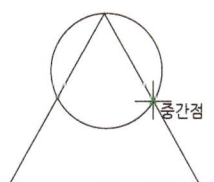

(2) 시작과 끝점 지정 후 반지름 값을 활용한 호 작성

◎ TIP
[시작점, 끝점, 반지름]
옵션을 활용할 경우 시계
반대 방향으로 호가 돌출
됨으로 이를 염두하고 포
인팅하여야 함

① [홈] 탭 ▶ [그리기] 패널 ▶ 시작점, 끝점, 반지름 클릭

② 호 시작점 지정

③ 호 끝점 지정

④ 호 반지름 값 입력 Enter↵

(3) 시작과 끝점 및 방향점을 지정한 호 작성

① [홈] 탭 ▶ [그리기] 패널 ▶ 시작점, 끝점, 방향 클릭

② 호 시작점 지정

③ 호 끝점 지정

④ 호 방향점 지정 (F8 기능키를 활용하여 자유로운 방향점 지정 가능)

5 다각형 그리기(Polygon)

1) 개요

3개의 이상의 면 수와 반지름 값 또는 모서리(Edge)의 길이를 지정하여 다양한 형태의 각진 도형을 작성하는 명령입니다.

◎ TIP
Polygon을 활용하면 정
삼각형을 쉽게 작성할 수
있음

[홈] 탭 ▶ 선 폴리선 원 호 그리기 ▶ 이동 직사각형 폴리곤 ▶ 폴리곤 (단축키 POL)

2) 다각형 작성 방법

(1) 반지름 값을 활용한 다각형 작성

① [홈] 탭 ▶ [그리기] 패널 ▶ 폴리곤 클릭

② 면 수 입력 Enter↵

③ 중심점 지정

◎ TIP
원에 외접(C)으로 설정할
경우 가상의 원의 외곽에
면에 다각형이 작성됨

④ × ⌖ ☖ POLYGON 옵션을 입력 [원에 내접(I) 원에 외접(C)] <I>: : 원에 내접(I) 클릭

⑤ 반지름 값 입력 Enter↵

(2) 모서리의 길이와 각도 값을 활용한 다각형 작성

① **[홈]** 탭 ▶ **[그리기]** 패널 ▶ 폴리곤 클릭

② 면 수 입력 Enter↵

③ [**모서리(E)**] 클릭

④ 시작점 지정

⑤ 상대극좌표 활용하여 길이와 각도 값 입력(예 @1000<0) Enter↵

[TIP] 원의 내접과 외접의 이해와 활용

POLYGON · R50 · 중심점

R50 · POLYGON · 중심점

면수 4개/반지름 값 50
(원의 내접 적용)

면수 4개/반지름 값 50
(원의 외접 적용)

Polygon의 활용

◎ **TIP**
모서리의 길이와 각도 값을 활용하는 방법은 밑변(모서리)의 길이와 각도에 관계됨. 예를 들어 면수를 3으로 지정한 후 [모서리(E)] 옵션으로 @60,<0을 입력하면 세 면의 길이가 60인 정삼각형이 작성됨

MEMO

6 도넛 그리기(Donut)

1) 개요

내부 지름과 외부 지름 값을 입력하여 도넛 형상의 객체를 작성하는 명령입니다.

2) 도넛 그리기 작성 방법

도넛의 작성 방법은 내부의 지름 값과 외부의 지름 값을 지정하는 방법과 내부의 지름 값을 0으로 두고 외부 지름 값만 지정하는 방법이 있습니다. 도넛의 지름은 음수의 값을 줄 수 없습니다.

내부 지름보다 외부 지름 값을 작게 입력하면 캐드에서는 자동으로 작은 값을 내부 지름으로, 큰 값을 외부 지름으로 인식하여 표현합니다.

(1) 내부 지름 값과 외부 지름 값 지정

① [홈] 탭 ▶ [그리기] 패널 ▶ ◎ 클릭

② 내부 지름 값 입력 [Enter↵]

③ 외부 지름 값 입력 [Enter↵]

④ 도넛 중심점 지정

(2) 내부 지름 값을 0으로 두고 외부 지름 값 지정

① [홈] 탭 ▶ [그리기] 패널 ▶ ◎ 클릭

② 내부 지름 값 '0' 입력 [Enter↵]

③ 외부 지름 값 입력 [Enter↵]

④ 도넛 중심점 지정

7 구름형 그리기(Revcloud)

1) 개요

호의 최소값과 최대값을 입력하여 범위 내의 연속된 호를 작성하여 **[구름형상]**을 작성하는 명령입니다.

[홈] 탭 ▶

◎ TIP
Revcloud 명령은 도면 수정사항을 표시할 때 자주 사용됨

2) 구름형 그리기 작성 방법

구름형 그리기는 기본적으로 최소 및 최대의 호의 길이 값을 지정 후 먼저 작성하는 방법과 미리 작성되어진 객체를 지정하는 방법이 있습니다. 추가로 작성되어지는 호의 스타일을 재지정하여 작성할 수 있습니다.

(1) 사각형 형태의 구름형 작성

① **[홈]** 탭 ▶ **[그리기]** 패널 ▶ 직사각형 클릭

② [호 길이(A) 클릭

③ 호 최소 길이 값 입력 Enter↵

④ 호 최대 길이 값 입력 Enter↵ (최소 길이의 3배 초과 금지)

⑤ 시작점과 대각선 반대점 지정

(2) 폴리화 된 도형을 활용한 작성

① **[홈]** 탭 ▶ **[그리기]** 패널 ▶ 폴리곤 클릭

② [호 길이(A) 옵션 클릭

③ 호 최소 길이 값 입력 Enter↵

◎ TIP
폴리선(Polyline) 등으로 다양한 형상의 폴리화 도형 작성함

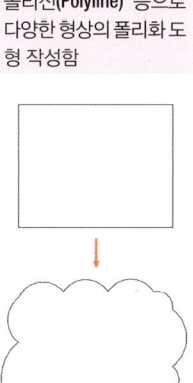

④ 호 최대 길이 값 입력 `Enter↵` (최소 길이의 3배 초과 금지)

⑤ 객체(O) 클릭

⑥ 미리 작성된 객체 선택

⑦ 호 방향 반전 [예(Y) 아니오(N)] 중 옵션 클릭

(3) 스케치를 활용한 작성

◎ **TIP**
구름형 그리기(Revcloud) 명령은 조경 설계에서 다양한 조경수(나무, 수풀) 등을 표현할 수 있음

① [홈] 탭 ▶ [그리기] 패널 ▶ **프리핸드** 클릭

② [호 길이(A)] 옵션 클릭

③ 호 최소 길이 값 입력 `Enter↵`

④ 호 최대 길이 값 입력 `Enter↵` (최소 길이의 3배 초과 금지)

⑤ 마우스 좌측 버튼을 누른 채 이동(시작점 근접 시 자동 닫힘)

(4) 작성되어지는 호의 스타일을 재지정하는 방법

① [홈] 탭 ▶ [그리기] 패널 ▶ **직사각형** 클릭

② 스타일(S) 클릭

③ [일반(N) 컬리그래피(C)] ▶ **컬리그래피(C)** 클릭

④ 시작점과 대각선 반대 방향점 지정

◎ **TIP**
[컬리그래피(C)] 옵션으로 시작과 끝의 폭을 가진 구름형을 작성할 수 있음

Revcloud의 방향전환

[주의] 호의 최소 길이가 객체 선분의 길이보다 크면 구름형 그리기(Revcloud)가 작성되지 않음

8 포인트 그리기와 유형 변경(Point & Ddptype)

1) 개요

점 객체를 작성합니다. 점 작성 전/후 Ddptype 명령으로 점의 스타일과 크기를 지정합니다.(단축키 Point(PO) / Ddptype(PTYPE))

2) 포인트 그리기 작성 방법

포인트 그리기는 사전에 Ddptype 명령을 실행하여 포인트 객체의 스타일과 크기를 지정한 후, 점(Point) 명령을 실행하여 화면상에 위치를 상대적인 크기 또는 절대 단위로서 지정하여 작성하는 방법과 이미 작성되어진 포인트 객체를 재수정하는 방법으로 작성됩니다.

◎ TIP
Point와 Ddptype 명령을 활용하면 전산응용건축제도에서 온수 파이프 형상을 작성할 수 있음

(1) 신규 포인트를 화면상에 상대적인 크기로 설정 후 작성
① Ddptype(단축키 Ptype) 입력 Enter↵
② [점 스타일] 창 확인

◎ TIP
원(Circle) 작성 후 중심표식(Centermark) 명령을 수행하여 원과 십자형 마크를 작성할 수도 있음

■ [상대적인 크기]란 도면 작업 공간의 확대/축소 범위에 따라 상대적으로 크기가 조정되는 것을 의미함

③ 사용자가 원하는 점 스타일 선택

명령 입력줄에 점 스타일 표시 모드(Pdmode) 명령을 입력한 후 변수값을 입력
함으로 점 스타일을 선택할 수 있음

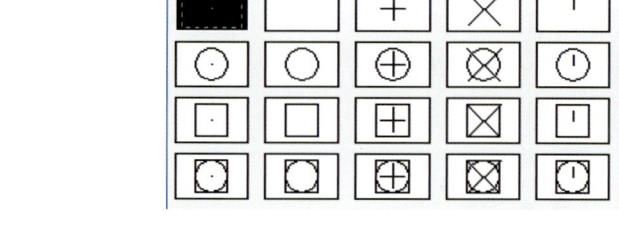

④ 점 크기(S): 5.0000 %

◉ 화면에 상대적인 크기 설정(R)

▶ 점 크기(S) 입력

▶ [화면에 상대적인 크기설정(R)] 선택 ▶ 확인 클릭

⑤ Point(단축키 PO) 입력 Enter↵

⑥ 포인트 위치점 지정

⑦ 화면 확대 또는 축소

⑧ Regen(단축키 RE) 입력 Enter↵ (작업 공간의 확대/축소에 상대적으로 관계하여
점의 크기가 변화됨)

MEMO

(2) 신규 포인트를 절대 단위 크기로 설정 후 작성하는 방법

① Ddptype(단축키 Ptype) 입력 Enter↵
② [점 스타일] 창 확인

◎ TIP
지름 25mm 원과 중심 표식을 작성할 경우 [절대 단위로 크기설정(A)]를 선택하고 크기를 25로 설정함

③ [점 스타일] 창에서 사용자가 원하는 특정 포인트 지정

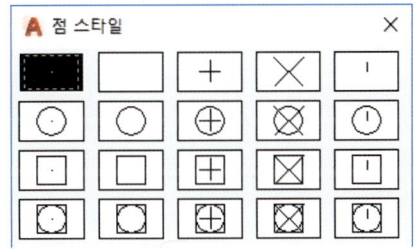

◎ TIP
Regen(단축키 : RE)은 도면 재생성 명령으로 도면 작성 중 원의 테두리가 각져 보일 경우 사용될 수 있음

④ ▶ 점 크기(S) 입력

▶ [절대 단위로 크기 설정(A)] 선택 ▶ 확인 클릭

⑤ Point(단축키 PO) 입력 Enter↵
⑥ 포인트 위치점 지정
⑦ 화면 확대 또는 축소
⑧ Regen(단축키 RE) 입력 Enter↵ (작업 공간의 확대/축소에 관계 없이 점의 크기가 변화되지 않음)

MEMO

PART

03

객체 이동 및 복사 명령(도구)

SketchUp Pro

CHAPTER

01 객체의 다양한 복사

1 이동과 복사(Move & Copy)

1) 개요

Move(이동)과 Copy(복사) 명령은 수행 과정이 동일한 명령입니다. 상대극좌표를 이용하거나 'Osnap' 명령과 F8 기능키를 활용하면 더욱 편리합니다.

◎ TIP
복사(Copy) 명령은 일반적으로 다중 복사 기능이 활성되어 마우스로 포인팅 할수록 다중 복사됨

2) 객체 이동 및 복사 방법

(1) 객체 이동

① [홈] 탭 ▶ [수정] 패널 ▶ ✛ 이동 클릭

② 이동 대상 객체 선택 [Enter↵]

③ 기준점 지정

④ 상대극좌표를 활용하여 이동할 거리 값과 방향 값 입력 [Enter↵]
　(Osnap으로 특정 객체의 점을 지정 또는 F8 기능으로 수평 또는 수직 방향 지시후 이동 거리값 입력으로 이동 가능)

◎ TIP
반드시 상대극좌표 방법만을 사용하는 것이 아니며 상대 및 절대 좌표 뿐만아니라 객체 스냅 점을 활용함

(2) 객체 복사

① [홈] 탭 ▶ [수정] 패널 ▶ 복사 클릭

② 복사 대상 객체 선택 [Enter↵]

③ 기준점 지정

④ 상대극좌표를 활용하여 이동할 거리 값과 방향 값 입력 [Enter↵]

(Osnap으로 특정 객체의 점을 지정 또는 F8 기능으로 수평 또는 수직 방향 지시 후 이동 거리값 입력으로 이동 가능)

기준점
복사할 객체의 기준점 지정

복사점(@100〈0)
복사할 객체의 복사점 지정

Copy의 활용

❷ 배열 복사(Array)

1) 개요

선택된 객체를 등 간격으로 다중 복사해 주는 명령입니다. 배열 복사는 직사각형, 원형, 경로 방식으로 구분됩니다.

◎ TIP
배열 복사(Array)를 활용하면 다수의 반복된 형상을 신속하게 편리하게 작성할 수 있음

[홈] 탭 ▶ (단축키 AR)

2) 배열 복사 방법

(1) 직사각형의 배열 다중 복사

① [홈] 탭 ▶ [수정] 패널 ▶ 직사각형 배열 클릭

② 객체 선택 Enter↵

③

[배열 작성] 탭 ▶ 열(X축을 의미) 패널 ▶ 열 : 복사 개수 입력 / 사이 : 개별 거리값 입력

[배열 작성] 탭 ▶ 행(Y축을 의미) 패널 ▶ 행 : 복사 개수 입력 / 사이 : 개별 거리값 입력

[배열 작성] 탭 ▶ 레벨(Z축을 의미) 패널 ▶ 레벨 : 복사 개수 입력 / 사이 : 개별 거리값 입력

④ [배열 작성] 탭 ▶ [닫기] 패널 ▶ 배열 닫기 클릭

◎ TIP

연관

결과물이 하나로 묶인 (연관) 상태로 선택됨(배열 개수 및 거리 등 재수정 가능)

(2) 원형 배열 복사

① [홈] 탭 ▶ [수정] 패널 ▶ 원형 배열 클릭

② 객체 선택 Enter↵

③ 중심점 지정

④

[배열 작성] 탭 ▶ [항목] 패널 ▶ 항목 : 복사 개수 입력 / 사이(개별 사이 간격 각도) : 각도값 입력

[배열 작성] 탭 ▶ [항목] 패널 ▶ 행 : 복사 개수 입력 / 사이 : 개별 거리값 입력

[배열 작성] 탭 ▶ [항목] 패널 ▶ 레벨 : 복사 개수 입력 / 사이 : 개별 거리값 입력

⑤ [배열 작성] 탭 ▶ [닫기] 패널 ▶ 배열 닫기 클릭

◎ TIP

항목 회전

결과물이 중심점을 기준으로 함께 회전됨

◎ TIP

중심점을 지정할 경우 **Osnap**을 활용하여 정확하게 포인팅하는 것이 중요함. 가구 테이블 세트 등 원형 배열을 이용하여 중심을 기준으로 한 다양한 객체를 편리하게 작성할 수 있음

(3) 경로 배열 복사

① [홈] 탭 ▶ 수정 패널 ▶ 경로 배열 클릭

② 객체 선택 Enter↵

③ 경로 선택 Enter↵

④

[배열 작성] 탭 ▶ [항목] 패널 ▶ 항목 : 복사 개수 입력 / 사이(개별 사이 간격 각도) : 각도값 입력

[배열 작성] 탭 ▶ [항목] 패널 ▶ 행 : 복사 개수 입력 / 사이 : 개별 거리값 입력

[배열 작성] 탭 ▶ [항목] 패널 ▶ 레벨 : 복사 개수 입력 / 사이 : 개별 거리값 입력

⑤ [배열 작성] 탭 ▶ [닫기] 패널 ▶ 클릭

3 간격 띄우기(Offset)

1) 개요

선택된 객체를 입력된 거리 값에 의하여 등간격 또는 통과점 방법으로 복사하는 명령입니다. 간격 띄우기는 폴리선(Polyline)으로 작성된 객체와 폴리화 된 도형(Rectang, Circle, Ellipse, Polygon 등)에서 더욱 유효합니다.

[홈] 탭 ▶ ▶ (단축키 O)

2) 간격 띄우기 방법

(1) 간격 값을 활용한 등 간격 복사

① [홈] 탭 ▶ [수정] 패널 ▶ 클릭

② 간격 값 입력 [Enter↵]

③ 객체 선택

④ 간격 띄우기 방향점 지정 (③④ 과정을 반복 수행하여 다중 복사)

⑤ [Enter↵]

(2) 통과점을 활용한 간격 복사

① [홈] 탭 ▶ [수정] 패널 ▶ 🔲 클릭

② **통과점(T)** 옵션 클릭

③ 객체 선택

④ 간격 띄우기 방향점 지정 (③④ 과정을 반복 수행하여 다중 복사)

⑤ [Enter ↵]

CIRCLE 명령어로
반지름 50의 원본 원을 작도

OFFSET 명령어로 작성

Offset의 활용

4 대칭 복사(Mirror)

1) 개요

선택된 객체를 지정한 축을 중심으로 대칭 복사하는 명령입니다.

(1) 리본 메뉴

[홈] 탭 ▶ ··· ▶ 🔺 대칭 (**단축키** MI)

2) 대칭 복사 방법

① [홈] 탭 ▶ [수정] 패널 ▶ 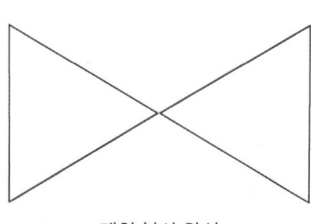 클릭

② 객체 선택 Enter↵

④ 대칭 복사 기준축 첫 번째 점 지정

⑤ 대칭 복사 기준축 두 번째 점 지정

⑥ 원본 객체를 지우시겠습니까? [예(Y) 아니오(N)] 옵션 중 선택

⑦ Enter↵

◎ TIP
[예(Y)]를 클릭하면 원본 객체가 삭제됨

마우스 수직 방향

기준점

대칭 복사할 객체 선택 및 기준점
지정 후 마우스 수직 방향

대칭 복사 완성

Mirror의 활용

MEMO

객체 관리 및
편집 명령(도구)

SketchUp Pro

CHAPTER

01 객체 관리하기

1 색상(Color)

1) 개요

선이 색상을 부여 또는 변경합니다. 도면 작성자는 선의 종류 또는 유사한 성격의 도면 요소 등을 색상으로 구분하게 됩니다. 예를 들어 중심선은 빨간색, 외형선은 노란색, 숨은선은 녹색 등으로 표현합니다.

(단축키 COL)

◎ **TIP**
Ctrl + 1(특성창)을 활용하여 선택된 객체의 색상을 변경할 수 있음

2) 색상으로 객체 관리 방법

(1) 색상 지정 후 객체 작성

① [홈] 탭 ▶ [수정] 패널 ▶ [도면층별] 클릭

② 색상 선택

③ 객체 작성

◎ **TIP**
AutoCAD 색상 색인(ACI)에서 세 개의 탭에 있는 255개의 색상, 트루컬러, 색상표 중에서 선택할 수 있음

(2) 작성된 객체의 색상 변경

① 작업 화면상에 작성된 객체 선택

② [홈] 탭 ▶ [수정] 패널 ▶ [도면층별] 클릭

③ 색상 선택

◎ TIP

Ctrl + 1(특성창)을 활용하여 선택된 객체의 도면층을 변경할 수 있음

2 도면층(Layer)

1) 개요

도면층을 생성하고 이름, 선 종류, 선 색상, 출력 여부, 선의 가중치 등을 종합적으로 관리하는 명령입니다.

(1) 리본 메뉴

[홈] 탭 ▶ ... 현재로 설정 / 도면층 일치 ... ▶ 도면층 특성 (단축키 LA)

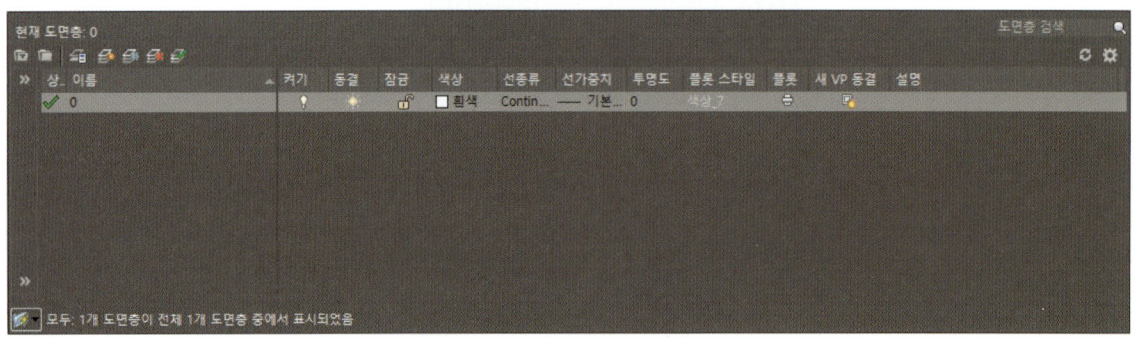

2) 도면층으로 객체 관리 방법

(1) 신규 도면층 작성

① [홈] 탭 ▶ [도면층] 패널 ▶ 도면층 특성 클릭

② ▶ (신규 레이어 생성) 버튼 클릭(단축키 Alt + N)

③ 이름 변경 위한 도면층 선택

④ F2 기능키 입력 ▶ 이름 변경

■ 전산응용건축제도기능사 자격 시험에서는 주로 '단면선 / 중심선 / 입면선 / 해칭선 / 마감선 / 치수 및 문자'로 도면층의 이름을 설정함. 이 외 CAD와 관련한 다양한 자격증 시험에서도 해당 시험에 맞는 도면층 설정을 요구함.

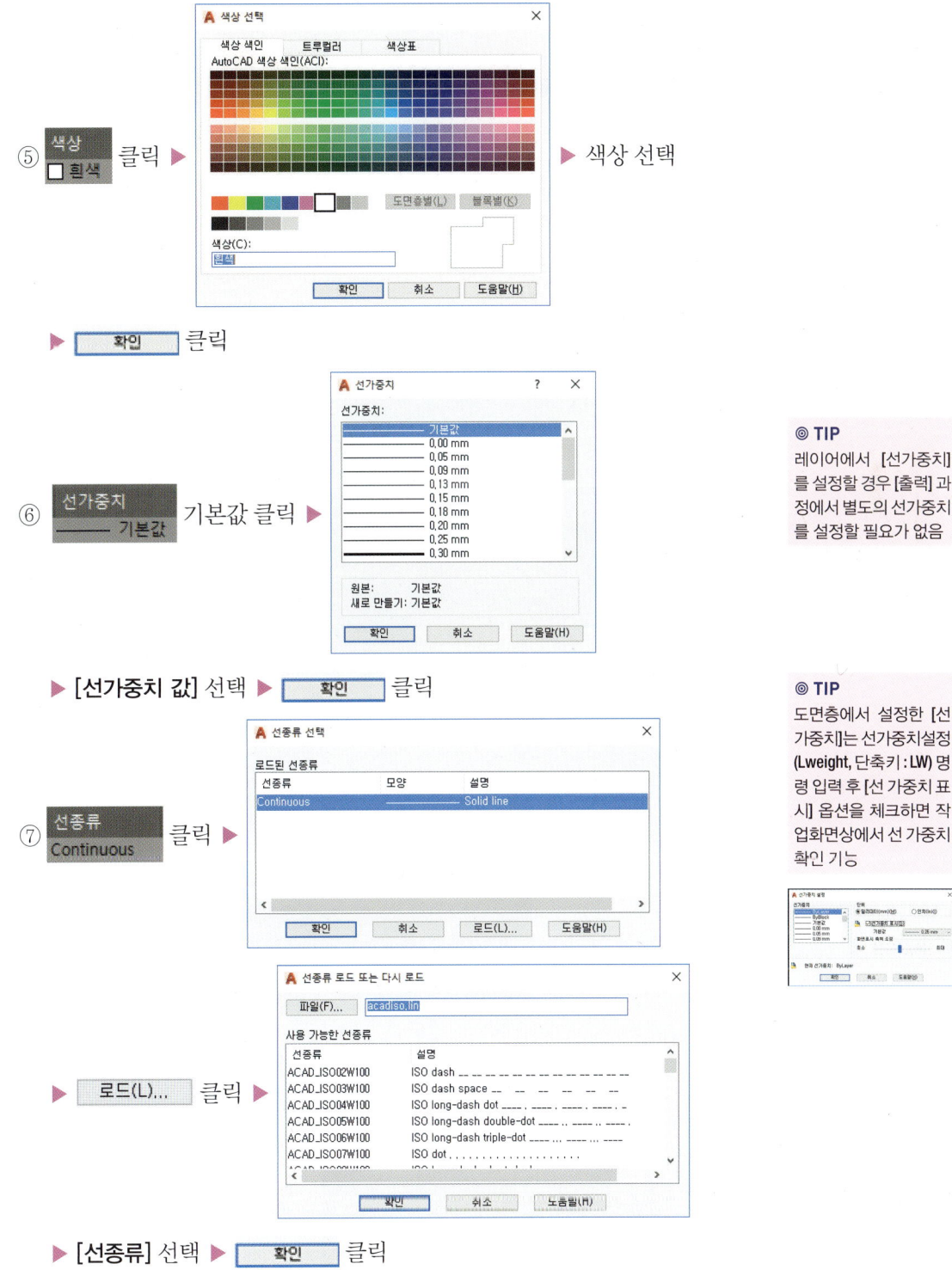

⑤ 색상 □ 흰색 클릭 ▶ ▶ 색상 선택

▶ 확인 클릭

⑥ 선가중치 ─── 기본값 기본값 클릭 ▶

◎ TIP
레이어에서 [선가중치]
를 설정할 경우 [출력] 과
정에서 별도의 선가중치
를 설정할 필요가 없음

▶ [선가중치 값] 선택 ▶ 확인 클릭

⑦ 선종류 Continuous 클릭 ▶

◎ TIP
도면층에서 설정한 [선
가중치]는 선가중치설정
(Lweight, 단축키 : LW) 명
령 입력 후 [선 가중치 표
시] 옵션을 체크하면 작
업화면상에서 선 가중치
확인 기능

▶ 로드(L)... 클릭 ▶

▶ [선종류] 선택 ▶ 확인 클릭

⑧ [로드]된 선종류 중 선택

▶ 확인 클릭

> **◎ TIP**
> [선종류] 축척은 Ctrl +1
> (특성창) 또는 Linetype
> scale(단축키 : LTS)를 활
> 용하여 변경가능함

(2) 도면층의 출력 금지 및 해제

▶ 플롯 : (출력가능상태) / (출력금지상태) 중 선택

(3) 기존 객체의 도면층 변경

① 객체 선택 ▶ 펼친 레이어 중 선택

② Esc 입력 후 종료

(4) 도면층의 숨김과 동결, 잠금

> **◎ TIP**
> 도면층이 [숨김] 또는 [동
> 결]되어 있으면 출력되
> 지 않음

① ▶ 클릭하여 숨김( ) 전환

(해당 레이어가 적용된 객체를 숨김)

② 도면층 특성 ▶ 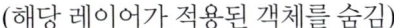 클릭하여 동결(❄) 전환

(해당 레이어가 적용된 객체를 동결)

③ 도면층 특성 ▶ 🔓 클릭하여 잠금(🔒) 전환

(해당 레이어가 적용된 객체를 잠금)

◎ **TIP**
도면층이 [잠금]되어 있으면 수정 및 변경, 선택을 할 수 없음

❸ 블록(Block & Wblock)

1) 개요

Block과 Wblock 명령은 반복적으로 사용될 객체를 블록화 하는 명령어입니다. 블록화한 객체는 'Insert' 명령으로 삽입시킬 수 있습니다.

[**홈**] 탭 ▶ ▶ 🔳 작성 (**단축키** Block(B), Wblock(W))

◎ **TIP**
Wblock화 할 경우 **Dwg** 파일 형식으로 별도 저장이 가능함. 반복적으로 사용하기에 편리함

MEMO

2) 블록으로 객체 관리 방법

(1) 블록 생성

① [홈] 탭 ▶ [블록] 패널 ▶ 작성

◎ TIP

[유지(R)]는 기존 객체를
블록화하지 않으며, [삭
제(D)]는 기존 객체를 삭
제하고 새로운 블록을 생
성함

◎ TIP

[유지(R)]는 기존 객체를
블록화하지 않으며, [블
록에서 삭제(D)]는 기존
객체를 삭제하고 새로운
블록을 생성함

② 이름(N): 블록명 작성

③ 객체 선택(T) 클릭 ▶ 블록화 객체 선택 [Enter↵]

④ 선택점(K) 버튼 클릭 ▶ 블록 기준점 지정

(2) 파일(쓰기) 블록 생성

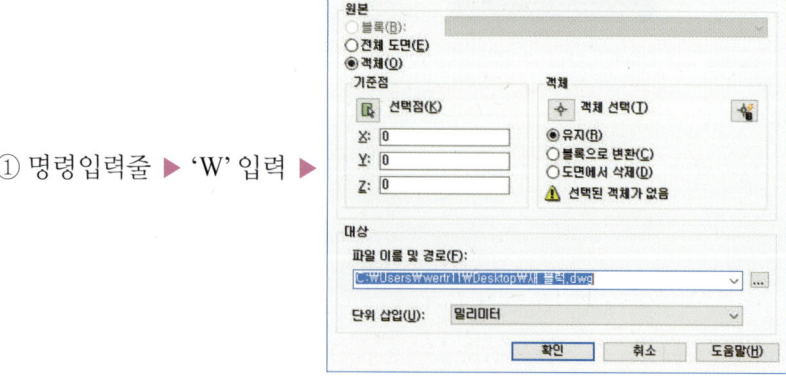

① 명령입력줄 ▶ 'W' 입력 ▶

◎ TIP

Wblock은 별도의 파일을
생성함으로 저장 위치를
정확하게 지정하고 기억
해두는 것이 중요함

② [...] 클릭 ▶ 파일 저장 위치 및 파일명 입력

③ 객체 선택 클릭 ▶ 블록화 할 객체 선택 [Enter↵]

④ **선택점** 클릭 ▶ 블록 기준점 지정

⑤ 확인 클릭

(3) 블록 삽입

① ▶ (단축키) Insert(I)

② 찾아보기(B)... 클릭 ▶ 파일 탐색

③ 확인 클릭

④ 기준점 지정 ▶ 블록 삽입

4 그룹(Group)

1) 개요

객체들을 그룹화 하는 명령입니다.
다수의 객체를 그룹한 후에도 그룹에 객체를 추가 및 제거할 수 있는 기능을 제공합니다.

(1) 리본 메뉴

[홈] 탭 ▶ ▶ 그룹

2) 그룹으로 객체 관리 방법

(1) 객체 그룹

① [홈] 탭 ▶ [그룹] 패널 ▶ 그룹 클릭

◎ TIP
명령 입력줄에 그룹해제 (Ungroup) 명령을 입력 후 작업화면 내 그룹을 선택하면 해당 그룹이 해제됨

② 이름(N) 옵션 클릭

③ 그룹 명칭 입력 [Enter↵]

③ 그룹화 할 객체 선택 [Enter↵]

(2) 그룹 추가 및 제거

① [홈] 탭 ▶ [그룹] 패널 ▶

② 기존 그룹 선택

③ [객체 추가(A) 객체 제거(R) 이름바꾸기(REN)] : [객체 추가] 또는 [객체 제거] 옵션 클릭

④ 추가 또는 제거 객체 선택 [Enter↵]

MEMO

CHAPTER

02 객체 편집하기

1 선 분할(Divide & Measure)

1) 개요

Divide 명령은 세그먼드 개수를 지정하여 일정 간격의 점을 배치하는 명령어입니다. Measure 명령은 세그먼트 길이 값을 활용해 일정 간격의 점을 배치하는 명령어입니다. 분할된 위치의 점은 Ddptype 명령을 실행 후 점 유형과 크기를 변경하면 표시됩니다. 분할된 점의 위치를 정확히 포인팅하기 위해 Osnap 중 Node(절점)을 설정합니다.

◎ TIP
여기서 분할은 잘라내어 절단해내는 의미가 아니라 단순히 위치를 분할해 주는 의미임

[홈] 탭 ▶ ▶

 (Divide : DIV) 또는 (Measure : ME) 선택

2) 객체의 등분할 방법

(1) 세그먼트 등분할

① [홈] 탭 ▶ [그리기] 패널 ▶ 클릭

② 등분할 표시 객체 선택 Enter↵

③ 세그먼트 분할 수 입력 Enter↵

◎ TIP
Divide 명령을 활용하여 계단과 같이 등간격으로 표현될 형상을 편리하게 작성할 수 있음

(2) 길이 등분할

① [홈] 탭 ▶ [그리기] 패널 ▶ 클릭

② 분할 객체 선택 [Enter↵]

③ 분할 길이 값 입력 [Enter↵]

② 자르기와 연장(Trim & Extend)

1) 개요

Trim 명령은 객체가 서로 교차되어 있을 경우 기준(경계)선을 이용하여 교차된 선을 잘라주는 명령입니다. Extend 명령은 기준(경계)선을 이용하여 해당 기준선에 객체를 연장하는 명령어입니다.

[홈] 탭 ▶ 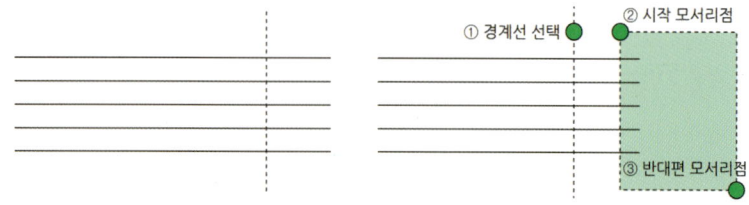 ▶ (단축키 Trim(TR)/Extend(EX))

2) 자르기와 연장 방법

(1) 선 자르기

① [홈] 탭 ▶ [수정] 패널 ▶ ─/─ 자르기 클릭

② 교차된 선 중 기준선 [Enter↵] (기준선 선택 없이 [Enter↵]를 입력하면 전체 선을 기준선으로 인식함)

③ 기준선과 교차된 선 중 자르고자 하는 특정 부분 클릭

① 경계선 선택
② 시작 모서리점
③ 반대편 모서리점

Trim의 [걸침] 방법 활용

(2) 선 연장

① [홈] 탭 ▶ [수정] 패널 ▶ 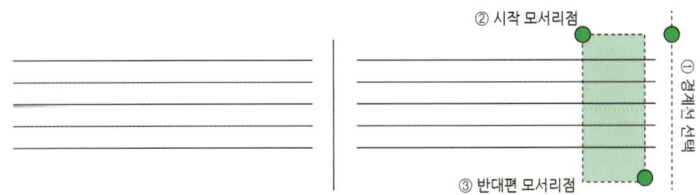 클릭

② 기준선 Enter↵ (기준선 선택 없이 Enter↵를 입력하면 전체 선을 기준선으로 인식함)

③ 연장하고자 하는 선의 끝 클릭

② 시작 모서리점

① 경계선 선택

③ 반대편 모서리점

Extend의 [걸침] 방법 활용

3 끊기와 결합(Break & Join)

1) 개요

Break 명령은 두 점 또는 한 점을 지정하여 선분을 끊어내는 명령입니다.

Join 명령은 끊어져 있는 선분을 하나로 결합하는 명령입니다.

[홈] 탭 ▶

(Break : BR),

(Join : J)

■ 결합(Join) 명령을 활용하여 연결된 선분을 단일로 이어진 선분으로 작성 가능함. 동일 선상에서 떨어신 선분일 경우도 언걸하어 붙임)

2) 선 끊기와 결합

(1) 한 점 지정 [선 끊기]

◎ **TIP**

선끊기(1)를 적용할 경우 간격을 두지 않고 하나의 선을 분할할 수 있음

① [홈] 탭 ▶ [수정] 패널 ▶ 🔲 클릭

② 끊기 명령을 수행할 선 선택

③ 끊기 점 지정

(2) 두 점 지정 [선 끊기]

◎ **TIP**

선끊기(2)를 적용할 경우 첫 번째 선택점과 두 번째 지정점에 의해 간격을 두고 하나의 선을 분할할 수 있음

① [홈] 탭 ▶ [수정] 패널 ▶ 🔲 클릭

② 끊기 명령을 수행할 선 선택 (선택점이 끊기 첫 번째 점이 됨)

③ 두 번째 끊기 점 지정

(3) 끊어진 선의 [결합]

① [홈] 탭 ▶ [수정] 패널 ▶ ➡ 클릭

② 결합할 첫 번째 선 선택 [Enter↵]

③ 결합할 두 번째 선 선택 [Enter↵]

④ [Enter↵]

■ Break와 Join의 활용

| 100 | 100 | 100 |
| 길이 100의 수평선 | BREAK 이용하여
임의 위치 절단 | JOIN으로 연결 |

Break와 Join의 활용

MEMO

4 해치 작성과 편집(Hatch & Hatchedit)

1) 개요

Hatch 명령은 반복되는 형태의 무늬(패턴)를 닫힌 공간 안에 채워주는 명령입니다.
Hatchedit 명령(해당 Hatch 더블 클릭)을 활용하여 재수정이 가능합니다.

[홈] 탭 ▶ ... (단축키 H)

◎ TIP
해치(Hatch)는 도면의 평면, 입면, 단면 상의 재표현을 위해 사용됨

2) 닫힌 공간 내 해칭 및 수정 방법

(1) 닫힌 공간 내 해칭

① [홈] 탭 ▶ [그리기] 패널 ▶ 해치 클릭

②

◎ TIP
선으로 구성된 패턴뿐만 아니라 다양한 그라데이션(Gradient)을 표현할 수 있음

▶ 선택점 클릭

③ 닫힌 도형의 내부 공간 지정

④ 패턴 선택

⑤ 패턴 각도 값과 축척( ) 값 입력 Enter⏎를 입

력하면 작업 화면에 미리보기 가능

⑥ 버튼 클릭

(2) 작성된 해치의 재수정 방법

◎ TIP
명령입력줄 ▶
hatchedit 입력 ▶ 작성된
해치를 선택해도 수정 가
능함

① 작성된 해치 더블 클릭

②

패턴, 각도, 축척 값 재수정

③ 버튼 클릭

5 경계와 분해(Boundary & Explode)

1) 개요

Boundary(Bpoly) 명령은 닫힌 공간으로부터 경계화 된 영역 또는 폴리선을 작성합니다.

폴리화 된 도형이나 선, 그리고 블록, 치수선, 해칭 등의 다수의 요소가 하나로 묶인 객체들은 Explode 명령을 활용하여 개별 요소로 분해할 수 있습니다.

① Boundary

◎ TIP
경계(Bpoly) 명령은 기존
객체를 그대로 유지하고
닫혀진 공간의 경계를 기
준으로 새로운 폴리화된
객체를 생성함

[홈] 탭 ▶

② Explode

◎ TIP
분해(Explode) 명령을 활
용하여 폴리화된 도형,
블록 및 연관된 배열
(Array), 해칭, 치수선 등
의 객체를 분해할 수 있음

[홈] 탭 ▶

2) 닫힌 공간의 폴리화와 분해 방법

(1) 닫힌 공간의 폴리화

① [홈] 탭 ▶ [그리기] 패널 ▶ 경계 클릭

◎ TIP
Bpoly 명령은 내부 영역에 대한 면적 등을 계산할 경우 유용하게 활용됨

② 점 선택(P) 버튼 클릭 ▶ 닫힌 공간 내부 지정 Enter↵

(폴리화 영역이 점선으로 표현됨)

(2) 객체 분해

① [홈] 탭 ▶ [수정] 패널 ▶ 클릭

② 분해 대상 객체 선택 Enter↵

■ 폴리화된 도형의 분해 과정

PLINE을 이용 주어진 치수의 도형 작성   EXPLODE 명령 적용   4개의 변(선분)이 개별 선택됨

Explode 명령의 활용

◎ TIP
분해(Explode) 명령은 폴리화된 객체 분해 뿐만 아니라 해치, 치수선, 그룹, 블록 등 하나로 묶인 객체들을 분해함

MEMO

6 폴리선(Pedit)

1) 개요

폴리선을 편집하는 명령입니다.

기존의 폴리화 된 선을 다시 편집하거나 폴리화 되어 있지 않은 선들을 폴리화하거나 선의 폭 값 및 직선을 곡선으로 변경하는 기능을 가지고 있습니다.

[홈] 탭 ▶   ▶   (단축키 PE)

2) 폴리선의 재수정 방법

(1) 선의 폭 재지정

① [홈] 탭 ▶ 수정 메뉴 ▶   클릭

② 기존 작성된 선 선택

③ 작업 화면에 제시된 옵션

PEDIT 전환하기를 원하십니까? ⟨Y⟩ : Y 입력 [Enter↵]

(폴리선을 선택할 경우 해당 지시 내용은 제시되지 않음)

④ **PEDIT** 옵션 입력 [닫기(C) 결합(J) 폭(W) 정점 편집(E) 맞춤(F) 스플라인(S) 비곡선화(D) 선종류생성(L) 반전(R) 명령 취소(U)]:

: 폭(W) 클릭

⑤ 폭 값 입력 [Enter↵]

(2) 각진 폴리선의 곡선화

① [홈] 탭 ▶ 수정 메뉴 ▶   클릭

② 작성된 직선 폴리선 선택

③ **PEDIT** 옵션 입력 [닫기(C) 결합(J) 폭(W) 정점 편집(E) 맞춤(F) 스플라인(S) 비곡선화(D) 선종류생성(L) 반전(R) 명령 취소(U)]:

> ◎ TIP
> 재지정된 폭은 Explode 명령을 적용하면 다시 초기화 됨

: **맞춤(F)** 클릭 (Spline 옵션을 선택할 경우 선분의 점을 통과하지 않는 자유곡
선이 작성됨)

맞춤(F)   스플라인(S)

◎ **TIP**
건축 및 토목 분야에서
등고선 등의 지형을 작성
할 경우 우선 직선 유형
으로 작성 후 [맞춤(F)] 옵
션을 활용하여 부드럽게
변경할 수 있음

(3) 곡선화 된 폴리선의 직선화

① [홈] 탭 ▶ 수정 메뉴 ▶ 클릭

② 작성된 곡선 폴리선 선택

③ ✕ ✎ ✏ PEDIT 옵션 입력 [닫기(C) 결합(J) 폭(W) 정점 편집(E) 맞춤(F) 스플라인(S) 비곡선화(D) 선종류생성(L) 반전(R) 명령 취소(U)]:

: **비곡선화(D)** 클릭

7 모서리 정리(Fillet & Chamfer)

1) 개요

Fillet 명령은 두 개의 객체 사이에 반지름 값을 이용하여 호로 연결하는 명령입니다.
Chamfer 명령은 두 개의 객체 사이에 거리 값 등을 활용하여 모서리를 경사지게 연결하
는 명령입니다.

[홈] 탭 ▶

(**단축키** Fillet(F) / Chamfer (cha))

◎ **TIP**
모깎기(Fillet) 명령에서
반지름 값을 '0'으로 설정
한 후 다른 방향의 두 선
을 선택하면 각진 모서리
를 작성할 수 있음

2) 모서리 정리 방법

(1) 모깎기

① [홈] 탭 ▶ [수정] 패널 ▶ **모깎기** 클릭

② FILLET 첫 번째 객체 선택 또는 [명령 취소(U) 폴리선(P) 반지름(R) 자르기(T) 다중(M)]:

: **반지름(R)** 클릭

③ 반지름 값 입력 Enter↵

④ 둥글게 처리하고자 하는 모서리 선분을 순차적으로 지정

(2) 모따기

① [홈] 탭 ▶ [수정] 패널 ▶ **모따기** 클릭

② CHAMFER 첫 번째 선 선택 또는 [명령 취소(U) 폴리선(P) 거리(D) 각도(A) 자르기(T) 메서드(E) 다중(M)]: :

거리(D) 클릭

③ 첫 번째 거리 값 입력 Enter↵

④ 두 번째 거리 값 입력 Enter↵

⑤ 경사지게 처리하고자 하는 모서리 선분을 순차적으로 지정

🟥8 회전과 축척(Rotate & Scale)

1) 개요

Rotate 명령은 지정한 기준점을 중심으로 객체를 회전시키는 명령입니다.
Scale 명령은 선택한 객체의 크기를 확대 또는 축소시키는 명령입니다.

① Rotate

[홈] 탭 ▶ ▶ ○ 회전 (단축키 RO)

◎ TIP

도면에 대한 주석 표현 중 '4-C5'에서 C5는 모따기 거리값이 5임을 의미하며, 4는 4군데에서 적용된 것을 의미함

◎ TIP

[모따기], [모깎기] 옵션 중 [자르기(T)]에서 [자르지 않기]로 설정하면 명령 실행 후에도 기존 선들이 남게 됨

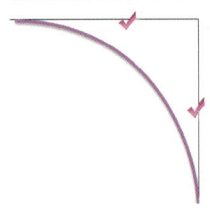

◎ TIP

회전(Rotate)과 축척(Scale) 명령의 수행 방법은 유사함

---

② Scale

[홈] 탭 ▶ ▶ 🔲 축척 (단축키 SC)

2) 객체의 회전 및 축척 변경 방법

(1) 회전

① [홈] 탭 ▶ [수정] 패널 ▶ ⟳ 회전 클릭
② 회전할 객체 선택 Enter↵
③ 기준점 지정 (=회전 고정점)
④ 회전 각도 값 입력 Enter↵

◎ TIP
회전과 축척 명령을 실행할 경우 [복사(C)] 옵션을 미리 선택하고 진행하면 기존 객체를 남겨두고 회전되거나 크기 변경된 새로운 객체를 작성할 수 있음

Rotate의 활용

(2) 축척

① [홈] 탭 ▶ [수정] 패널 ▶ 🔲 축척 클릭
② 축척 변경 객체 선택 Enter↵
③ 기준점 지정 (=축척 고정점)
④ 축척 값 입력 Enter↵

◎ TIP
축척값은 배율값을 의미함. 0.5, 2 등으로 입력함

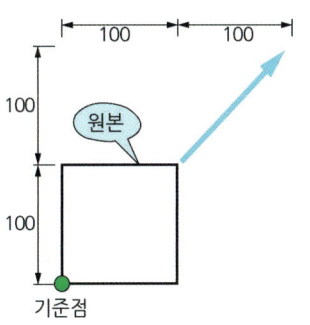

Scale의 활용

9 정렬(Align)

1) 개요

Align 명령은 근원 객체를 대상 객체 선의 각도에 맞춰 정렬시키는 명령입니다.

◎ TIP
정렬(Align) 명령은
Rotate와 **Sclae** 명령의 기
능을 모두 담고 있음

[홈] 탭 ▶ ... ▶ ... (단축키 AL)

◎ TIP
정렬(Align) 명령은 건축
도면에서 창문이나 문,
가구 등을 배치할 경우
유용하게 사용됨

2) 객체의 정렬 방법

① [홈] 탭 ▶ [수정] 패널 ▶ 🖥 클릭

② 정렬 근원 객체 선택 Enter↵

③ 첫 번째 근원점 지정

④ 첫 번째 대상점 지정 (③ ④번 점을 이음)

⑤ 두 번째 근원점 지정

⑥ 두 번째 대상점 지정 (⑤ ⑥번 점을 이음)

⑦ 추가 연결 근원점과 대상점이 없을 경우 Enter↵

⑧ 🗙 🔧 🖥 **ALIGN** 정렬점을 기준으로 객체에 축척을 적용합니까 ? [예(Y) 아니오(N)] <N>:

: **아니오(N)** 클릭 (예(Y) 클릭 할 경우 객체 축척이 변경됨)

◎ TIP
정렬(Align) 명령은 2차
원 뿐만아니라 3차원 객
체 간의 정렬에서도 자주
사용됨

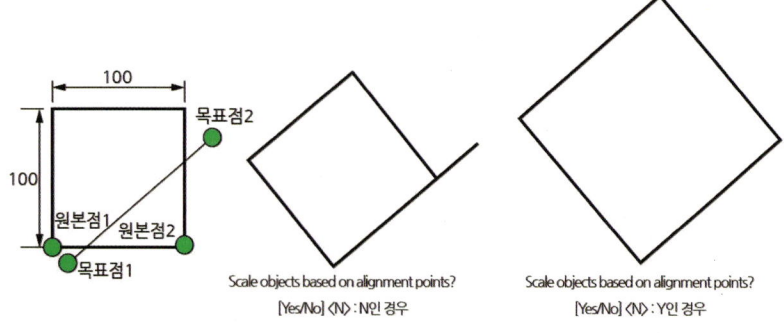

Align 명령의 활용

🔟 신축(Stretch & Lengthen)

1) 개요

Stretch 명령은 대상 객체의 일부분을 영역으로 지정하여 크기를 변경하는 명령입니다. 객체 선택 방법 중 걸침(Crossing)법을 사용합니다. 걸침 영역에 포함된 객체는 이동되지만 걸침 영역에 걸쳐진 객체는 신축됩니다.

Lengthen 명령은 선의 길이를 지정한 값을 기준으로 신축하는 명령입니다.

① Stretch

[홈] 탭 ▶

◎ **TIP**
Stretch 명령 실행 중 걸침 영역을 지정하였을 경우 영역에 완전히 포함된 객체는 이동, 걸친 객체는 신축이 됨

② Lengthen

[홈] 탭 ▶

◎ **TIP**
작성된 객체를 선택 후 나타나는 **Grip** 점을 활용하여 신축(**Stretch** 및 **Lengthen**)을 적용할 수 있음

2) 객체 신축 방법

① [홈] 탭 ▶ [수정] 패널 ▶ 🔲 신축 클릭
② 걸침 선택 방법으로 대상 선택 Enter↵
③ 기준점 지정
④ 신축 위치점 지정(정확한 위치점을 지정하기 위해 좌표값 또는 객체 스냅점 활용 가능)

상대극좌표 적용
(예, @50<0)

Stretch 명령의 활용

◎ TIP
[합계(T) 옵션을 활용하
면 지정한 길이 값에 의
해 선의 길이가 재조정됨

3) 선 신축 방법

① [홈] 탭 ▶ [수정] 패널 ▶ ✏️ 클릭

② LENGTHEN 측정할 객체 또는 [증분(DE) 퍼센트(P) 합계(T) 동적(DY)] 선택 <합계(T)>:

: 증분(DE) 클릭

④ 신축 값 지정 (양수 값과 음수 값 사용 가능) Enter↵

⑤ 신축하고자 하는 선 끝 부분 클릭

⑥ Enter↵

클릭

| 100 | → | 100 | → | 150 |

Lengthen 명령의 활용

MEMO

P A R T

05

정보 조회 및
주석 입력 명령(도구)

SketchUp Pro

CHAPTER

01 객체 정보 조회 및 활용

1 측정(Id & Measuregeom)

1) 개요

ID 명령은 객체 특정 점의 절대 좌표 정보를 조회하는 명령입니다.
Measuregeom 명령은 객체의 거리, 각도, 반지름, 면적, 체적의 대한 정보를 조회하는
명령입니다.

① Id

◎ TIP
지정된 점의 X, Y 및 Z 값을
나열하며 지정된 점의 좌
표를 최종점으로 저장함

② Measuregeom

◎ TIP
List(단축키 : LI) 명령을
활용해도 선택된 객체의
기본적인 정보를 확인할
수 있음

2) 측정 방법

(1) 특정점의 절대좌표 조회

① [홈] 탭 ▶ [유틸리티] 패널 ▶ [🔍 ID 점] 클릭

② 해당 점 지정

(2) 거리 측정

◎ TIP
Dist(단축키 : DI) 명령을 활용하여 객체의 시작과 끝점을 지정하면 해당 객체의 길이와 각도 등의 정보를 확인할 수 있음

① [홈] 탭 ▶ [유틸리티] 패널 ▶ [⟷ 거리] 클릭

② 측정하고자 하는 거리의 두 점을 순차적으로 지정

(3) 반지름 또는 지름 측정

① [홈] 탭 ▶ [유틸리티] 패널 ▶ [🕐 반지름] 클릭

② 측정하고자 하는 원이나 호를 클릭

(4) 각도 값 측정

① [홈] 탭 ▶ [유틸리티] 패널 ▶ [📐 각도] 클릭

② 각도 값을 측정하고자 하는 교차되거나 직교된 두 개의 선을 클릭

(5) 면적 측정

◎ TIP
면적(Area, 단축키 : AA) 명령을 활용하여 객체 또는 정의된 영역의 면적과 둘레를 확인할 수 있음

① [홈] 탭 ▶ [유틸리티] 패널 ▶ [◣ 면적] 클릭

② 면적 조회를 위해 순차적으로 구석점 지정 [Enter↵]

- [객체(O)] 옵션 : 닫힌 폴리화 도형 선택
- [면적 추가(A)] 옵션 : 영역을 지정할 때 마다 면적 합계 추가
- [면적 빼기(S)] 옵션 : 총 면적의 합에서 지정한 면적 제거

(6) 체적 측정

① [홈] 탭 ▶ [유틸리티] 패널 ▶ [🛢 체적] 클릭

② 객체 조회를 위해 순차적으로 구석점 지정

③ 높이값 지정 [Enter↵]

◎ TIP
체적 측정은 3차원 솔리드 객체에 활용됨

- [객체(O)] 옵션 : 닫힌 폴리화 도형 선택
- [체적 추가(A)] 옵션 : 영역을 지정할 때 마다 체적 합계 추가
- [체적 빼기(S)] 옵션 : 총 체적의 합에서 지정한 체적 제거

❷ 계산기(Quickcalc)

1) 개요

다양한 공학적인 계산 등을 수행할 수 있는 명령입니다.

[홈] 탭 ▶ 길이 분할 유틸리티 ▶ 🖩 ▶ (단축키 QC)

◎ **TIP**

명령 입력줄 ▶ Cal을 입력할 경우 직접 수식을 작성하여 계산 가능
(예) 45 + 30 *20 / 5)

❸ 특성 편집과 일치(Chprop & Matchprop)

1) 개요

Chprop 명령은 선택된 객체의 색상, 선의 종류, 선의 축척, hatch의 무늬 및 축척 등의 다양한 정보들을 제공하며, 또한 재수정을 가능토록 합니다. 실무에서 가장 많이 사용되어지는 명령어 중의 하나입니다.

Matchprop 명령은 객체의 특성을 다른 객체에 부여하고자 사용되는 명령입니다.

◎ **TIP**

선택된 객체의 대표적인 특성을 편집할 수 있음. '빠른 특성'를 **ON/OFF** 할 수 있는 아이콘을 상태막대에 등록하기 위해서는 상태막대 우측의 '사용자화' 버튼을 클릭 후 '빠른 특성' 항목을 체크함

① Chprop (단축키 CH, Ctrl + 1)

② Matchprop

[홈] 탭 ▶ 특성일치 ▶ 특성일치 (단축키 MA)

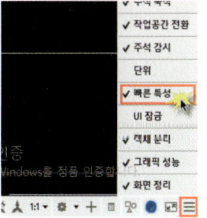

2) 객체 특성 변경 및 복사 방법

(1) 객체의 특성 변경

◎ **TIP**
객체 선택 후 마우스 우측버튼을 누르면 신속 접근 메뉴가 펼쳐지며 맨 아래에 '빠른 특성' 항목을 선택할 수 있음

① Ctrl + 1 입력 ▶

② 특성 변경 객체 선택

③ 색상 / 도면층 / 선 종류 / 선 종류 추척 / 선 가중치 등의 특성값 변경

④

▶ 우측 상단 ✖ 버튼 클릭 후 완료

(2) 특성 복사

◎ **TIP**
Matchprop 명령은 레이어 뿐만 아니라 선 종류, 선 축척, 해치, 문자 및 치수 스타일, 색상 등 다양한 특성을 복사 및 부여할 수 있음

① [홈] 탭 ▶ [특성] 패널 ▶

② 특성 복사 객체 선택

③ 특성 부여 객체 선택

④ Enter ↵

CHAPTER

02 정보의 입력 방법과 활용

1 표 그리기(Table)

1) 개요

표를 작성할 수 있는 명령입니다.

엑셀처럼 수식을 이용하여 총합 등을 자동 계산할 수 있습니다.

◎ **TIP**

외부객체삽입(Interobj) 명령을 활용하여 외부 **Excel** 파일을 캐드 작업 화면에 삽입하고 링크 (연결)할 수 있음

2) 표 작성 방법

(1) 행과 열의 수를 활용한 표 작성

① [홈] 탭 ▶ [주석] 패널 ▶ 🖽 테이블 ▶

② [열] 개수 및 [열 폭] 입력

③ [데이터 행] 개수 및 [행 높이] 입력

④ 확인 클릭

⑤ 작업 화면의 표가 위치될 삽입점 지정 ▶ 표 배치

⑥ Esc 2회 입력 후 종료

(2) 표 내부의 문자 삽입

◎ TIP
문자 삽입 후 작업화면의 빈 공간을 클릭히여도 표 편집을 종료할 수 있음

① 문자 입력 셀 더블 클릭

② 문자 입력 Enter↵

③ 다른 셀 더블 클릭

④ 문자 입력

⑤ Esc 를 두 번 입력 후 종료

(3) 표 내부의 문자 스타일 및 크기, 위치 조정

◎ TIP
문자 스타일은 미리 Style (단축키 : ST) 명령을 활용하여 정의해 둘 수 있음

① 표 내부의 변경 문자 더블 클릭

② 문자 변경 범위 지정(마우스 드래그)

③

④ 문자 스타일과 문자 높이 값, 배경색 등 변경

⑤ 글자체, 색상, 언더라인 등 변경

⑥ ▶ 글자의 정렬 위치 지정

⑦ 삽입할 특수기호 지정

◎ TIP
주요 특수 기호는 다음의
문자열을 입력하면 표현
됨
① DEGREES - %%D
  : 도 예 45°
② PLUS / MINUS -
  %%P : 양수 / 음수 예
  ±45
③ DIAMETER - %%C
  : 지름 예 Ø45

⑧ 표 외부 클릭 후 종료

[TIP] 기타 특수 문자 입력 방법

◎ TIP
'%%u'를 입력하여 밑줄
켜기와 끄기를 전환함

<u>36.63</u>

MEMO

(4) 표 및 셀의 크기 변경

① 작업 화면에 작성된 표를 선택

◎ TIP

그립점은 [옵션] ▶ [선택] 탭에서 크기와 색상을 변경할 수 있음

표시된 그립점을 클릭 후 드래그 하여 세로 크기 변경

표시된 그립점을 클릭 후 드래그 하여 가로 크기 변경

표시된 그립점을 클릭 후 드래그 하여 가로 및 세로의 크기 동시 변경

◎ TIP

그립점을 활용하여 열과 행의 크기를 조절할 수 있음

표시된 그립점을 클릭 후 드래그 하여 내부 셀의 너비 개별 변경

◎ TIP

작성된 테이블을 선택 후 마우스 우측버튼 입력 ▶ '내보내기' 항목을 클릭하면 Excel에서 읽을 수 있는 파일 형식(*.CSV)으로 변환 가능함

좌측면 행 번호 클릭

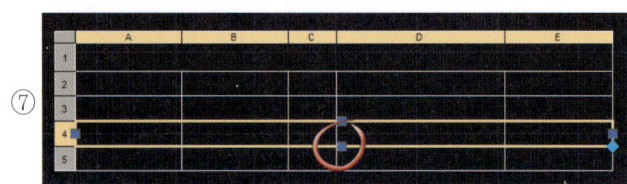

표시된 그립점을 클릭 후 드래그 하여 행의 개별 높이 변경

(5) 함수를 활용한 계산

 ① 결과 값이 위치할 셀 클릭

 ② ▶ 산술 방법 선택(합계 선택)

◎ TIP
캐드에서 사용되는 산술
방법은 엑셀에서 사용되
는 산술 방법과 유사함

 ③

합계 값이 표현될 셀을 선택 후 대상 값들이 있는 셀 위를 그림과 같이 시작점
지정 후 대각선 방향으로 드래그하여 다음점 지정

④ Enter↵ 입력 후 종료

◎ TIP
제곱 표현 방법의 예)

123\U+00B2 → 123²

[공식 수동 입력 방법]

① 셀 내부 클릭

② 테이블 셀 상황별 리본에서 공식, 방정식을 차례로 선택

ex) 다음 예제를 참고하여 산술식 입력 가능함

　　＝sum(a1:a25,b1). 열 a의 처음 25행의 값과 열 b의 첫 행의 값을 합산함

　　＝average(a100:d100). 행 100의 처음 4열의 값 평균을 계산함

　　＝count(a1:m500). 행 1부터 행 100까지의 열 a부터 열 m까지의 셀의 전체 숫
　　　자를 표시함

　　＝(a6+d6)/e1. a6과 d6의 값을 합한 다음 그 합을 e1의 값으로 나눔

② 외부 데이터의 활용(Insertobj)

1) 개요

엑셀 및 한글에서 작성된 데이터와 표를 캐드 작업 화면에 삽입시켜 줍니다.
캐드 작업 화면에 삽입된 외부 데이터를 더블 클릭하면 해당 데이터를 작성한 프로그램이 실행됩니다. 데이터 수정 후 저장하면 캐드에 삽입된 데이터가 자동 수정됩니다.

2) 엑셀 데이터 삽입 후 수정 방법

(1) 엑셀 데이터 삽입

> ◎ **TIP**
> 엑셀 데이터뿐만 아니라 아래한글 문서도 삽입하여 링크할 수 있음

① **[삽입]** 탭 ▶ **[데이터]** 패널 ▶ 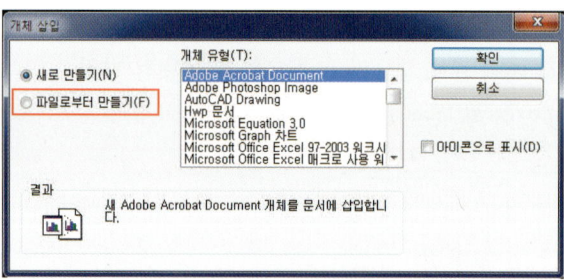 클릭

② **[파일로부터 만들기]** 항목 체크

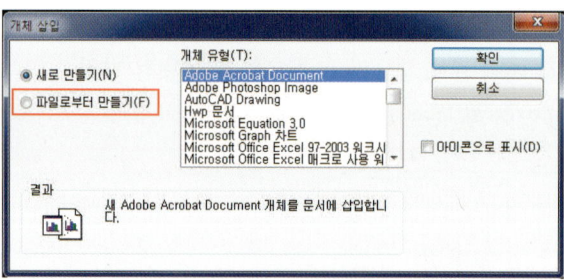

> ◎ **TIP**
> [연결(L)] 옵션을 체크하지 않으면 캐드와 삽입된 외부 데이터 상호간의 편집 내용이 반영되지 않음

③ **[연결]** 항목 체크 ▶ **[찾아보기]** 항목 클릭

④ 엑셀 파일 선택 ▶ **[열기]** 클릭

◎ **TIP**
저장되어 있지 않고 작업 중인 [엑셀] 데이터 내용을 삽입할 수 없음. 반드시 저장된 외부 데이터 파일을 선택하고 [열기]하여야 함

⑤ **확인** 클릭

◎ **TIP**
OLE 객체 삽입 대화창은 엑셀과 아래한글 프로그램의 [삽입] 또는 [입력] 탭에서도 동일하게 존재하고 수행 방법도 유사함. 즉, 엑셀과 아래한글에서도 캐드 도면 파일인 ***.Dwg** 파일을 삽입하고 링크할 수 있음. 아래의 그림은 엑셀 [삽입] 탭에서의 [개체] 대화창임

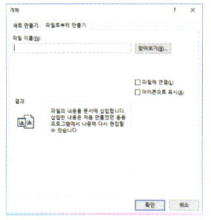

⑥ 엑셀 데이터 삽입 위치점 지정

⑦ 엑셀 데이터 삽입 확인

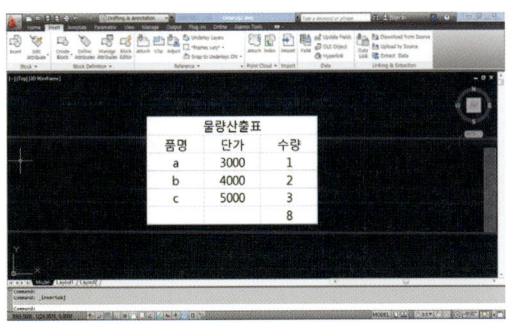

(2) 엑셀 데이터 수정

① 삽입된 엑셀 데이터 더블 클릭
② 엑셀 화면에 나타난 엑셀 데이터 수정

◎ **TIP**
데이터 수정 후 저장을
하지않으면 수정된 정보
가 연계되지 않음

③ 데이터 수정 완료 후 반드시 저장

◎ **TIP**
엑셀에 익숙한 사용자는
캐드 **Table** 명령 보다는
엑셀 데이터 객체를 삽입
하고 연결하는 것이 유리
함

④ 캐드 작업 화면에 엑셀 데이터 변화 확인

MEMO

❸ 하이퍼링크의 활용(Hyperlink)

1) 개요

선택된 객체와 관련된 정보(그림, 웹페이지, 기타 파일) 등을 공유하기 위한 명령입니다. 보다 전문적이고 실무적인 캐드 활용에 적합한 명령입니다.

2) 하이퍼링크 부여 및 연결 방법

(1) 하이퍼링크 부여

① 하이퍼링크 부여 객체 선택

③ 객체 선택

◎ TIP

하이퍼링크 기능을 활용하여 다양한 이미지, 동영상, 웹 주소 등과 연계할 수 있어 도면 해석에 도움을 줌

⑤ **파일(F)...** 클릭 ▶ 연결 파일 선택

(Webpage 버튼을 눌러 연결하고자 할 경우 Web 주소 입력 후 '확인' 버튼 누름)

⑥ **확인** 클릭

(2) 하이퍼링크 연결

① 하이퍼링크가 부여된 객체를 Ctrl 버튼을 누른 상태로 클릭
② 하이퍼링크가 연결됨(링크된 웹 주소, 이미지 등이 화면에 나타남)

◎ TIP

하이퍼링크를 제거하려면 Ctrl +K 입력 ▶ 하이퍼링크된 객체 선택 ▶ 하이퍼링크 대화창 좌측 하단의 [링크 제거(R)] 클릭

④ 외부 이미지 및 데이터 부착(Attach)

1) 개요

Attach 명령은 외부 이미지와 외부 데이터를 캐드 작업 화면에 부착합니다.
Imageclip 명령을 활용하여 다양하게 이미지를 절단할 수 있으며, Imageadjust 명령을
이용하여 이미지의 밝기 등을 조정할 수 있습니다.

2) 외부 이미지 부착 및 수정 방법

(1) 외부 이미지 부착

◎ TIP
[윈도우 파일 탐색기]에
서 이미지 파일 선택 ▶
[Ctrl]+C 입력 ▶ 캐드 작업
화면에서 [Ctrl]+V를 입력
하여 부착 가능함

◎ TIP
Image(단축키 : IM) 명령
을 활용하여 이미지 뿐만
아니라 다양한 파일 형식
을 부탁할 수 있음

▶ 이미지 선택 ▶ 열기(O) 클릭

◎ **TIP**

삽입된 이미지 외곽선 클릭 후 그립점을 활용하여 크기 조정 가능

③

▶ 　확인　 클릭

④ 그림 위치 기준점 지정

⑤ 축척 값 입력 Enter↵

(2) 삽입 이미지 잘라내기

① 삽입된 이미지 외곽선 선택

② ▶ 자르기 경계 작성 클릭

③ ⚙ IMAGECLIP [폴리선 선택(S) 폴리곤(P) 직사각형(R) 반전 자르기(I)] <직사각형(R)>:

: 폴리곤(P) 클릭

④ 이미지 위에 닫힌 자르기 형상 작성

⑤ Enter↵

◎ **TIP**

[폴리선 선택(S)] 옵션을 활용할 경우 미리 작성된 폴리화된 도형으로 자르기 할 수 있음. 단, Circle과 Ellipse와 같은 객체는 선택되지 않음. Pellipse 명령 입력 후 변수 값을 1로 조정한 다음 작성된 타원(Ellipse)은 자르기 객체로 사용 가능함. 원형의 형상으로 잘라내기 하고자 한다면 24면 이상의 다각형(Polygon) 객체를 활용하면 됨

Imageclip의 활용

(3) 삽입 이미지 밝기 및 대조 조정

① 삽입된 이미지 외곽선 선택

③ 밝기(Brightness), 대조(Contrast), 사라짐(Fade) 값 조정 바를 이용하여 이미지 조정

MEMO

CHAPTER

03 문자 및 지시선 표현

① 문자의 작성 및 편집(Style, Mtext, Text)

1) 개요

Style 명령은 다양한 문자 스타일을 생성할 수 있습니다. 문자의 작성은 여러 줄 문자행을 작성할 수 있는 Mtext와 단일 문자행을 작성할 수 있는 Text 명령어로 구분하여 작성 할 수 있습니다. 작성된 문자는 더블 클릭하거나 특성창(Ctrl+1)을 활용하여 오타 및 높이, 색상 등의 특성을 수정할 수 있습니다.

(1) Style

[홈] 탭 ▶ [주석] 패널 ▶ 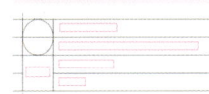 (단축키 ST)

(2) Mtext

[홈] 탭 ▶ [주석] 패널 ▶ A 여러 줄 문자 (단축키 MT)

(3) Text

[홈] 탭 ▶ [주석] 패널 ▶ ... ▶ 단일 행 (단축키 DT)

2) 문자 스타일 생성 및 문자 작성 방법

(1) 문자 스타일 생성

◎ TIP
지름 표시와 같은 특수 기호는 한글 글꼴로 설정된 경우 ㅁ(사각형) 표시로 나타날 경우가 있음. 이에 전산응용건축제도 및 토목제도에서는 'Lucida sanse unicode'란 글꼴로 설정할 필요가 있음

① [홈] 탭 ▶ ▶ 클릭

◎ TIP
@가 붙은 글꼴을 선택할 경우 문자가 90도 기울어져 작성됨. @가 없는 글꼴 선택을 권장함

②

▶ 새로 만들기(N)... 버튼 클릭

③ 스타일 이름 입력

▶ 확인 클릭

④

▶ 글꼴 이름 / 글꼴 스타일 / 높이 / 폭 비율 / 기울기 각도 등 입력

▶ 적용(A) 클릭

[TIP] 문자 스타일 확인

[홈] 탭 ▶ [주석] 패널 ▶

(2) 문자 스타일 선택 후 [여러 줄 문자] 작성

① [홈] 탭 ▶ [주석] 패널 ▶   Standard   문자 스타일 선택

② [홈] 탭 ▶ [주석] 패널 ▶

여러 줄 문자 클릭

◎ **TIP**
여러 줄 문자열은 마치 편지지와 같은 영역을 설정 후 여러 줄의 문장을 작성할 수 있음

③ 여러 줄 문자열 범위 시작점과 반대편 범위 끝점 지정

◎ TIP
작성된 '여러줄 문자'를
수정하고자할 경우 해당
문장을 더블 클릭하거나
'Mtedit' 명령을 입력 후
해당 문장을 클릭함

④ 여러 줄 문자 작성

◎ TIP
주요 특수 기호는 다음의
문자열을 입력하여 표현
함
① DEGREES - %%D : 도
 45°
② PLUS / MINUS -
%%P : 양수 / 음수
±45
③ DIAMETER - %%C
: 지름 Ø45

⑤ 작업 화면의 빈 곳 클릭 ▶ 문자열 작성 완료

(3) 문자 스타일 선택 후 단일 문자 작성

① [홈] 탭 ▶ [주석] 패널 ▶ 문자 스타일 선택

② [홈] 탭 ▶ [주석] 패널 ▶ 　　▶ 　단일 행　 클릭

③ 단일행 문자의 시작점 지정

④ 문자 높이 값 입력 [Enter↵]

⑤ 문자 각도 입력 [Enter↵]

⑥ 문자 입력

⑦ [Enter↵] 1회 입력 후 줄 바꾸기

⑧ 문자 입력

⑨ [Enter↵] 2회 입력 후 종료

◎ **TIP**
[단일 행 문자]의 수정은 해당 문자열을 더블클릭 하거나 **Ddedit** 명령을 입력 후 문자열을 클릭함

◎ **TIP**
명령 입력줄 ▶ 'Txt2mtxt' 명령 입력 ▶ 단일행 문자를 클릭하면 다중행 문자로 변경할 수 있음

(4) 문자 특성 수정

① [Ctrl] + 1 ▶

◎ **TIP**
문자열의 색상 / 도면층 및 [문자] 항목을 통해 문자높이 / 내용 / 스타일 등을 종합적으로 수정 가능함

② 특성 변경 문자 선택

◎ TIP
[문자] 항목 ▶ [기울기]
값을 활용하여 입력된 각
도 만큼의 기울어진 문자
를 표현할 수 있음

③ 특성 창 ▶ 항목 값 변경

▶ [색상, 도면층, 내용, 스타일, 자리맞추기, 높이, 회전, 폭 비율] 변경

④ ▶ 우측 상단 ❌ 버튼 클릭 후 완료

(5) 위 첨자 표현 방법

위 첨자 표현하고자 할 경우 '문자^' 입력 후 해당 문자열을 드래그하면 '스택
(Stack)' 기능이 활성화됨

MEMO

② 지시선의 작성 및 편집(Mleaderstyle & Mleader)

1) 개요

Mleaderstyle 명령은 다양한 지시선의 스타일을 작성합니다.

Mleader 명령은 다중 지시선을 작성합니다.

작성된 지시선은 특성창(Chprop(Ctrl+1))에서 재수정할 수 있습니다.

① Mleaderstyle

[홈] 탭 ▶ (단축키 MLS)

◎ TIP
지시선(Leader, 단축키 : LEA) 명령을 활용하여 기본 스타일의 지시선과 문자를 작성할 수 있음

② Mleader

[홈] 탭 ▶ 지시선 (단축키 MLD)

◎ TIP
특성창(Ctrl+1)을 활용하여 지시선의 구성 요소와 문자의 특성을 수정할 수 있음

2) 다중 지시선 스타일 생성 및 지시선 작성 방법

(1) 다중 지지선 스타일 생성

① [홈] 탭 ▶ 클릭

MEMO

▶ 새로 만들기(N)... 클릭

◎ TIP

다중 지시선의 구성

여러 줄 문자 컨텐츠

연결선 ④

③ 문자

② 지시선

① 화살촉

▶ [새 스타일 이름] 입력

▶ 계속(O) 클릭

◎ TIP

다중 지시선은 직선 또는
유연한 스플라인 곡선으
로 작성할 수 있음

▶ [유형 / 색상 / 크기] 등 변경 ▶ 확인 클릭

MEMO

◎ TIP
[지시선 구조] 탭에서는
세그먼트 각도, 연결선
설정, 다중 지시선의 축
척 등을 설정할 수 있음

▶ [문자 스타일 / 문자 색상 / 문자 각도 / 문자 색상 / 문자 높이] 등 변경

▶ ⬚ 확인 클릭

(2) 다중 지시선 스타일 선택 후 다중 지시선 작성

◎ TIP
다중 지시선의 연결선은
여러 줄 문자와 연결되어
있어 연결선의 위치가 변
경되면 문자 및 지시선도
따라 이동됨

① [홈] 탭 ▶   ▶ 신규 지시선 스타일 선택

② [홈] 탭 ▶   ▶ 지시선 ▾ 클릭

③ 다중 지시선 시작점 지정 (화살촉 위치)

④ 문자 작성 위치점 지정

⑤ 문자 입력

⑥ 작업 화면의 빈 곳 클릭 후 [종료]

(3) 다중 지시선의 특성 변경

① Ctrl + 1 입력

② 작성된 다중 지시선 선택

◎ **TIP**

[지시선] 항목에서 [지시선 유형]을 스플라인으로 변경하면 지시선이 곡선으로 변경됨

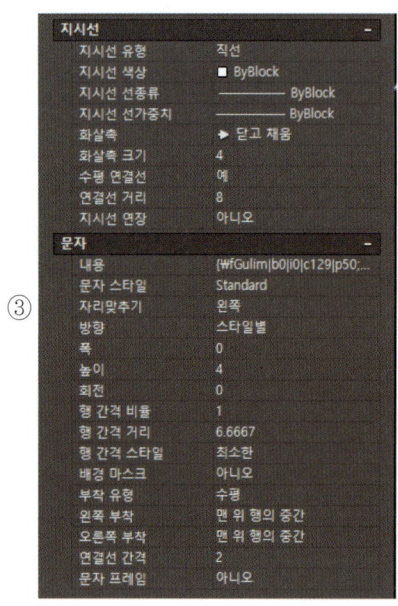

③

지시선	
지시선 유형	직선
지시선 색상	■ ByBlock
지시선 선종류	—— ByBlock
지시선 선가중치	—— ByBlock
화살촉	➤ 닫고 채움
화살촉 크기	4
수평 연결선	예
연결선 거리	8
지시선 연장	아니오
문자	
내용	{₩fGulim|b0|i0|c129|p50;...
문자 스타일	Standard
자리맞추기	왼쪽
방향	스타일별
폭	0
높이	4
회전	0
행 간격 비율	1
행 간격 거리	6.6667
행 간격 스타일	최소한
배경 마스크	아니오
부착 유형	수평
왼쪽 부착	맨 위 행의 중간
오른쪽 부착	맨 위 행의 중간
연결선 간격	2
문자 프레임	아니오

◎ **TIP**

[지시선] 항목에서 [연결선 거리] 값을 증가시키면 연결선이 길어짐. [문자] 항목에서 [연결선 간격] 값을 증가시키면 연결선과 문자 사이 간격이 넓어짐

▶ (지시선 유형 / 지시선 색상 / 화살촉 / 화살촉 크기 / 문자 내용 / 문자 높이)
등 특성 변경

④   ▶ 우측 상단 ✕ 클릭

MEMO

04 치수선의 표현

1 치수 스타일(Dimstyle)

1) 개요

나양한 치수 스타일을 생성 및 변경하는 명령입니다.
개별 치수선의 변경은 특성창([Ctrl]+1)을 이용합니다.

[홈] 탭 ▶ [주석] 패널 ▶ (단축키 D)

◎ **TIP**
치수선 용어를 이해하면
[치수선 스타일] 설정과
치수선 매개변수 학습에
도움이 됨

◎ **TIP**
치수선에 대한 전체 축척
은 Dimscale 명령을 통해
직용힐 수 있음. Dimscale
명령 수행 후 반드시
Update 명령을 활용하여
기존 치수선을 변경된 축
척값으로 업데이트하여
야 함

치수선 용어의 이해

기본적인 치수기입 유형으로는 선형(수평, 수직, 정렬, 회전, 기준선 및 연속(체인) 치
수), 지름(반지름, 지름 및 꺾기), 각도, 세로좌표, 호 길이가 있습니다.

2) 치수 스타일 생성 방법

(1) 치수 스타일 생성

◎ **TIP**
명령 입력줄에 'D'를 입력하여도 '치수 스타일 관리자'가 실행됨

① [홈] 탭 ▶

◎ **TIP**
치수스타일 관리자의 항목은 Dimhor, Dimscale 등 다양한 개별 치수 관련 명령들로 제어할 수 있음

②

▶ 새로 만들기(N)... 클릭

③

▶ [새 스타일 이름] 입력 ▶ **계속** 클릭

◎ **TIP**
치수보조선의 억제 기능
은 치수보조선의 화면 숨
김 여부를 제어함

▶ [치수선 : 색상 / 치수보조선 : 색상 / 원점에서 간격띄우기 : 값] 등 변경

◎ **TIP**
중심표식(Centermark)
명력 입력 후 원이나 호
를 클릭하면 원과 호의
크기에 맞춰 자동으로 중
심표식을 표현함

▶ [화살촉 : 유형, 크기 / 중심 표식] 등 변경

◎ TIP
[문자 정렬(A)] 항목에서
[수평]으로 지정하면 치
수 문자가 모두 수평으로
정렬되어 작성됨

⑥

▶ [문자 모양 : 문자 스타일, 문자 색상, 문자 높이 / 문자 배치 : 수평, 수직, 치수
선에서 간격띄우기 / 문자 정렬] 등 변경

◎ TIP
전체 축척 사용(S) : 치수
문자 및 화살촉의 전체적
인 축적을 변경함

◎ TIP
전체축척사용(S)은
Dimscale 명령으로도
실행할 수 있음

⑦

▶ [치수 피쳐 축척 : 전체 축척 사용] 등 변경

◎ TIP
[선형 치수] 및 [각도 치수] 항목에서 [정밀도]를 활용하여 소수점 자리수를 제어할 수 있음

▶ [선형 치수 : 단위 형식, 정밀도 / 각도 치수 : 단위 형식, 정밀도] 등 변경

⑨ **확인** 클릭

(2) 특성창을 활용한 치수 편집

① Ctrl + 1 입력

◎ TIP
특성창을 활용하여 치수선을 편집할 경우 작업 화면 내 해당 치수선만 편집됨. 이럴 경우 하나의 치수선을 편집하고 **Matchprop**(단축기 : **MA**) 명령을 활용하여 특성을 일치시킴

▶ [일반 / 기타 / 선 및 화살표 / 문자 / 맞춤 / 1차 단위 /대체 단위] 등 변경

③ ▶ 우측 상단 **X** 클릭

② 주요 치수선(Dimlinear 등)

1) 개요

치수 표현은 선형치수, 정렬치수, 각도치수, 반지름·지름·호의 길이 치수로 구분됩니다.

◎ TIP
스마트 치수(Dim) 명령
을 입력 후 치수를 표현
하고자하는 선에 마우스
포인터를 위치시키면 자
동으로 적합한 치수 유형
을 탐색하여 표현함

[홈] 탭 ▶ [주석] 패널 ▶

2) 주요 치수선의 작성 방법

(1) 선형 및 정렬 치수선

◎ TIP
선형치수에 대한 개별 명
령은 Dimlin(단축키 : DLI)
이며, 정렬치수에 대한
개별 명령은 Dimali(단축
키 : DAL) 임

① [홈] 탭 ▶ [주석] 패널 ▶

▶ 선형 또는 정렬 클릭

② 치수 보조선의 첫 번째 점 지정

③ 치수 보조선의 두 번째 점 지정

④ 치수선(치수문자)의 위치점 지정

(2) 각도 치수선

① [홈] 탭 ▶ [주석] 패널 ▶

◎ TIP
각도치수에 대한 개별 명령은 Dimang(단축키 : DAN)임

② 첫 번째 모서리(선분) 선택

③ 두 번째 모서리(선분) 선택

④ 치수선(치수문자) 위치점 지정

(3) 호 길이 치수선

① [홈] 탭 ▶ [주석] 패널 ▶

◎ TIP
호 길이 치수에 대한 개별 명령은 Dimarc(단축키 : DAR)임

② 작성된 호 선택

③ 치수선(치수문자) 위치점 지정

(4) 반지름과 지름 치수선

① [홈] 탭 ▶ [주석] 패널 ▶

▶

② 작성된 원 또는 호 선택

③ 치수선(치수문자) 위치점 지정

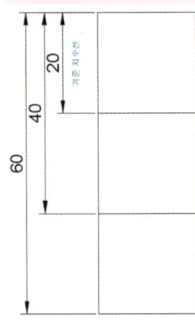

❸ 연속 및 빠른 작업 치수선 작성(Dimcontinue & Qdim)

1) 개요

Dimcontinue 명령은 작성된 선형치수(수평·수직치수)를 기준으로 연속된 치수선을
작성합니다. Qdim 명령은 객체를 기준으로 보다 신속한 치수선을 작성합니다.

(1) 리본 메뉴

① Dimcontinue(연속 치수)

[주석] 탭 ▶

(**단축키** DCO)

② Qdim(빠른 작업)

[주석] 탭 ▶

(**단축키** QD)

2) 연속 및 빠른 작업 치수선 작성 방법

(1) 연속 치수선

① [주석] 탭 ▶ ▶ |╫╫| 연속

②

: **선택(S)** 클릭

③ 선행 직성 되이진 수평 또는 수직 치수선에시 연속하고자 하는 빙향의 치수보조선 선택

④ 연속되는 치수보조선의 다음 위치점 지정

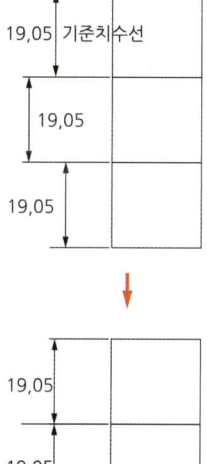

◎ TIP
공간조정(Dimspace) 명령 입력 ▶ 기준이 될 치수선 선택 ▶ 연이어 간격을 둘 치수선 모두 선택 (엔터 표시) ▶ 간격값 '0' 입력(엔터표시)

(2) 빠른 작업 치수선

① [주석] 탭 ▶ ▶ |╪| 빠른 작업

MFMO

② 치수를 표현할 객체 선택 `Enter ⏎`

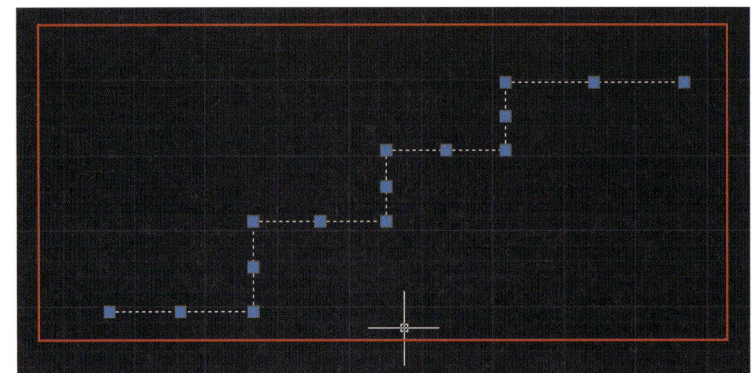

③ 치수선(치수 문자)의 위치점 지정

◎ **TIP**
신속문자(Qtext) 명령을 입력 후 [켜기(ON] 옵션을 클릭하면 문자뿐만 아니라 치수문자도 사각형으로 처리됨

◎ **TIP**
주요 치수 변수 명령어들을 기억하면 [치수 스타일 관리자]를 사용하지 않고도 신속하게 치수 세부 유형을 변경할 수 있음

❹ 주요 치수 변수와 변경(Dimscale 및 Update 등)

1) 개요

치수 변수란 치수에 대한 설정 변경이 필요할 경우 사용되는 명령입니다. 주요 치수 변수로서 Dimscale 명령은 전체적인 치수선의 크기를 변경합니다. Dimtoh·Dimtih 명령은 수직 치수선으로 작성된 치수문자의 방향을 변경합니다. Dimexo 명령은 치수보조선과 객체와의 간격을 변경합니다. Dimtofl 명령은 지름과 반지름 치수 표현에서의 내부 치수선 표현 유무를 변경합니다. 치수 변수의 변경은 기존에 작성된 치수선에는 적용되지 않으며 변경 이후의 치수선에 적용됩니다. 기존 치수선에 변경 사항을 적용시키려면 반드시 'Update' 명령을 활용하여 기존 치수선을 갱신해주어야 합니다.

① Update

[주석] 탭 ▶ ▶

◎ TIP
치수 변수를 조정 후 치수를 새롭게 기입하면 **Update**를 할 필요 없음

② 치수 변수 도구(아이콘) 없음

2) 치수 변수 및 치수 문자 수정 방법

(1) 치수 변수 활용

① Dimscale (치수선의 전반적인 축척 변경)

ㄱ Dimscale [Enter↵]

ㄴ 치수선의 전반적인 축척 값 입력 [Enter↵]

ㄷ [주석] 탭 ▶ ▶ 클릭

ㄹ 업데이트 할 치수선 선택 [Enter↵]

※ 업데이트 결과

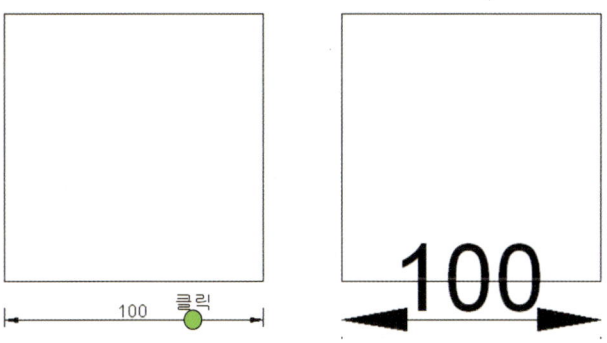

◎ TIP
화살촉의 크기는 **Dimasz** 명령을 활용하여 조정할 수 있음

② Dimtih (수직 치수선 내부의 문자 방향을 수평으로 회전)

ㄱ Dimtih 입력 [Enter↵]

ㄴ × ⚲ ⚙ **DIMTIH** DIMTIH에 대한 새 값 입력 <끄기(OFF)>:

: ON 입력 [Enter↵]

ⓒ **[주석] 탭** ▶ ▶ 클릭

ⓓ 업데이트 할 치수선 선택 Enter↵

※ 업데이트 결과

③ Dimtoh (수직 치수선 외부의 문자 방향을 수평으로 회전)

ⓐ Dimtoh 입력 Enter↵

ⓑ × ✎ ⚙- **DIMTOH** DIMTOH에 대한 새 값 입력 <끄기(OFF)>:

: ON 입력 Enter↵

ⓒ **[주석] 탭** ▶ ▶ 클릭

ⓓ 업데이트 할 치수선 선택 Enter↵

■ 업데이트 결과

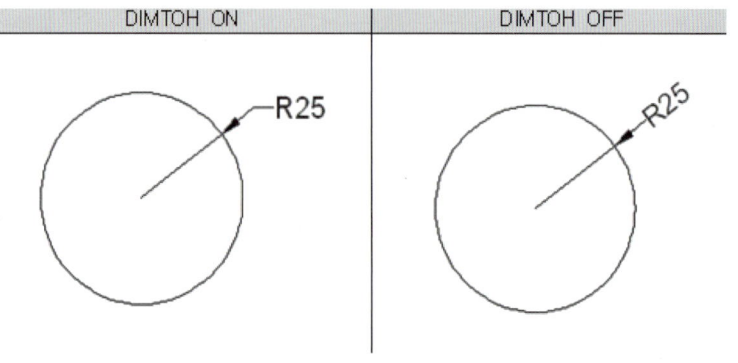

④ Dimexo (치수보조선과 객체와의 간격 조정)

    ㉠ Dimexo 입력 후 `Enter↵`

    ㉡ 간격 값 변경 `Enter↵`

    `Enter↵`

◎ **TIP**
Dimexo 명령을 활용하여 간격값을 증가시키면 아래의 그림과 같이 표현할 수 있음

⑤ Dimtofl (반지름·지름 치수 표현 시 내부의 치수선 표현 유무 설정)

    ㉠ Dimtofl 입력 후 `Enter↵`

    ㉡ `× 🔧 ⚙- DIMTOFL` DIMTOFL에 대한 새 값 입력 <켜기(ON)>:

      : OFF 입력 `Enter↵`

    ㉢ [**주석**] 탭 ▶ ▶ 클릭

    ㉣ 업데이트 할 치수선 선택 `Enter↵`

■ 업데이트 결과

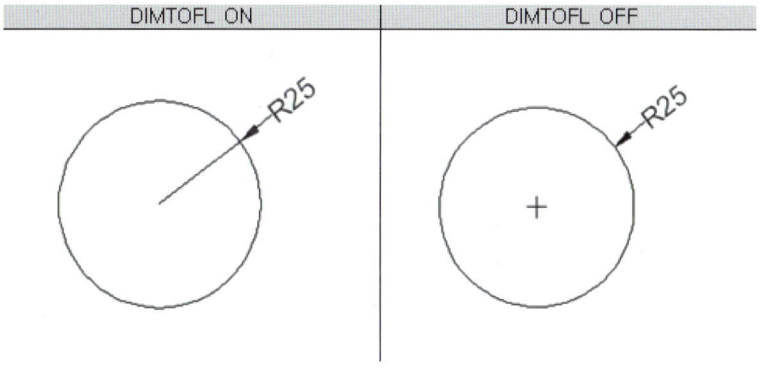

DIMTOFL ON	DIMTOFL OFF

◎ **TIP**
Dimtofl 명령을 실행하면 원이나 호 내부에 치수선을 표현하지않을 수 있지만 중심표식이 나타남. 이럴 경우 **Dimcen** 명령 ▶ '0(숫자)' 입력(엔터표시) 후 **Update**를 하면 중심표식이 점으로 표현됨

(2) 치수문자의 수정

    ① 치수 문자 더블 클릭

    작성된 치수 문자 더블 클릭 ▶ ▶ 치수 수정

    ▶ 작업 화면 빈 공간 클릭

② 특성창 활용

◎ TIP
Ddedit 명령 입력 후 해당
치수 문자를 클릭하여도
수정 가능함

Ctrl +1 ▶

▶ 문자 재지정　　　dfdf

▶ 문자수정 ▶ 특성

▶ 우측 상단 ✕ 클릭

MEMO

CHAPTER

01 도면의 배치 및 출력

1 레이아웃(Layout)

1) 개요

도면 작업은 Model(모형) 공간에서 진행되며 출력을 배치는 Layout(배치) 공간에서 진행합니다.

Layout 공간에 Model 공간에서 작성된 객체를 삽입하려면 Mview 명령을 사용합니다.

(1) 모형과 배치 탭

도면 작업 공간 좌측 하단 ▶ 모형 배치1 배치2 +

2) 신규 배치 공간 생성 및 모형 뷰 삽입 방법

◎ **TIP**
Layout 명령 실행 후 [새로 만들기(N)] 옵션을 클릭하여도 신규 배치 탭을 생성시킬 수 있음

(1) 신규 배치 공간 생성

① 도면 작업 공간 좌측 하단 ▶ **[배치 1]** 탭 위 ▶ 마우스 우측 버튼 클릭

② ▶ **[새 배치(N)]** 클릭

③ 신규 생성된 배치 공간 확인

◎ **TIP**
[배치] 탭 위에 마우스 포인터를 놓고 마우스 우측 버튼을 클릭하면 '배치 내용 모형으로 전송' 옵션으로 배치(Layout) 도면을 별도의 **Dwg** 파일로 내보내기 가능함. 명령입력줄에 **'Exportlayout'**을 입력하여도 됨

(2) 사각형 모형 뷰 삽입

① 기존 배치 탭 또는 신규 배치 탭 클릭

② 레이아웃 화면 확인

③ Mview 창 외곽선 선택 ▶ 삭제

◎ **TIP**
뷰포트를 무제한으로 생성시킬 수 없음. **Maxactvp** 명령을 활용하여 최소 **2**개에서 최대 **64**개의 뷰포트를 생성시킬 수 있음

④ 배치 공간 외곽 점선(인쇄가능영역)을 삭제하기 위해 'Options(단축키 OP)' 명령 실행

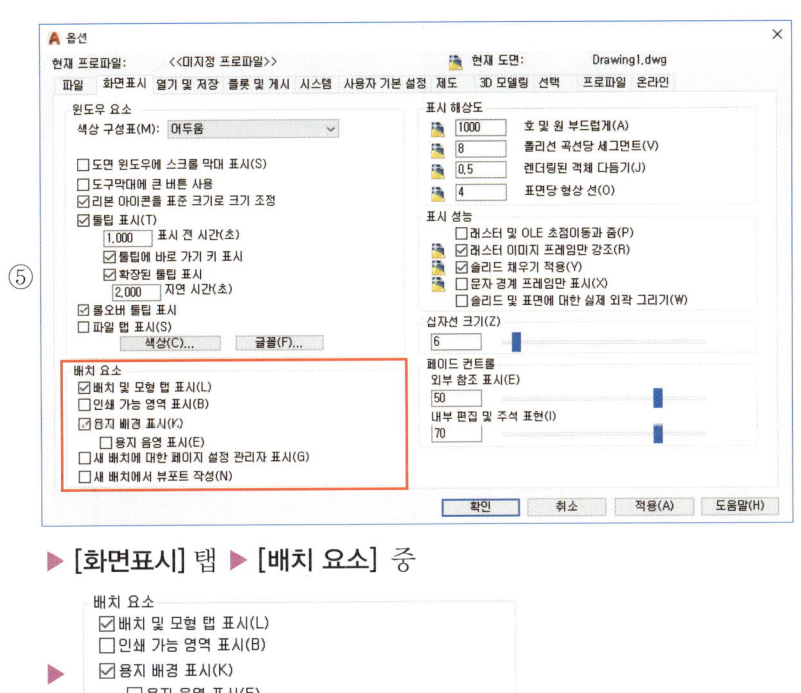

◎ TIP
[배치 요소]에서 [배치 및
모형 탭 표시]의 체크를
해제하지 않도록 주의함

⑤

▶ **[화면표시]** 탭 ▶ **[배치 요소]** 중

```
배치 요소
  ☑ 배치 및 모형 탭 표시(L)
  ☐ 인쇄 가능 영역 표시(B)
▶ ☑ 용지 배경 표시(K)
      ☐ 용지 음영 표시(E)
  ☐ 새 배치에 대한 페이지 설정 관리자 표시(G)
  ☐ 새 배치에서 뷰포트 작성(N)
```

▶ **[인쇄 가능 영역 표시]** 체크 해제 ▶ **확인** 클릭

⑥ 배치 공간 확인

◎ TIP
[배치 요소]에서 [용지 음
영 표시]를 체크하면 용
지 크기에 맞춰 아래에
그림자가 표시됨

⑦ [배치] 탭 ▶ ▶ 직사각형 클릭

⑧ 배치 공간 내부에 시작점과 대각선 반대편 점 지정

◎ TIP
삽입된 뷰포트는 Rotate
명령이나 Grip을 활용하
여 회전과 크기 조정을
할 수 있음

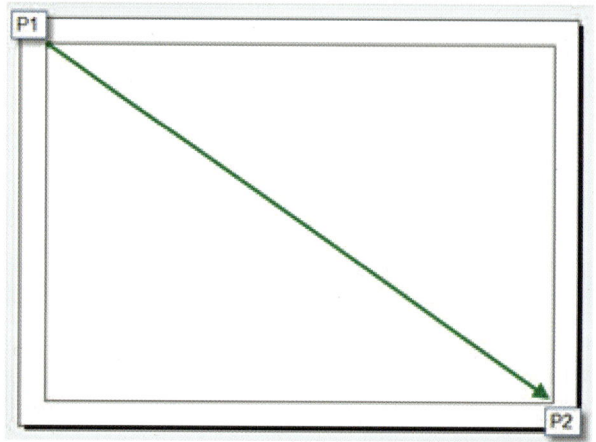

⑨ 작성된 모형 뷰(Mview) 창 확인 ▶ 내부 공간 더블 클릭
⑩ 마우스 휠을 이용하여 화면 확대 축소 및 화면 이동을 수행(객체가 이동되는 것
이 아님)

◎ TIP
'Mspace' 명령의 단축키
는 MS이며 모형공간을
의미함

◎ TIP
'Pspace' 명령의 단축키
는 PS이며 종이공간을
의미함

⑪ Pspace 입력 Enter↵

(3) 다각형 모형 뷰 삽입

① 기존 배치 탭 또는 신규 배치 탭 클릭

② 배치 공간 확인

◎ TIP
모형 공간의 선 축적은 배치 공간에서 제대로 표현되지 않는 경우가 많음. 이럴 경우 배치 공간에서 Psltscale 명령 실행하고 변수값을 '0(숫자)'을 입력 힌 후 Regen(단축키 : RE) 명령을 실행함

③ [배치] 탭 ▶ 폴리곤 클릭

◎ TIP
MView(단축키 : MV) 명령을 실행 후 [폴리곤(P)] 옵션을 클릭하여 동일하게 사용할 수 있음

④ 배치 공간 내부 ▶ 시작점 지정

⑤ 순차적으로 다음점 지정

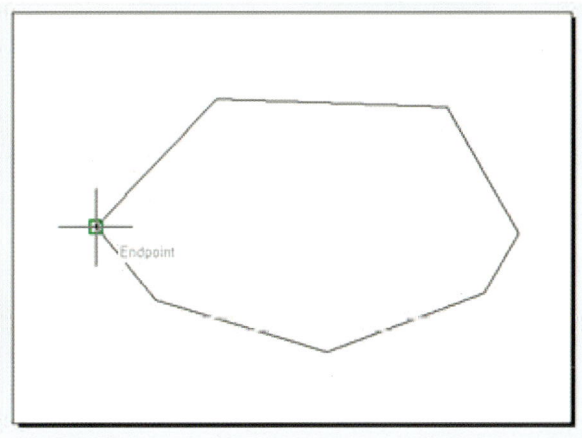

⑥ 작성된 모형 뷰(Mview)창 확인 ▶ 내부 공간 더블 클릭

⑦ 마우스의 휠을 이용하여 화면 확대 축소 및 화면 이동 수행

⑧ Pspace 입력 [Enter↵]

(4) 기존 폴리 도형을 이용한 모형 뷰 삽입

① 기존 배치 탭 또는 신규 배치 탭 클릭

② 배치 공간 확인

③ Pline 또는 Rectangle·Circle·Polygon 등의 명령을 활용하여 폴리화 도형 작성

◎ TIP

미리 폴리화 도형을 작성한 후 이를 뷰포트로 활용하면 보다 다양한 도면 배치를 만들 수 있음

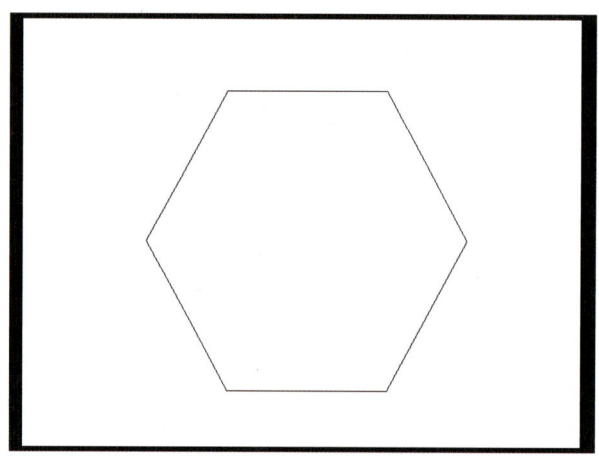

◎ TIP

MView(단축키 : MV) 명령을 실행 후 [객체(O)] 옵션을 클릭하여 동일하게 사용할 수 있음

④ [배치] 탭 ▶ [객체] 클릭

⑤ 배치 공간에 작성된 폴리화 도형 선택

⑥ 작성된 모형 뷰(Mview) 창 확인 ▶ 내부 공간 더블 클릭

⑦ 마우스 휠을 이용하여 화면 확대 축소 및 화면 이동 수행

⑧ Pspace 입력 [Enter↵]

2 도면의 출력(Plot)

1) 개요

작업된 내용을 실제 용지나 이미지 파일 형식 등으로 출력하는 명령입니다. 출력 결과
물에 대한 선가중치(폭)는 Plot 창에서 설정할 수 있으나 미리 도면층(레이어)에서 지
정 가능합니다.

(1) 신속 접근 메뉴

2) Plot 창의 구성 및 출력 순서

① 프린터/플로터 : [이름(M)]에서 사용자 컴퓨터와 연결된 프린터 선택
② 용지 크기 : 다양한 크기의 용지 선택

③ 플롯 영역 : 플롯 대상 [윈도우(사용자 범위 직접 지정 가능)]

◎ TIP
[플롯 스타일 테이블] 및
[도면 방향] 등의 옵션이
보이지 않을 경우 [플롯]
대화창 우측 하단의 [더
많은 옵션] 버튼을 클릭
함

Window 옵션을 활용한 출력 영역 지정

④ 플롯 간격띄우기 : [플롯의 중심] 체크 (지정한 출력 영역을 용지 중앙에 자동 배치)

⑤ 플롯 축척 : 출력 축척 지정(1 : 2는 1/2 도면을 의미) / 용지에 맞춤(축척에 상관없이 지정한 용지 Size에 맞춤)

⑥ 도면 방향 : 가로 또는 세로 용지 방향 지정

⑦ 플롯 스타일 테이블 : 출력 시 선의 색상 및 가중치 지정

⑧ 미리보기 : 실제 용지에 출력 전 미리보기

◎ **TIP**
반드시 [미리보기] 버튼을 클릭하여 출력 전 상태를 확인하는 것이 필요함

◎ **TIP**
[플롯 스타일 테이블]에서 [monochrome.ctb]를 선택할 경우 객체 색상 항목 모두를 검정색으로 출력되도록 함

플롯 미리보기

⑨ [확인] 클릭 ▶ 출력

MEMO

❸ 다른 형식으로 내보내기와 가져오기(Export & Import)

1) 개요

Export 명령은 현재의 작업 도면을 다른 형식(Eps, Bmp, Dwf 등의 형식)로 변환하여 내보내는 명령입니다. 명령 입력줄에 직접 Bmpout, jpgout의 명령을 입력하여 이미지 파일로 변환하여 저장할 수 있습니다.

Import 명령은 캐드 파일이 아닌 다른 형식의 파일을 캐드에 가져오는 명령입니다.

◎ TIP
Psout 명령을 입력하면 EPS 파일 형식의 이미지 파일로 내보내기 할 수 있음

내보내기   가져오기

2) 다른 형식 내보내기와 다른 형식 가져오기 방법

(1) 다른 형식 내보내기

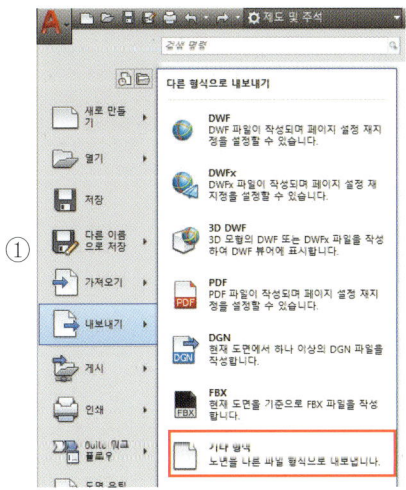

◎ TIP
Epdf 명령을 입력하면 PDF 파일 형식으로 내보내기 할 수 있음.
Pdfimport 명령을 입력하면 PDF 파일을 가져오기 할 수 있음

기타 형식
도면을 다른 파일 형식으로 내보냅니다. 클릭

◎ TIP
3차원 모델링일 경우
*.stl 파일 형식으로 내보
내기를 하면 3차원 프린
터 출력용 파일로 활용할
수 있음

◎ TIP
가져오기의 단축키는
IMP이며, 내보내기의 단
축키는 EXP임

▶[파일 유형] 선택 ▶ [파일 이름] 입력

③ [파일 저장 위치] 지정 ▶ 저장(S) 클릭

(2) 다른 형식 가져오기

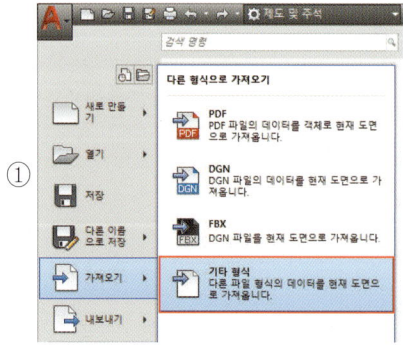

기타 형식
다른 파일 형식의 데이터를 현재 도면으 클릭
로 가져옵니다.

◎ TIP
'Pdfimport' 명령을 활용
하여 직접 PDF 파일 형식
의 문서를 가져올 수 있음

▶[**파일 유형**] 선택 ▶ [**파일 이름**] 입력 또는 파일 찾기

③ 열기(O) 클릭

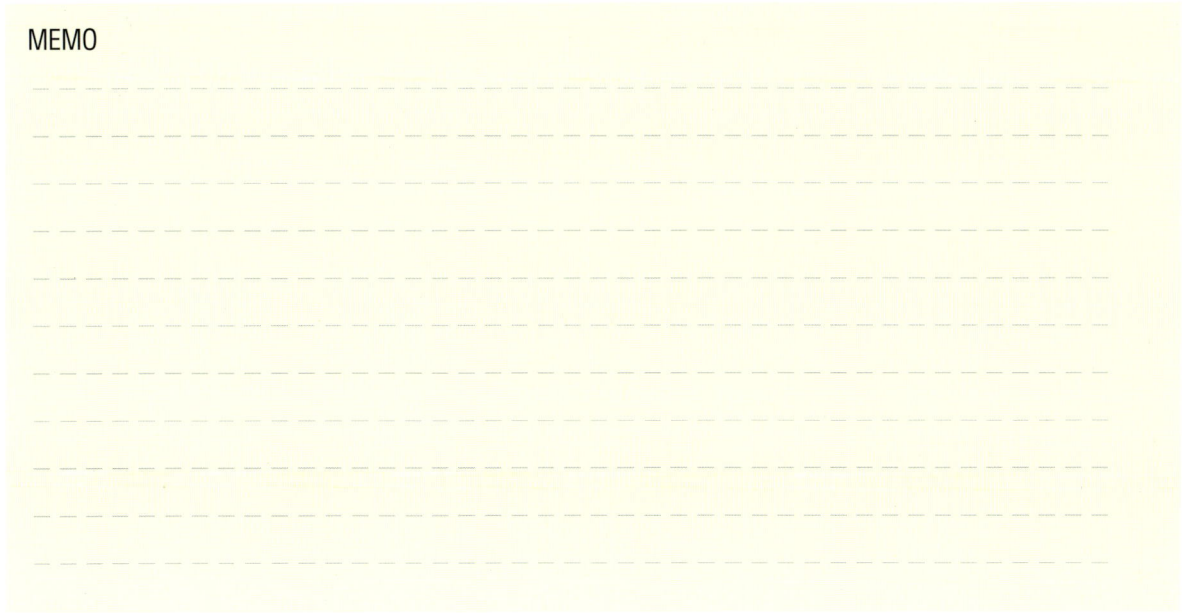

MEMO

Hint
- Line 명령을 활용하여 작성합니다.
- 절대좌표를 방식으로 작성합니다.

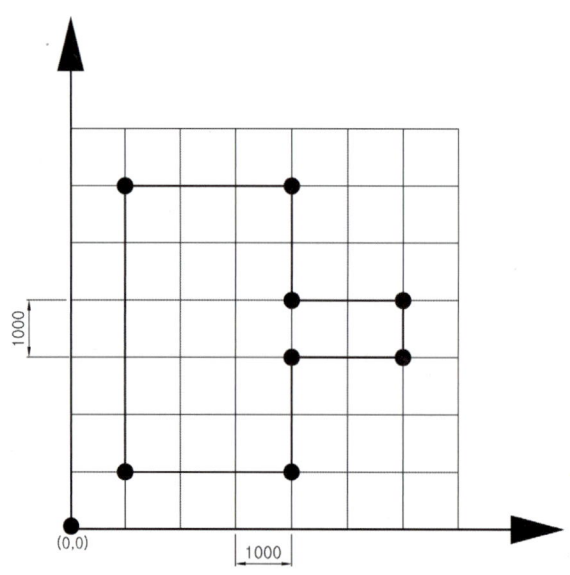

Hint
• Line 명령을 활용하여 작성합니다.
• 절대좌표방식으로 작성합니다.(시작점을 30,30으로 시작)

■ AutoCAD 예제 3

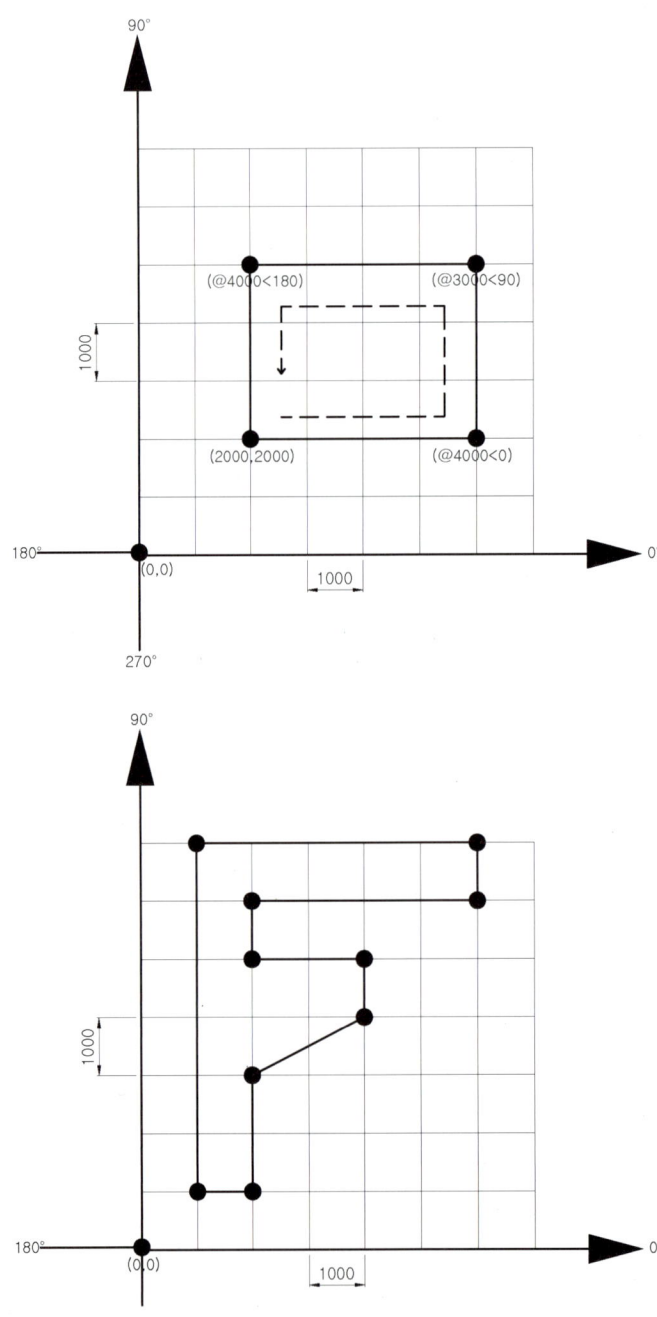

Hint
• Line 명령을 활용하여 작성합니다.
• 수평, 수직선은 마우스로 방향을 지정한 후 거리값을 입력합니다.(F8 기능키 활용)
• 사선의 경우 상대좌표 방식을 이용하여 작성합니다.

시작점

시작점

Hint
• Line 명령을 활용하여 작성합니다.
• 상대극좌표방식으로 작성합니다.

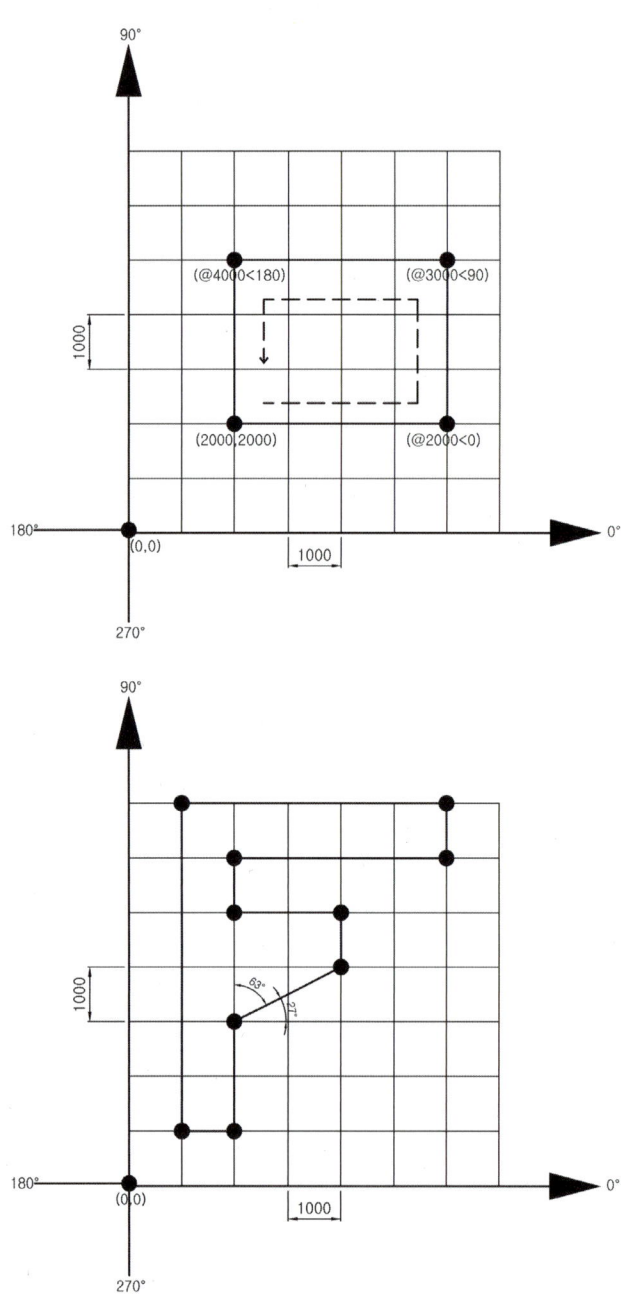

• Line 명령을 활용하여 작성합니다.
• 수평, 수직선은 마우스로 방향을 지정한 후 거리값을 입력합니다.
• 사선의 경우 상대극좌표 방식을 이용하여 작성합니다.

Hint
• Line 명령을 활용하여 작성합니다.
• 객체스냅(OSNAP)을 이용하여 작성합니다.

Perpendicular 수직

■ AutoCAD 예제 9

Mlstyle 1 : 100, -100
Mlstyle 2 : 100, -100, -150, -250

Mledit : Open Tee, Corner Joint

Hint

• 제시된 치수를 고하여 도면 작성합니다.
• Pline 명령의 W(폭) 옵션을 활용하여 작성합니다.

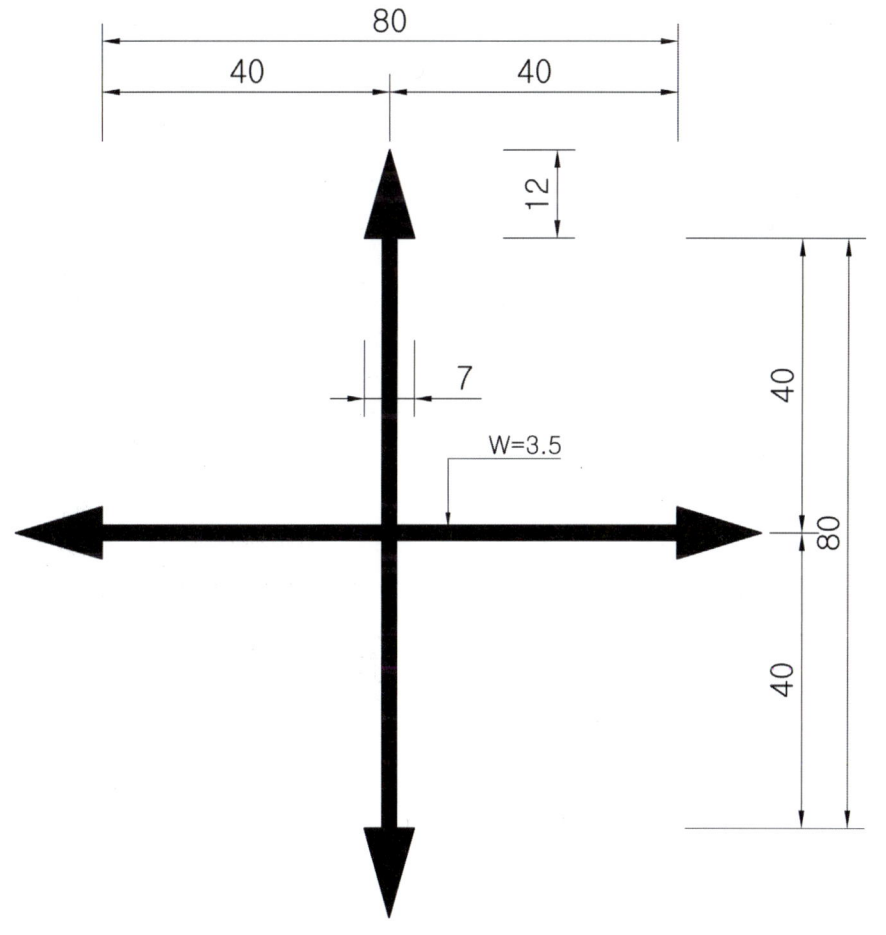

■ AutoCAD 예제 11

Hint

• Pline 명령을 활용하여 작성합니다.
• PL 옵션 W(폭)을 활용하여 Line/Arc를 작성합니다.

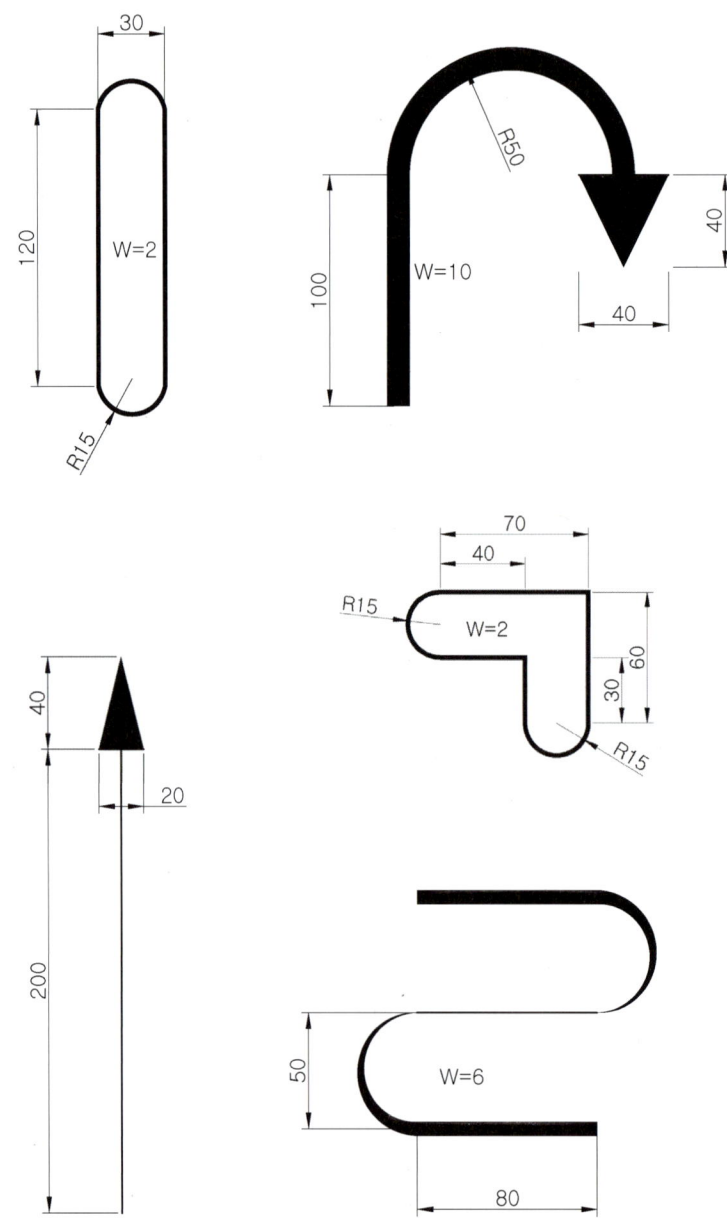

Hint
• 제시된 치수를 참고하여 도면을 작성합니다.
• 중심선을 기준으로 line을 활용하여 벽체의 단열재를 작성합니다.
• Mlstyle, Mline, Mledit 명령을 활용하여 작성합니다.

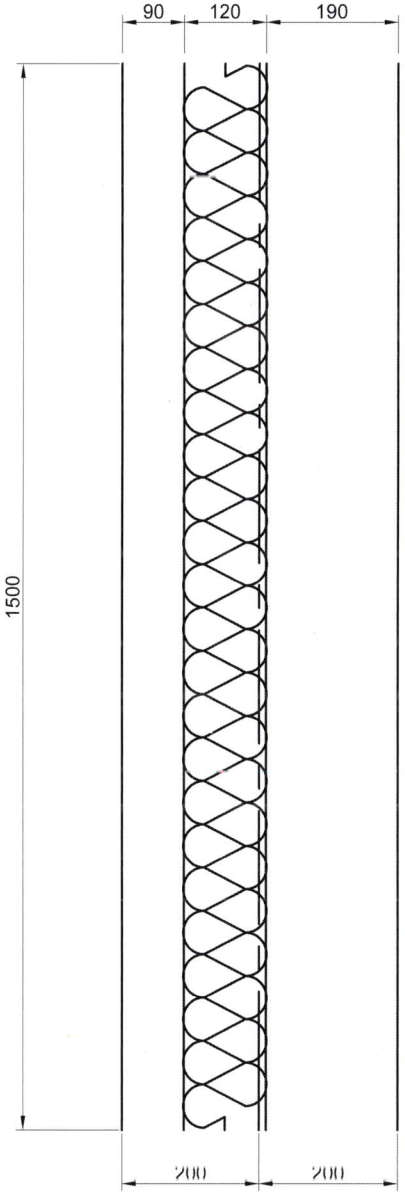

LTS 지정(Ctrl+1)
Center : 5 , Batting : 6

• 제시된 치수를 참고하여 도면을 작성합니다.

• Rectang 명령을 활용하여 작성합니다.(Rectangle의 옵션인 Chamfer, Fillet, Width 활용)

Hint

• 제시된 치수를 참고하여 도면을 작성합니다.

• Line / Circle / Copy 명령을 활용하여 작성합니다.

• 2- 치수표현은 도면요소의 갯수를 의미합니다.

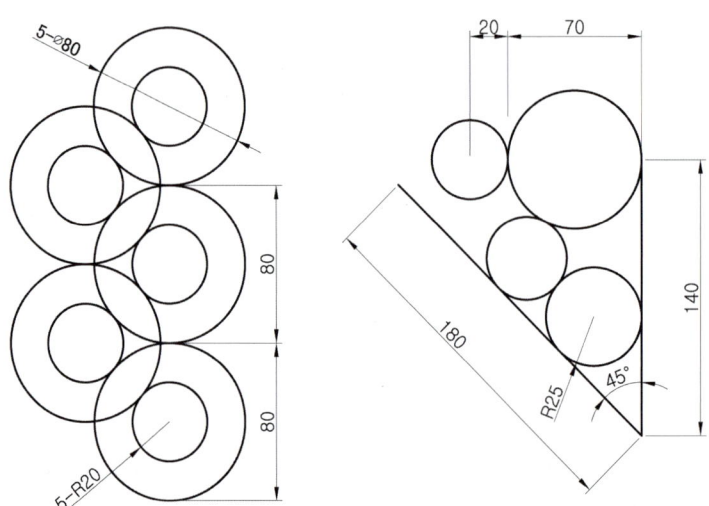

Hint

• 제시된 치수를 참고하여 도면을 작성합니다.
• Circle / Line 명령을 활용하여 작성합니다.

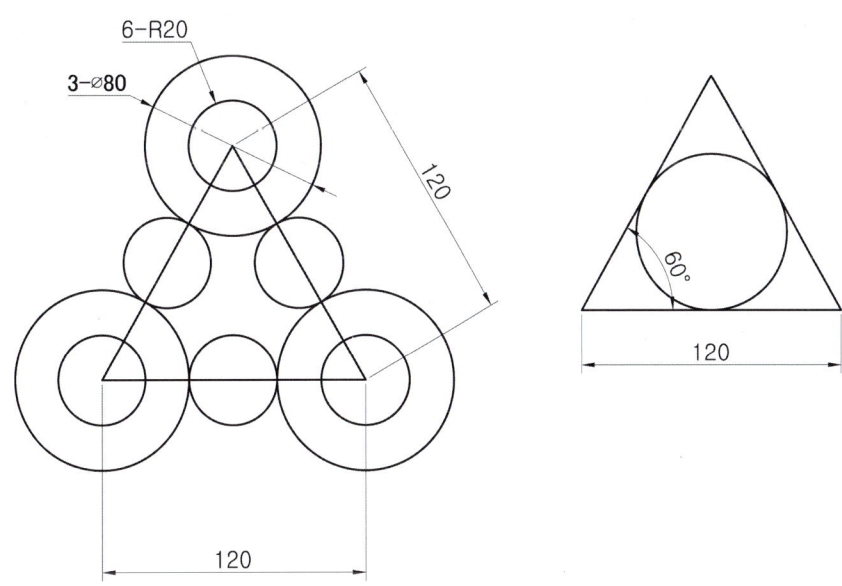

Hint
• 제시된 치수를 참고하여 도면을 작성합니다.
• 중심선을 작성합니다.
• Rectang / Ellipse / Polygon / Circle / Copy / Move 명령을 활용하여 작성합니다.

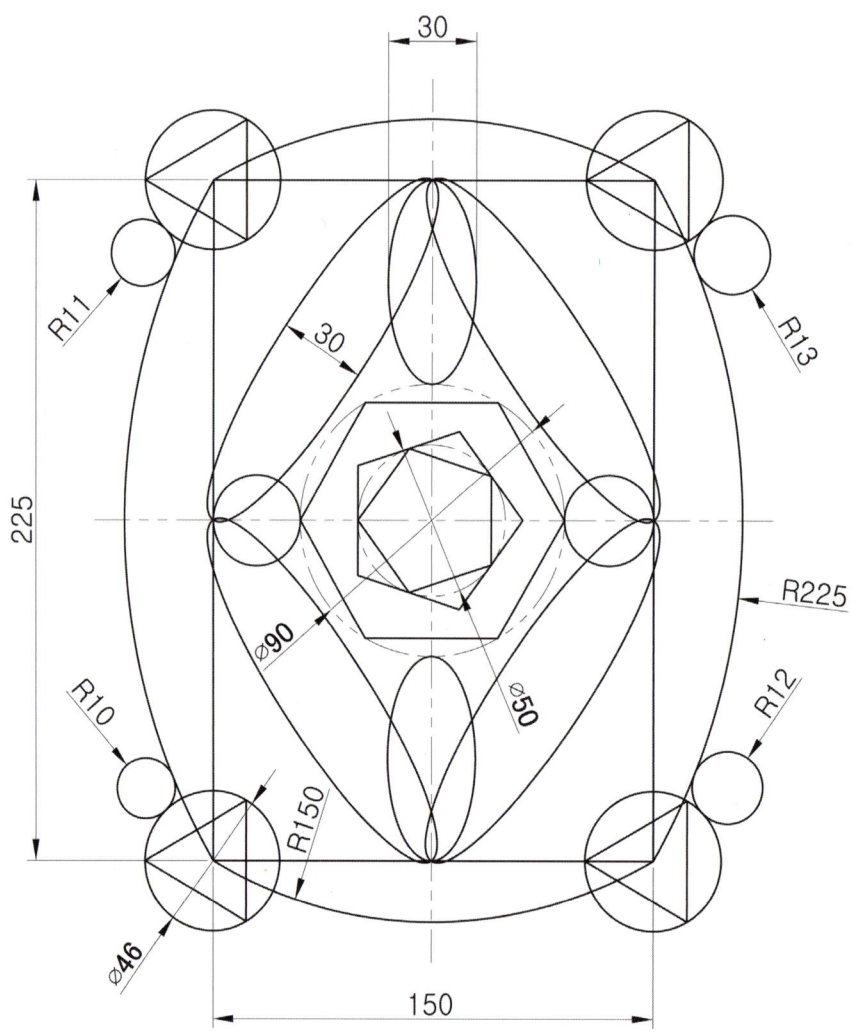

Hint
- 제시된 치수를 참고하여 도면을 작성합니다.
- Line / Arc 명령을 활용하여 작성합니다.

S.C.E

S.C.A(90)

S.C.L

S.E.A(270)

S.E.D(90)

S.E.R

C.S.E

C.S.A(90)

C.S.L

Hint

• Line / Offset / Trim 명령을 활용하여 작성합니다.

• Arc 명령의 S,E,R의 옵션을 활용하여 작성합니다.

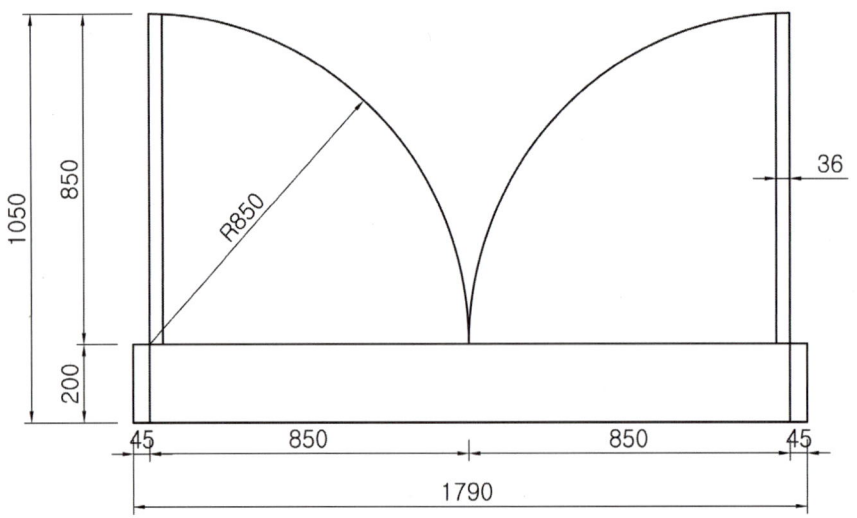

Hint
- 제시된 치수를 참고하여 도면을 작성합니다.
- Line / Rectangle / Offset / Circle / Polygon 명령을 활용하여 작성합니다.

Hint

• 제시된 치수를 참고하여 도면을 작성합니다.

• Donut 명령을 활용하여 내부지름/외부지름을 입력하여 작성합니다.

• Line / Circle / Copy / Move 명령을 활용하여 작성합니다.

IN Ø5 ,OUT Ø15

IN Ø15 ,OUT Ø30

Hint
• 제시된 치수를 참고하여 도면을 작성합니다.
• Ptype 명령을 활용하여 점 유형을 선택합니다.
• Point 명령을 활용하여 위치에 맞게 작성합니다.

점의 모양, 절대단위, 크기 5

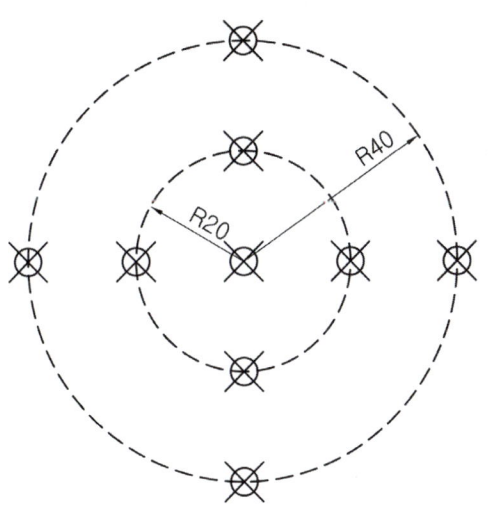

점의 모양, 절대단위, 크기 5

Hint

• 제시된 치수를 참고하여 도면을 작성합니다.
• Circle / Rectang / Copy 명령을 활용하여 작성합니다.

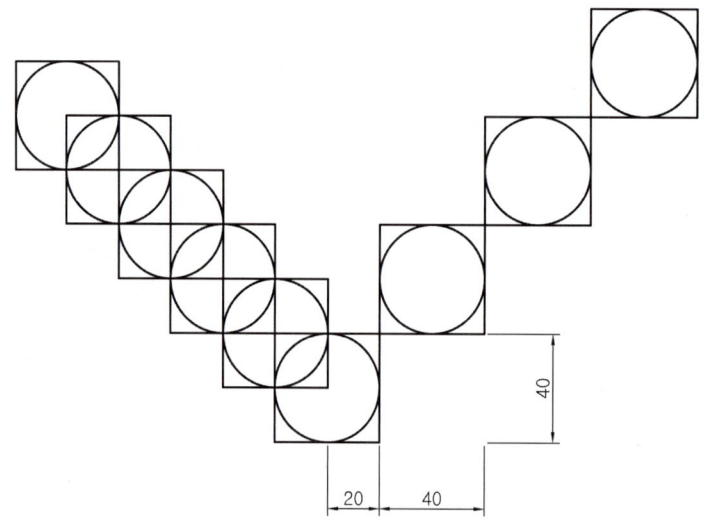

■ AutoCAD 예제 24

Hint

• 제시된 치수를 참고하여 도면을 작성합니다.

• Circle / Rectang / Polygon 명령을 활용하여 1개의 도면요소를 작성합니다.

• Array 명령의 R(사각배열) 옵션을 활용하여 작성합니다.

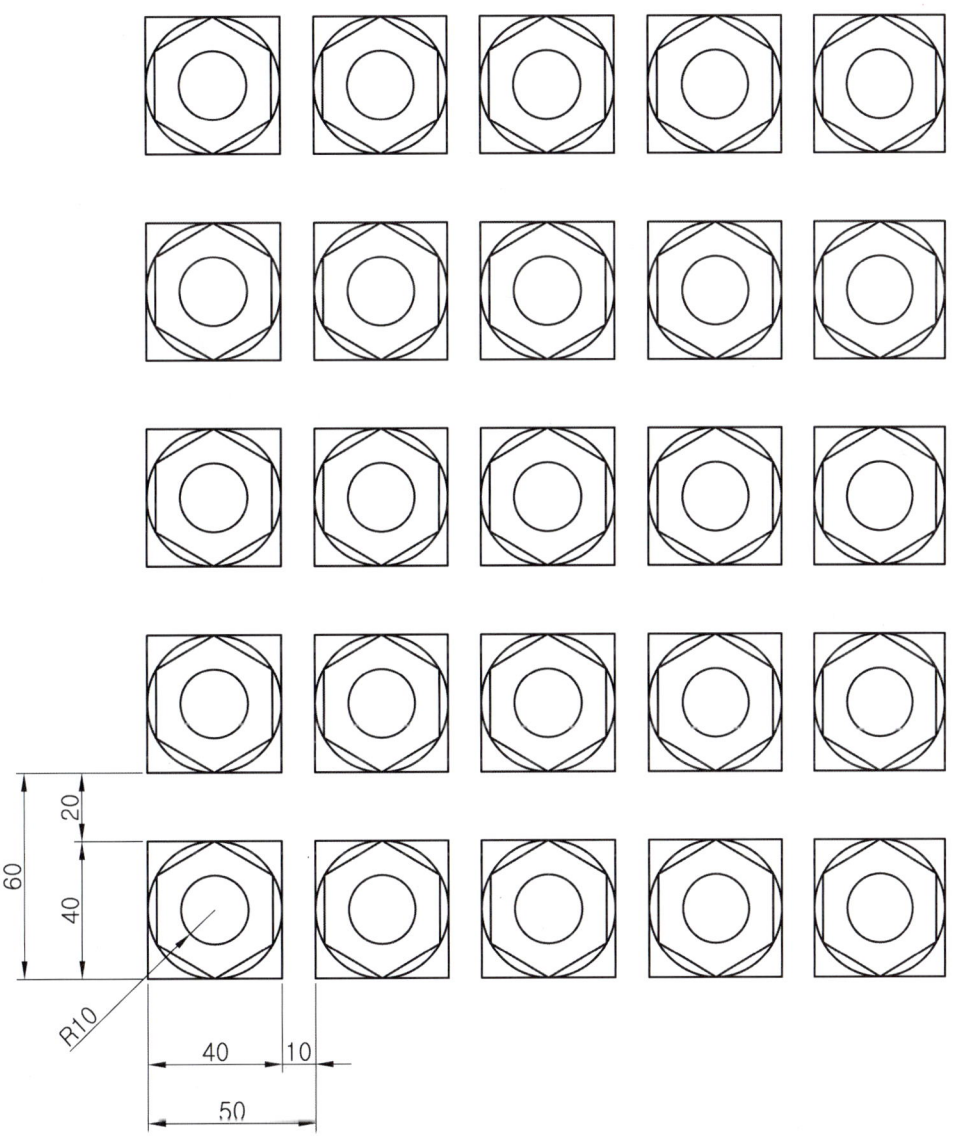

Hint

• 제시된 치수를 참고하여 도면을 작성합니다.

• 중심선을 작성합니다.

• 12시 방향의 도면요소를 작성합니다.

• Array 명령의 PO(원형배열) 옵션을 활용하여 작성합니다.

Hint

• 제시된 치수를 참고하여 도면을 작성합니다.

• Rectang / Offset / Trim / Circle / Move 명령을 활용하여 작성합니다.

Hint
• 제시된 치수를 참고하여 도면을 작성합니다.
• Line / Offset / Trim / Circle / Copy 명령을 활용하여 작성합니다.

■ **AutoCAD 예제 28**

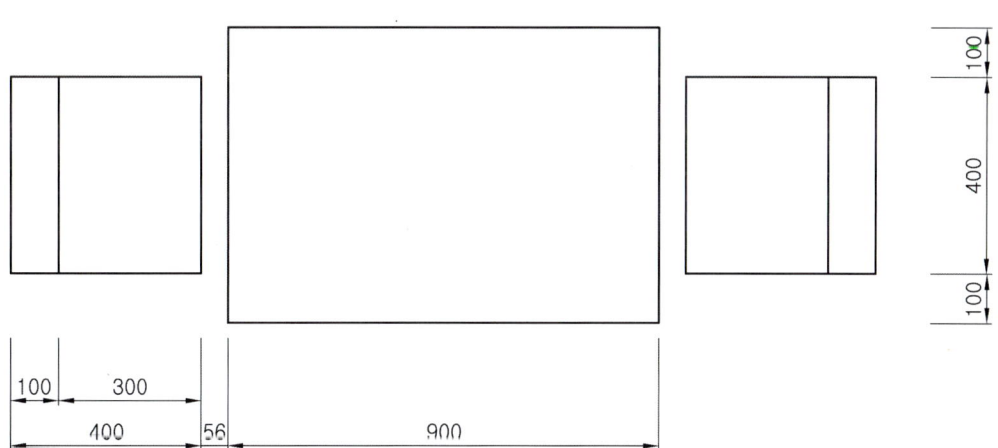

Hint

• 제시된 치수를 참고하여 도면을 작성합니다.
• Line / Fillet / Offset / Mirror 명령을 활용하여 작성합니다.

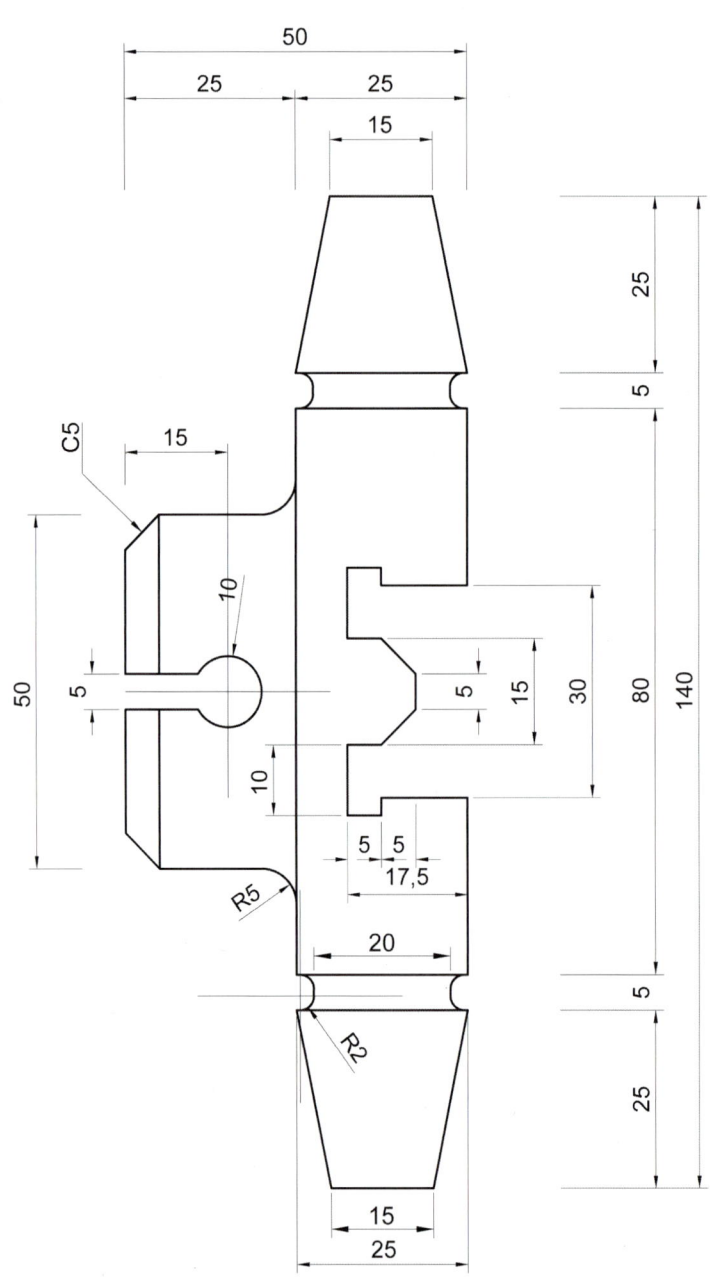

Hint

• 제시된 치수를 참고하여 도면을 작성합니다.
• Line / Rectangle / Circle / Polygon / Layer 명령을 활용하여 작성합니다.

도면층 명칭	색상	Linetype
중심선	Red	Center
외곽선	Black	Continuous
숨은선	White	Hidden

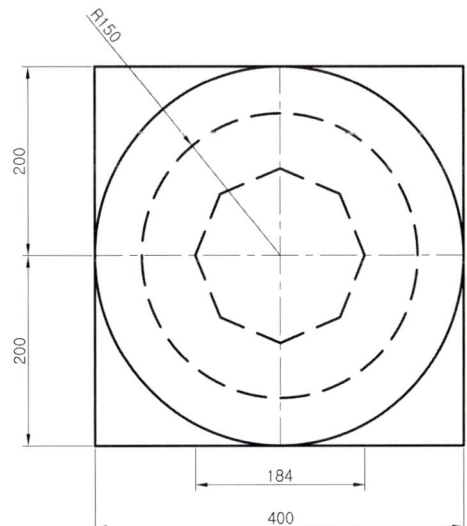

도면층 명칭	색상	Linetype
중심선	Red	Center
외곽선	Black	Continuous
숨은선	White	Hidden

Hint

• 제시된 치수를 참고하여 도면을 작성합니다.

• Block을 저장합니다.

• Line / Rectangle / Offset / Polygon / Block / Insert를 활용하여 작성합니다.

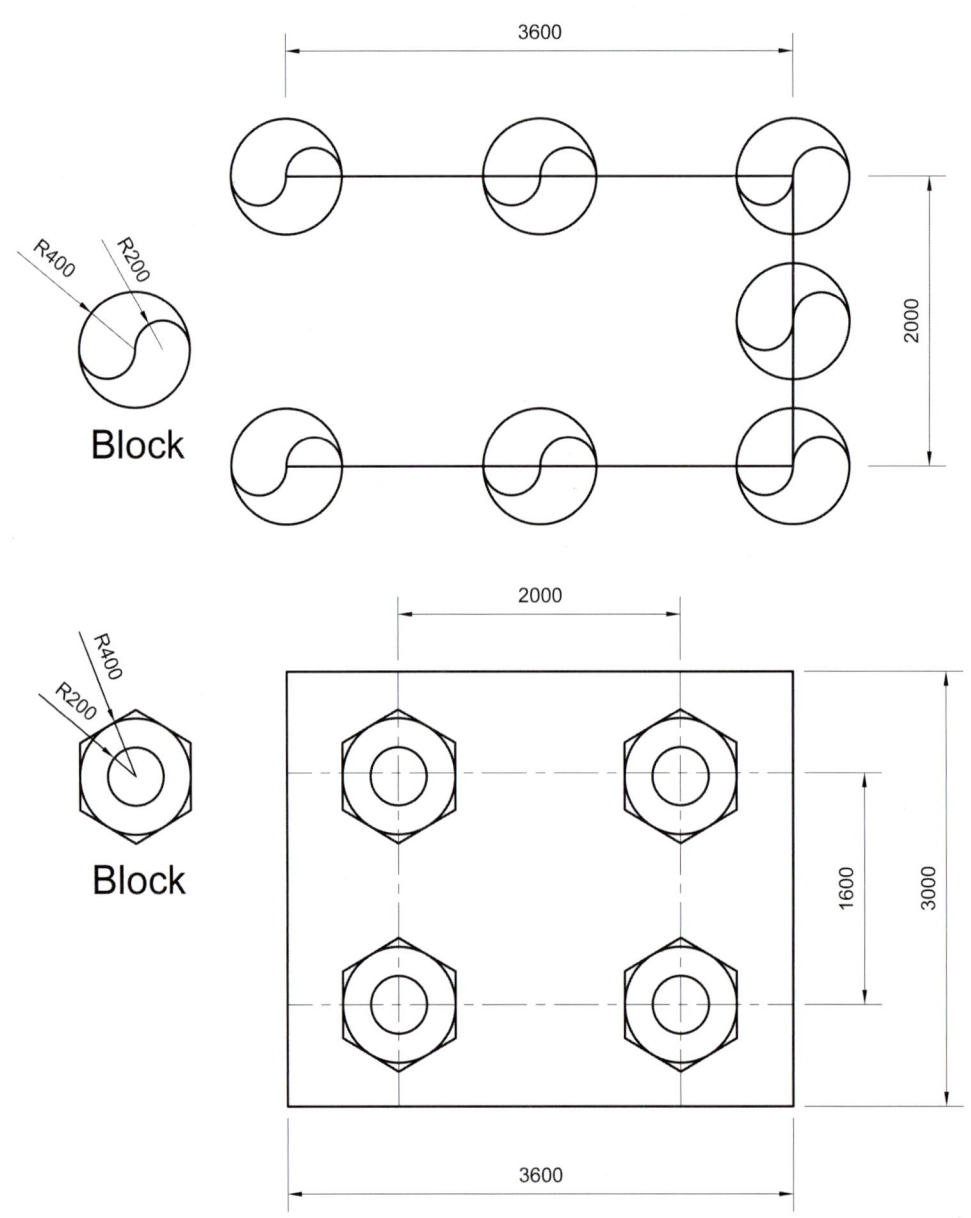

Block

Block

Hint
• 제시된 치수를 참고하여 도면을 작성합니다.
• 중심선을 작성합니다.
• Circle / Trim 명령을 활용하여 작성합니다.

완 성 결 과

Hint
• 제시된 치수를 참고하여 도면을 작성합니다.
• Line / Circle/ Offset / Trim 명령을 활용하여 작성합니다.

■ AutoCAD 예제 34

Hint

• ML 명령을 활용하여 중심선을 중심으로 벽체 작성을 합니다.

• Hatch 명령의 ANSI31을 이용하여 재료표현을 합니다.

Hatch : ANSI 31 / 축척 30

• 제시된 치수를 참고하여 도면을 작성합니다.
• Line / Circle / Offset / Trim 명령을 활용하여 작성합니다.
• Hatch 명령을 활용하여 재료표현을 작성합니다.

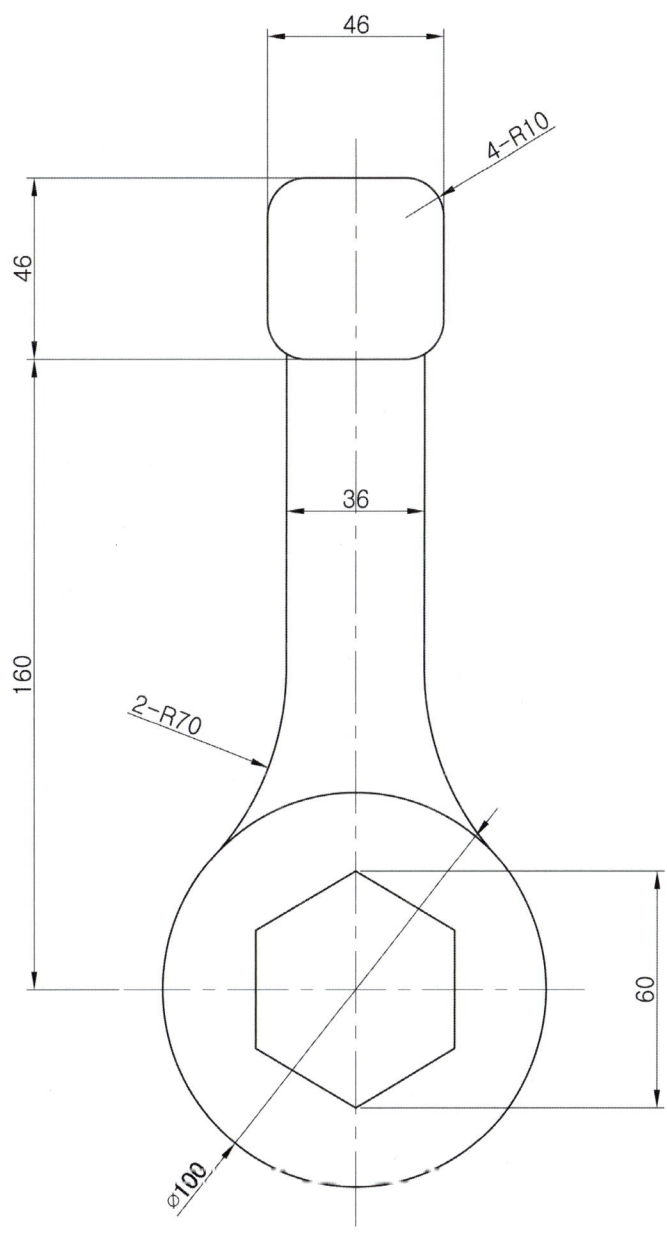

• 제시된 치수를 참고하여 도면을 작성합니다.
• Linn / Circle / Offset / Trim / Fillet 명령을 활용하여 작성합니다.

Hint

• 제시된 치수를 참고하여 도면을 작성합니다.
• Rectang / Chamfer / Offset / Circle / Trim 명령을 활용하여 작성합니다.

Hint

• 제시된 치수를 참고하여 도면을 작성합니다.
• Rectang / Offset / Trim / Circle / Line / Copy / Move / Chamfer 명령을 활용하여 작성합니다.

■ AutoCAD 예제 40

Hint
- Rotate 명령을 활용하여 작성합니다.
- Scale 명령을 활용하여 작성합니다.

Hint
• 제시된 치수를 참고하여 도면을 작성합니다.
• 중심선을 작성합니다.
• Polygon / Line / Circle /Trim / Offset / Copy / Rotate 명령을 활용하여 작성합니다.

■ AutoCAD 예제 42

Hint

• 제시된 치수를 참고하여 도면을 작성합니다.

• Line / Rectangle /Trim / Offset / Stretch 명령을 활용하여 작성합니다.

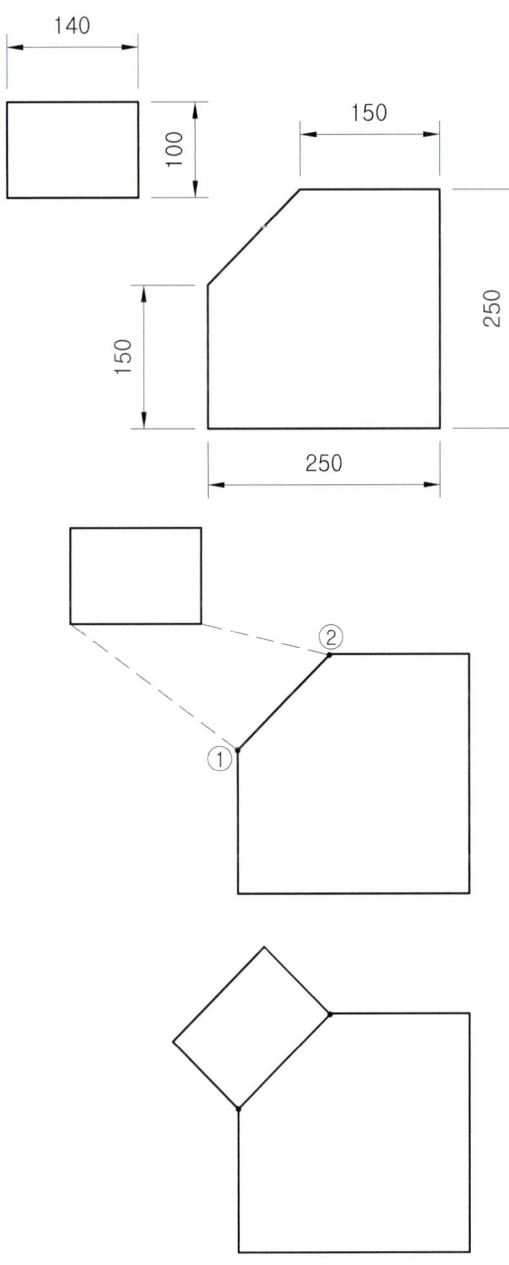

Hint
• 제시된 치수를 참고하여 도면을 작성합니다.
• Line / Rectangle /Trim / Explode / Stretch 명령을 활용하여 작성합니다.

Hint
• 제시된 치수를 참고하여 도면을 작성합니다.
• Text 명령을 활용하여 문자를 작성합니다.

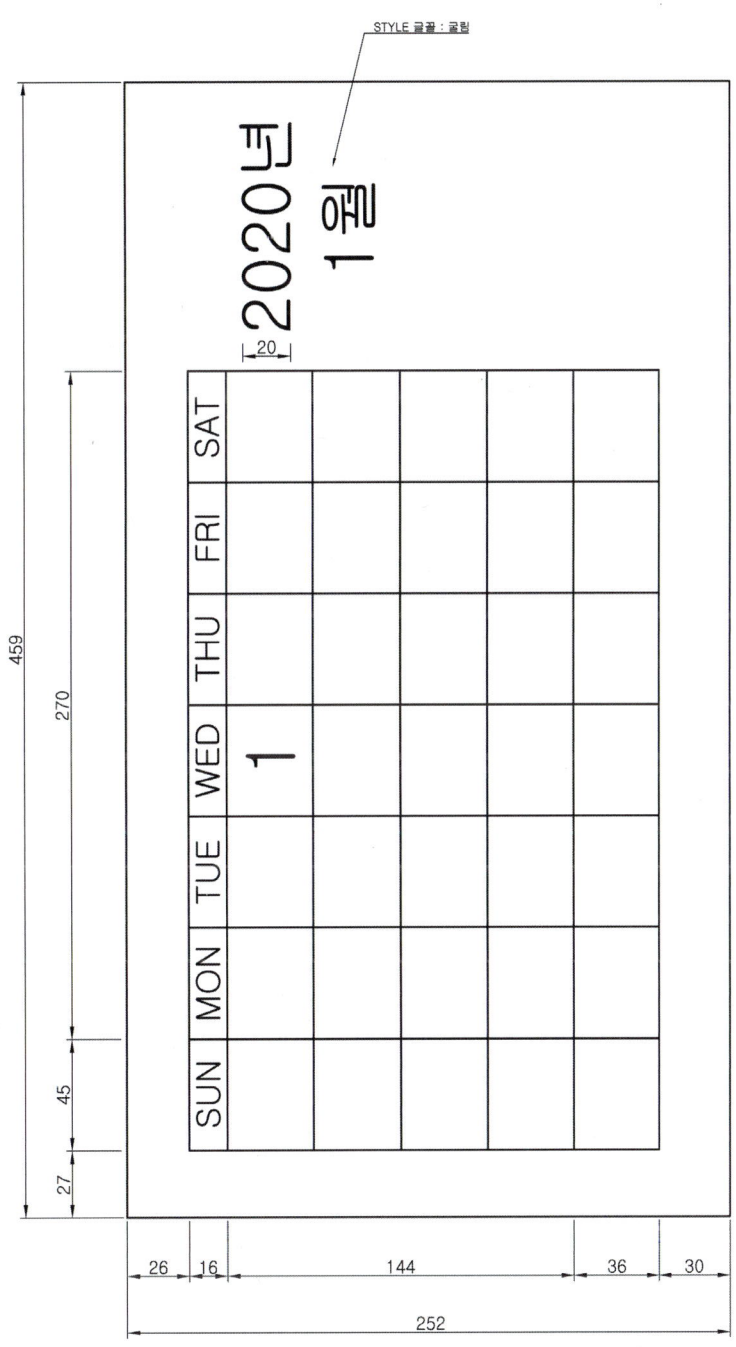

Hint

• 제시된 치수를 참고하여 도면을 작성합니다.

• 중심선을 작성합니다.

• Line / Circle / Rectang / Move / Array 명령을 활용하여 작성합니다.

• Dtext 명령을 활용하여 문자를 작성합니다.(style 글꼴 : 굴림)

DETAIL A

Hint
• 제시된 치수를 참고하여 도면을 작성합니다.
• Line / Rectang / Rectangle / Offset / Circle / Trim / Move / Qleader, 치수선 명령을 활용하여 작성합니다.

Hint
- 제시된 치수를 참고하여 배치도면을 작성합니다.
- Line / Rectangle / Trim / Linetype / ltscale / 치수선 / 배치를 활용하여 작성합니다.

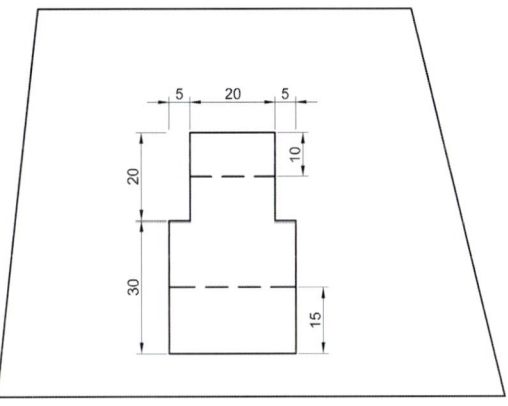

Hint
• 제시된 치수를 참고하여 도면을 작성합니다.
• Line / Trim / Offset / Circle / Copy 명령을 활용하여 작성합니다.

Hint

• 제시된 치수를 참고하여 도면을 작성합니다.

• 중심선을 작성합니다.

• Circle / Line / Arc / Copy 명령을 활용하여 작성합니다.

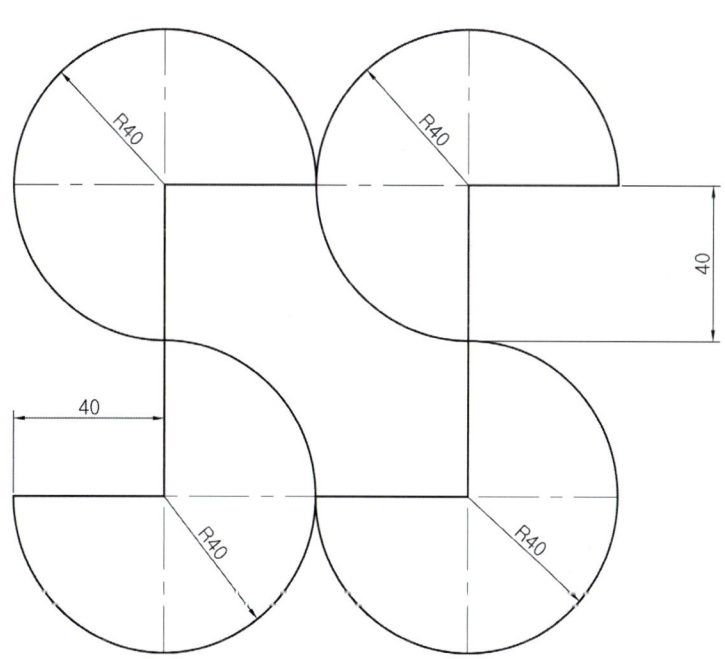

Hint

• 제시된 치수를 참고하여 도면을 작성합니다.
• Line / Circle / Copy / Trim 명령을 활용하여 작성합니다.

■ AutoCAD 예제 52

Hint

• 제시된 치수를 참고하여 도면을 작성합니다.

• 중심선을 작성합니다.

• Offset / Trim / Fillet / Arc / Line 명령을 활용하여 작성합니다.

• 제시된 치수를 참고하여 도면을 작성합니다.
• Line / Offset / Trim / Circle / Copy / Move / Arc 명령을 활용하여 작성합니다.

Donut 내부지름 0 / 외부지름 100

Hint

• 제시된 치수를 참고하여 도면을 작성합니다.

• 중심선을 작성합니다.

• Offset / Trim / Circle / Copy / Move / Rectang 명령을 활용하여 작성합니다.

Hint
• 제시된 치수를 참고하여 도면을 작성합니다.
• Line / Offset / Trim / Fillet / Ellipse / Circle 명령을 활용하여 작성합니다.

Hint

• 제시된 치수를 참고하여 도면을 작성합니다.
• Rectang / Offset / Trim / Line / Copy / Move / Fillet /Chamfer / Arc / Ellipse 명령을 활용하여 작성합니다.

Hint

• 제시된 치수를 참고하여 도면을 작성합니다.
• 중심선을 작성합니다.
• Circle / Line / Offset / Trim / Fillet 명령을 활용하여 작성합니다.

Hint
• 제시된 치수를 참고하여 도면을 작성합니다.
• Line / Offset / Trim / Circle / Mirror / Copy / Move 명령을 활용하여 작성합니다.

Hint

• 제시된 치수를 참고하여 도면을 작성합니다.

• Rectang / Array / Circle / Trim / Offset 명령을 활용하여 작성합니다.

• 제시된 치수를 참고하여 도면을 작성합니다.

• 12시 방향의 객체 한개를 작성합니다.

• Array 명령의 PO(원형배열)옵션을 활용하여 작성합니다.

■ AutoCAD 예제 62

Hint
• 제시된 치수를 참고하여 도면을 작성합니다.
• Line / Circle / Trim / Offset / Fillet / Array 명령을 활용하여 작성합니다.

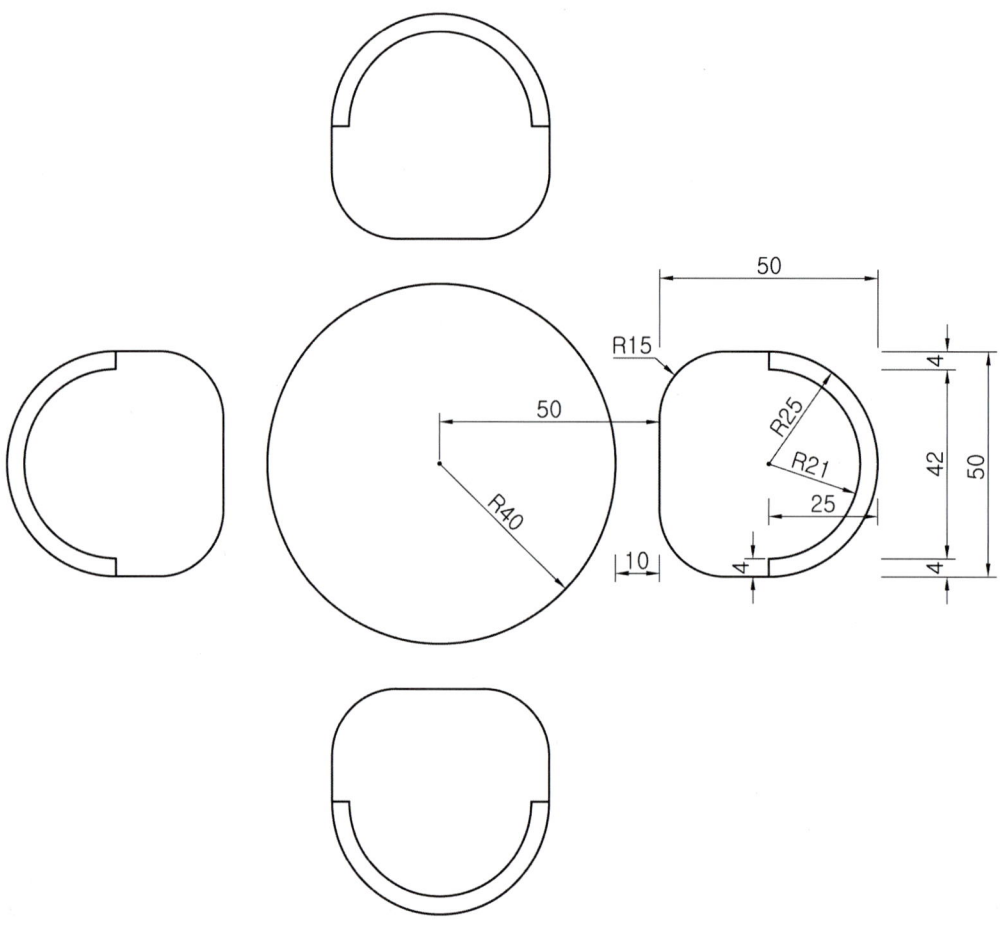

■ AutoCAD 예제 64

Hint

• 제시된 치수를 참고하여 도면을 작성합니다.

• 중심선을 작성합니다.

• Circle / Offset / Trim / Array 명령을 활용하여 작성합니다.

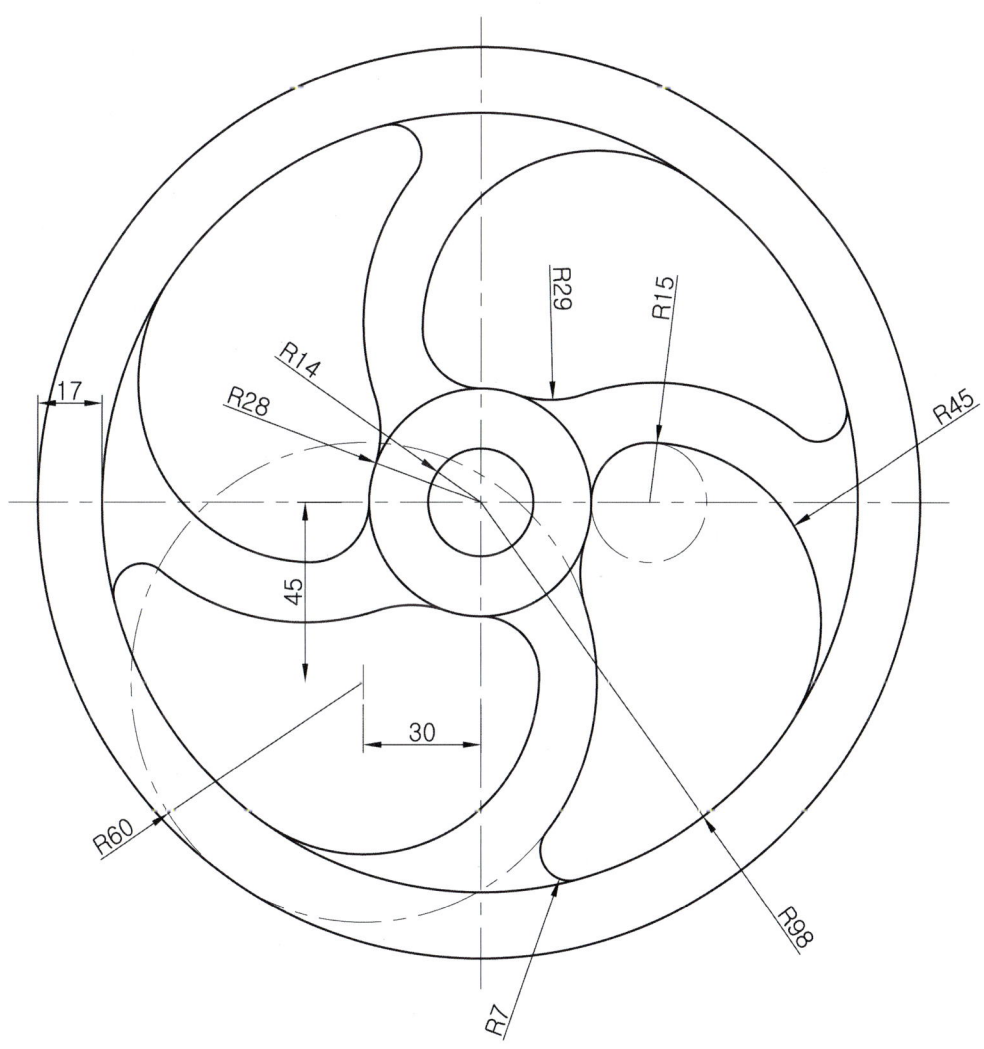

Hint

• 제시된 치수를 참고하여 도면을 작성합니다.

• 중심선을 작성합니다.

• Line / Circle / Offset / Trim / Arc / Array 명령을 활용하여 작성합니다.

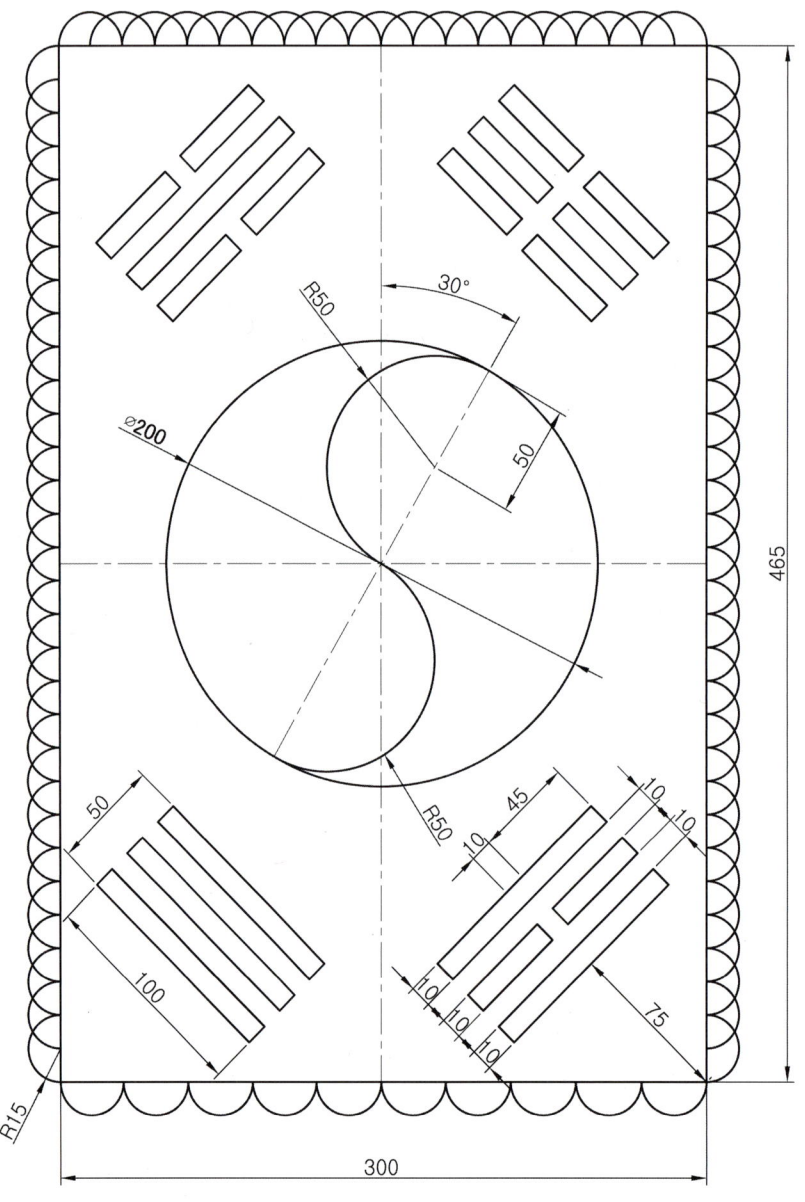

Hint

• 제시된 치수를 참고하여 도면을 작성합니다.
• Line / Circle / Offset / Trim / Copy / Array 명령을 활용하여 작성합니다.

Hint

• 제시된 치수를 참고하여 도면을 작성합니다.

• 중심선을 작성합니다.

• Circle / Offset / Trim / Fillet / Array 명령을 활용하여 작성합니다.

• Hatch 명령을 활용하여 재료표현을 작성합니다.

Hint

• 제시된 치수를 참고하여 도면을 작성합니다.

• 중심선을 작성합니다.

• Circle / Line / Trim / Fillet / Array 명령을 활용하여 작성합니다.

• Hatch 명령을 활용하여 재료표현을 작성합니다.

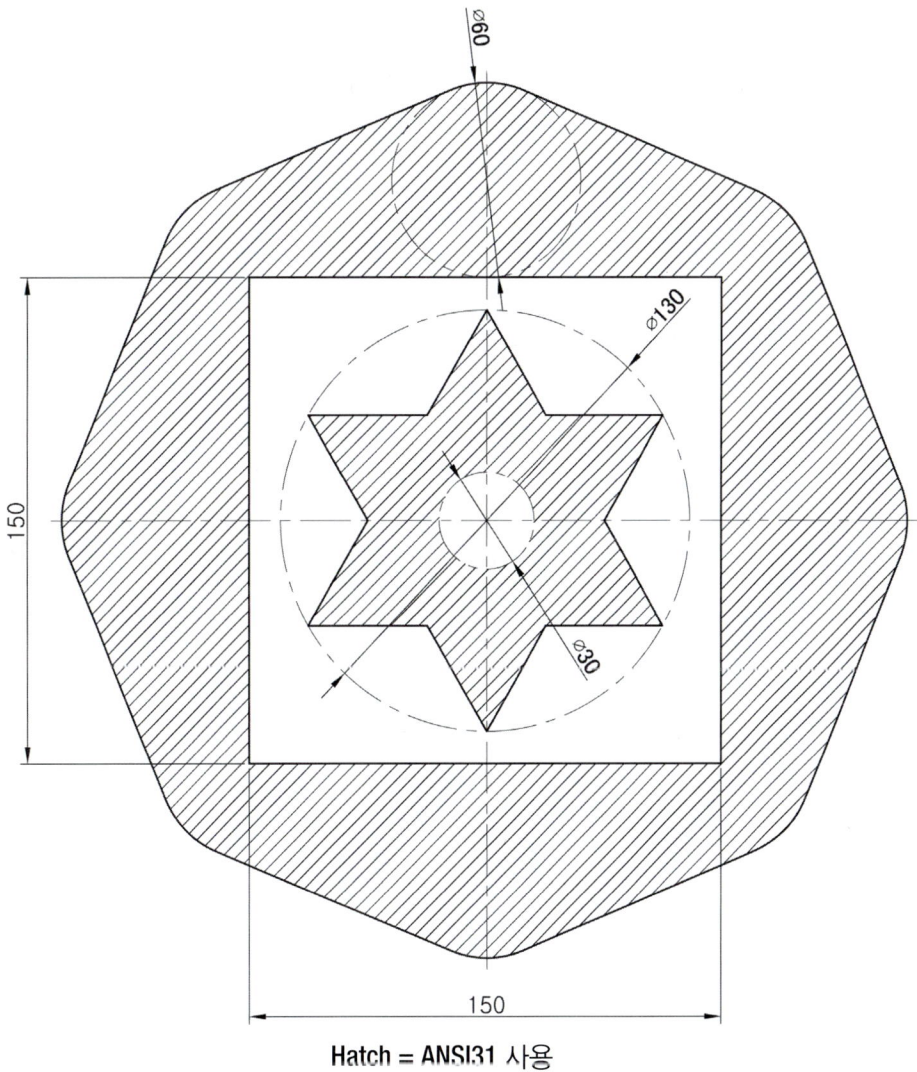

Hatch = ANSI31 사용

Hint
• 제시된 치수를 참고하여 표제란을 작성합니다.
• Rectang / Offset / Trim / Text / Move / Copy 명령을 활용하여 작성합니다.

AutoCAD & SketchUp

02

스케치업
살펴보기

스케치업의 시작

CHAPTER

01 소개[Intro] 및 설치[Install]

01 스케치업의 소개

스케치업은 면(face) 단위 기반의 3D 모델링 툴로 사용자가 사용하기에 매우 편리[직관적인 도구의 활용]하게 구성이 되어 있고, 무료 버전(Web 버전)도 공개하고 있어 그 이용자가 폭발적으로 증가하고 있습니다.

타사의 3D모델링 프로그램에 비해 스케치업은 이용하는 툴의 개수 및 그 사용 방법 또한 매우 편리하기 때문에 향후 3D 모델링 분야의 대중적인 선두주자로 자리매김할 것이 분명합니다.

또한 스케치업은 전 세계의 이용자들이 서로의 모델 작품들을 공유하고 평가해 주는 3D 모델의 온라인 데이터베이스 '3D Warehouse' 기능을 제공하고 있어 그 가치는 더욱 높아지고 있으며, 건축 및 인테리어, 조경, 토목 분야의 3차원 그래픽 구현에 최적화된 스케치업 소프트웨어는 관련 업종의 디자이너들에게 절대적인 지지를 얻고 있습니다.

> ◎ **TIP**
> [공유, 3D Warehouse] 기능은 유사 3D 모델링 프로그램과 차별화된 기능

02 스케치업의 활용 효과

- 사용하기 쉬운 직관적인 인터페이스 제공으로 누구나 3D를 쉽고 정확하게 모델링하도록 합니다.
- 3D Warehouse와 Trimble Connect 등의 편리한 네트워킹을 활용하여 디자이너의 아이디어를 전 세계에 공유하고 협력할 수 있도록 합니다.
- Extension Warehouse의 활용은 스케치업의 기본 기능의 한계를 벗어나도록 도와주어 복잡 다양한 모델링을 표현히도독 합니다.
- Photoshop, AutoCAD 및 Revit 등 다양한 3차원 소프트웨어와의 호환성 극대화는 컴퓨터 그래픽 디자인의 한계를 넘어서게 합니다.

> ◎ **TIP**
> 스케치업은 루비(Ruby)라고 불리는 다양한 플러그인을 통해 3D 모델링 및 렌더링, 자동화 등의 기능 확상에 내압 상섬을 가짐.

- 스케치업을 위한 렌더링 플러그인[Ruby]의 지속적인 개발로 3차원 건축 및 인테리어 그래픽 이미지는 이제 실제 사진에 가깝습니다.
- 단축 버튼 및 직관적 도구 명령어의 활용으로 타사의 3차원 그래픽 프로그램을 활용한 작업속도를 능가합니다.
- Photoshop 및 SketchUp의 Photo Texture 기능을 활용한 다양한 재질의 표현이 가능합니다.
- 위치(Location) 도구를 활용하여 전 세계 어느 곳이든 사용자가 원하는 대지에 3차원 건축물을 표현합니다.
- 시간대에 따른 그림자 및 안개 표현 등의 기능을 활용하여 도심 건축물 간의 명확한 생활환경 분석을 가능케 합니다.
- 전 세계에 자유롭게 공유되는 스케치업 3차원 모델링 파일은 건축 및 인테리어 컴퓨터 그래픽의 풍부한 자료로 활용됩니다.
- 스케치업 Diffusion 루비를 제공하여 초기 및 완성 모델에 대한 AI 기반의 사실적 렌더링이 가능합니다.

03 스케치업의 새로운 기능

◎ TIP
스케치업은 건축 분야 뿐만 아니라 제품 및 기계 분야에서도 폭넓게 사용되고 있음

세상에서 가장 편리하고 쉬운 3D 소프트웨어 " 스케치업 2025" 버전이 2025년 2월 26일에 출시되었습니다.

스케치업 개발사 트림블(Trimble)은 한국을 포함하여 전 세계 200개 국가에서 스케치업 신규 버전을 동시에 출시하였습니다. 스케치업 2025에서는 PBR 재질과 이미지 기반 조명(IBL) 기능을 새롭게 지원합니다. 이를 통해 재질 고유의 특성과 빛에 대한 반응을 더욱 정밀하게 표현할 수 있으며, 이미지 기반 조명을 활용하여 한층 자연스럽고 생동감 있는 장면을 연출할 수 있습니다.

◎ TIP
Rendering(렌더링)이란
3D 모델이나 장면에 대
해 조명, 재질, 카메라 시
점 등을 적용하여 최종
이미지나 영상으로 출력
하는 과정을 의미합니
다. 건축, 게임, 영화, 제
품 디자인 등에서 매우
중요한 시각화 기술

▶ 스케치업 2025에서 확인할 수 있는 새로운 기능 살펴보기

⤷ PBR(Physically Based Rendering) 재질

PBR 재질은 실제 재질이 가지고 있는 고유한 성질인 빛의 흡수 또는 반사를 반영하여 재질의 질감과 성질을 더 사실적으로 표현할 수 있습니다.

기존의 단순 텍스처와 색상값 기반에서 물체의 표면이 빛과 상호작용하는 방식을 통해 물리적으로 정확한 시각화 시뮬레이션을 구현할 수 있습니다.

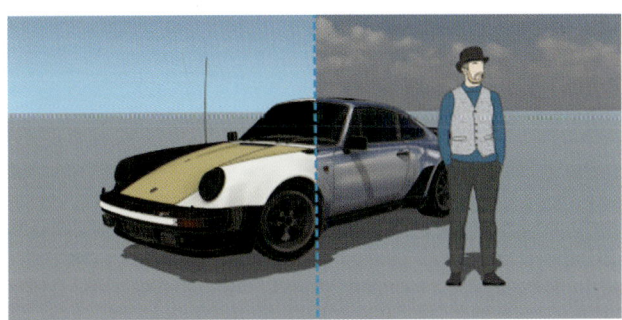

스케치업 2025

• 금속성

금속성 범위는 0~1이며 1에 가까울수록 재질의 표면이 금속처럼 표현됩니다. 빛이 표면에서 반사되는 방식을 식별하며 금속 함량이 낮은 재료는 칙칙하고 평평해 보이지만, 값이 높을 수록 재료가 더 광택이 나게 됩니다.

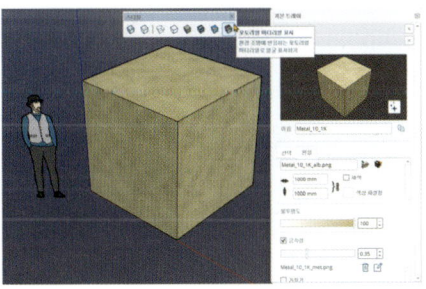

• 거칠기

거칠기 맵의 범위는 0~1이며, 거칠기 값이 높을 수록 굴곡이 늘어 난반사가 일어나 표면이 흐리게 표현됩니다.

표면의 다양한 부분이 얼마나 거칠거나 매끄러운지 식별합니다.

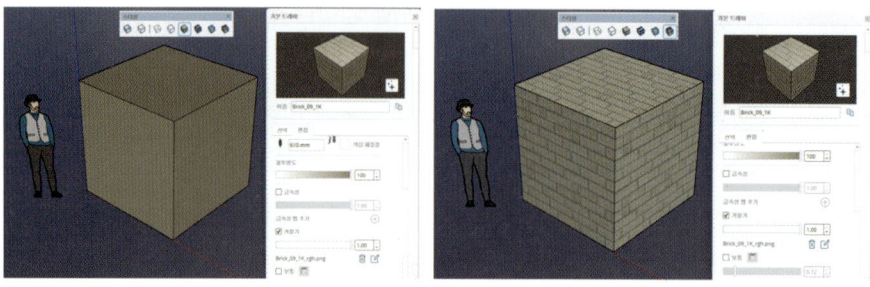

● 노멀(보통)

노멀 맵의 범위는 0~5이며, 값이 높을수록 요철이나 무늬 등 재질 표면의 디테일이 강조됩니다.

물체의 모양을 변경하지 않고 깊이 있는 착각으로 표면을 표현합니다. 값이 낮을수록 디테일이 감소하는 반면, 값이 높을수록 디테일이 증가하여 소재가 울퉁불퉁해 보일 수 있습니다.

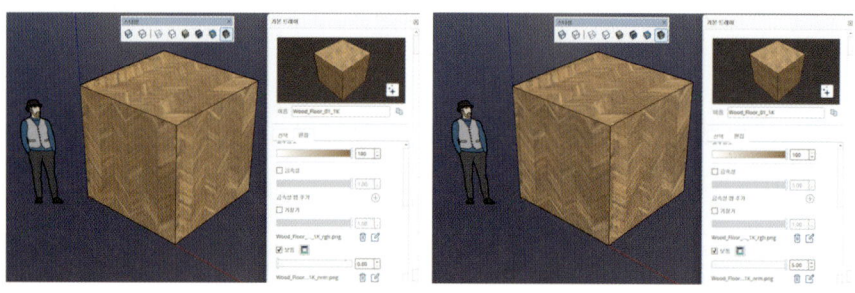

◎ TIP
Ambient Occlusion은 인 공조명에 의한 빛의 산란 을 반복적으로 계산하여 보다 사실적인 이미지 장 면을 생성, 환경 조명을 단순화하고, 물체 사이 의 간접적인 그림자 효과 를 강조하는 데 사용

● 앰비언트 오클루젼(AO)

AO 맵의 범위는 0~1이며, AO 값이 높아질수록 차례된 구역의 명도가 낮아져 재질 이 더욱 입체적으로 표현됩니다.

소재의 모서리와 틈새에 부드러운 그림자를 만들어 더욱 입체적인 느낌을 줍니다. 낮은 값은 그림자를 더 밝게 보이게 하고, 높은 값은 그림자를 더 어둡게 만듭니다.

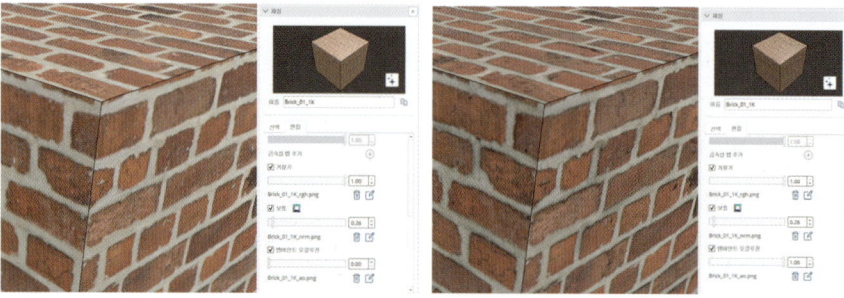

⊃ IBL(이미지 기반 조명)기능 지원

실제 환경에서 촬영한 360도 이미지를 기반으로 그 환경에 맞는 조명을 모델에 적용하여 보다 현장감 있는 모델을 표현할 수 있습니다. 추가된 이미지 기반 조명(IBL) 기능으로 기존 스케치업과 차별화된 조명 설정으로 실제와 같은 이미지를 표현할 수 있습니다.

IBL은 고해상도 환경 맵인 HDRI를 활용하여 자연광을 시뮬레이션하는 기술입니다. 3D 환경에서 실제처럼 빛의 반사, 확산, 그림자 효과를 자연스럽게 표현할 수 있도록 하며, 기존 조명 방식에서는 각기 다르게 수동으로 설정하고 조정해야 하였지만, IBL은 이러한 복잡하고 번거로운 설정 없이도 HDRI 이미지만으로 전체 장면에서 실제 환경에서의 조명효과를 적용할 수 있게 됩니다. HDR, EXR 포맷에 포함된 조명 설정이 재질에 직접 반사되어, 더욱 사실적인 모델링을 만들 수 있습니다.

◎ **TIP**
HDRI (High Dynamic Range Imaging, 고명암비 이미지)는 현실적인 조명과 반사 효과를 위해 사용되는 광역 조도 정보 이미지. 3D 그래픽과 시각화에서 조명 소스로 사용되는 환경 이미지

⊃ 환경맵 지원

환경 맵은 트레이에서 설정할 수 있으며, 창 - 기본트레이 - 환경에서 자세한 작업이 가능합니다. 선택에서 다양한 환경을 선택하여 지정할 수 있고, 편집의 회전각도, 스카이 돔-노출, 반사-노출 등을 활용하여 태양의 위치를 이동하거나 환경에서 나타나는 반사와 노출값을 유지한 채로 스카이 돔을 ON/OFF 할 수 있습니다.

스케치업 배경을 위해 환경 트레이 -> **HDRI** 선택

선택된 **HDRI** 기준 일출 위치 등 세부 옵션 조정

환경 맵은 트레이와 3D Warehouse에서 모두 활용이 가능합니다.

◎ TIP
3D Warehouse란 스케치업 사용자에게 제공되는 무료 3D 모델 공유 플랫폼으로, 디자이너, 설계자, 제조사 모두에게 유용한 도구임.

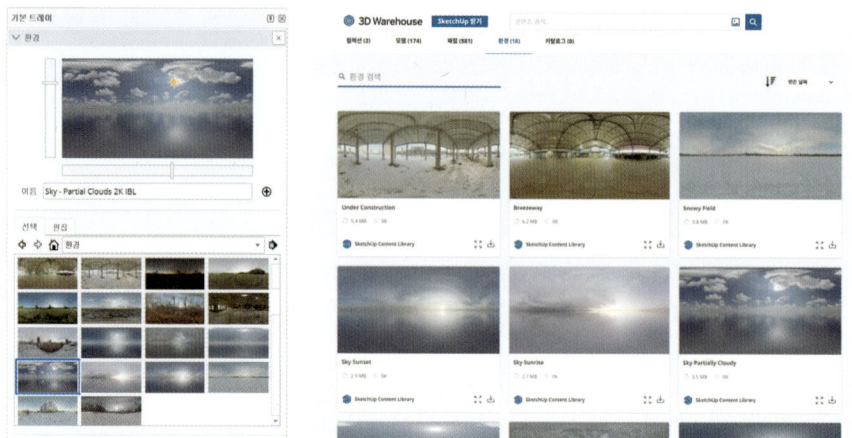

⇨ 3D 웨어하우스 재질 라이브러리 추가

3D웨어하우스 맵에서 다양한 소재의 재질을 세트로 구성하여 한꺼번에 스케치업 파일로 불러올 수 있는 객체를 제공합니다.

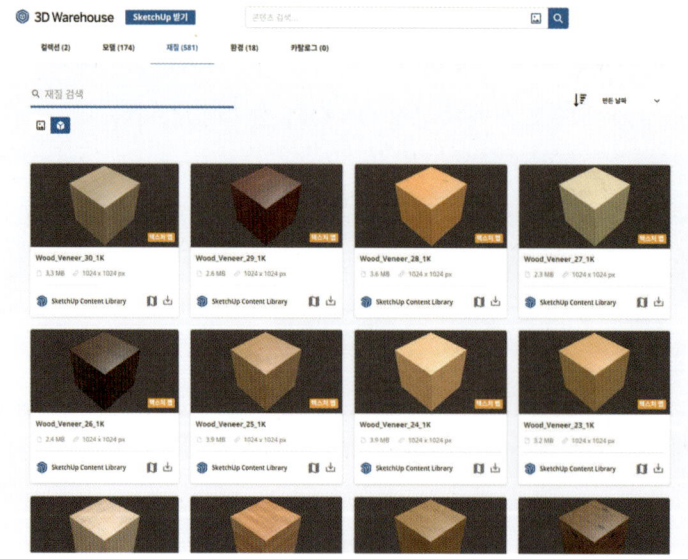

⇨ 3D 웨어하우스 라이브 모델링 추가

3D 웨어하우스에 새로운 콘텐츠 라이브러리가 도입되어 퀄리티 높은 품질의 구성 가능한 모델, 포토리얼 메터리얼, 환경설정을 용이하게 이용할 수 있게 되었습니다.

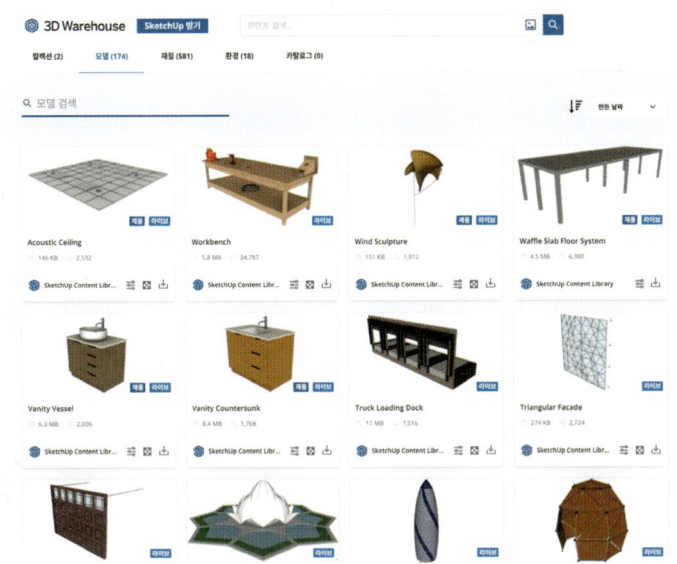

○ 기본 도구 기능의 개선

● 회전(Rotate) : 그룹 및 컴포넌트를 회전할 때, 경계 상자의 중심을 자동으로 찾아주는 스냅 포인트가 추가되었습니다.

◎ **TIP**

회전(**Rotate**)의 단축키는 '**Q**' 이며, 회전 시작 후 **Shift** 키를 누르면 현재 축 방향(**X/Y/Z** 중 하나)이 고정됨.

스케치업 2025

● 스냅(Snap) : 모서리와 꼭지점에서 45도 자동 정렬이 가능해져 그리기 작업이 더욱 빠르고 정확하게 이뤄지고, Shift 키를 누르면 스냅 축을 고정시킬 수도 있습니다.

◎ **TIP**

Snap은 마우스 커서나 객체가 정확한 위치로 자동 정렬되도록 도와주는 기능으로 사용자가 정확하게 점, 선, 교차점, 격자 등에 쉽게 정밀하게 위치 지정할 수 있도록 함.

스케치업 2025

- 호(Arc) : 직전에 그린 호의 범위를 기억하여 다른 부분에 더블클릭하면 동일한 크기의 호를 자동으로 생성할 수 있습니다.

생성된 호를 다시 클릭하면 이전 상태로 돌아가는 기능이 추가되어 빠르게 원래 상태로 복구시킬 수 있습니다.

스케치업 2025

➲ 가져오기(Import) 기능 개선

스케치업 2025 버전부터는 트림블 커넥트를 통하여 로컬 드라이브에 저장된 파일 뿐만 아니라, 언제 어디서든 클라우드에 업로드된 스케치업 파일도 가져올 수 있는 기능이 추가되었습니다.

MEMO

스케치업 2025에서는 컴포넌트를 저장할 경우 장치, 트림블 커넥트, 3D 창고(3D Warehouse)로 저장할 수 있습니다.

또한 다시 로드에서 장치로, 트림블 커넥트, 3D 창고에서 불러 오기할 수 있으며 선택한 컴포넌트를 트림블 커넥트나 3D 창고의 객체로 교체할 수 있습니다.

◎ TIP

Text 도구(텍스트 도구)는 3D 모델에 설명, 치수, 주석 등을 추가할 수 있는 2D 주석 도구로서 주로 모델의 정보 전달이나 프레젠테이션 용도로 사용됨.

⊃ 빠른 면적 계산

텍스트([A1]) 도구를 사용하면 자동으로 면적의 계산되는 기능이 추가되었습니다. 객체의 크기가 변경되어도 면적 계산을 신속하게 표현합니다.

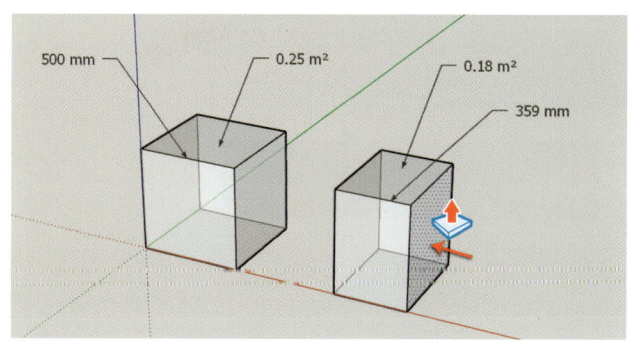

◎ TIP

측정된 면적은 향후 조적, 도장, 타일, 마감재 등의 필요 수량 및 물량을 계산할 수 있어 공사비 산출 및 자재 계획에 활용됨.

⊃ 레이아웃 사용성 개선

스케치업의 2D 문서화 도구인 레이아웃이 직관적으로 업그레이드되었습니다.
이동, 회전, 크기 조절을 위한 아이콘이 추가되어 각 기능을 독립적으로 사용할 수 있으며 3D에서 2D로의 전환이 더욱 매끄러워졌습니다.
뷰포트에서 환경과 포토리얼 매터리얼을 표시할 수 있어 시각적인 일관성이 더욱 강화되었습니다.

04 스케치업 설치

◎ **TIP**
스케치업 무료 버전인 **Make**는 사라지고 **Web**에서 무료로 스케치업 기능을 사용할 수도 있음

스케치업은 대체로 가벼운 소프트웨어로서 설치 과정 또한 비교적 간단하고 누구나 쉽게 설치할 수 있습니다. 설치 과정은 한글과 영문 모두 동일합니다.
스케치업은 [http://www.sketchup.com]에서 자유롭게 다운받을 수 있으며, 무료 평가판은 7일을 사용할 수 있습니다.

❶ 웹브라우저 주소 줄에 [http://www.sketchup.com]을 입력합니다. 아래의 화면이 나타납니다.

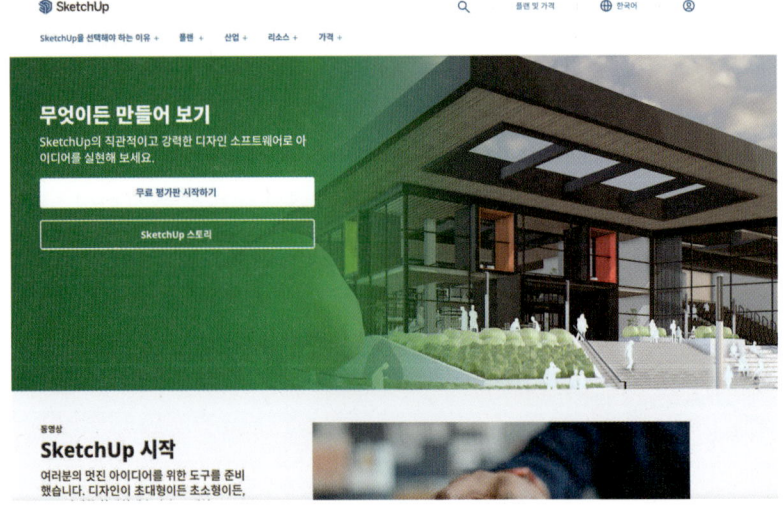

❷ https://www.sketchup.com/ko-kr/download/all 접속하여 시스템에 적합한 제품을 다운로드합니다. (7일간 무료 체험 가능)

TIP

Windows (10/11 기준) 설치 사양

CPU: 1 GHz 이상
RAM: 4 GB
저장공간: 1.5 GB 이상
GPU: 현대적인 그래픽 카드, 최소 512 MB VRAM, OpenGL 3.1 이상 지원, 하드웨어 가속 필수

❸ [설치] 버튼을 클릭하여 설치를 진행합니다.

❹ 설치가 완료되면 스케치업 2025 아이콘을 클릭하여 실행합니다.

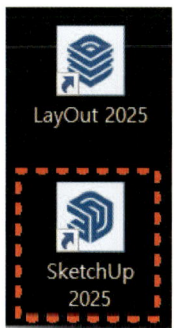

❺ 트림블 아이덴터티 페이지에서 [Trimble ID 만들기] 버튼을 클릭하여 새 계정을 생성한 후 로그인합니다. 구글 계정이 있다면 [Google로 계속 진행] 버튼을 클릭하여 로그인 할 수 있습니다.

◎ TIP
Windows (10/11 기준) 설치 사양

CPU: 1 GHz 이상
RAM: 4 GB
저장공간: 1.5 GB 이상
GPU: 현대적인 그래픽 카드, 최소 512 MB VRAM, OpenGL 3.1 이상 지원, 하드웨어 가속 필수.

❻ [모델링을 시작합니다] 버튼을 클릭합니다.

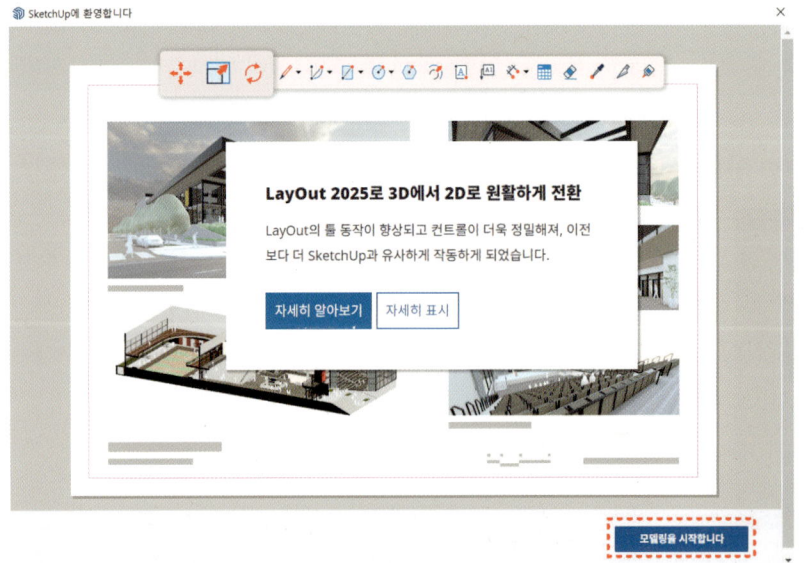

❶ Layout ?

스케치업에서 작성된 모델을 다양한 사이즈의 빈 용지에 삽입한 후 다양한 뷰로 배치할 수 있습니다. 또한 치수 및 다양한 주석 등을 기입하여 설계 도면 및 프레젠테이션 문서 등으로 작성할 수 있습니다.

❷ 스케치업 2025 ?

실제적으로 디자인하고 3차원 모델링을 수행하는 유틸리티입니다.

MEMO

CHAPTER

02 화면 구성의 이해

01 스케치업의 시작

[1] 기본 템플릿(Template) 사용

❶ 바탕화면 ▶ SketchUp 2025 더블클릭합니다.

❷ 스케치업 2025는 프로그램을 실행하려면 반드시 사인 인(Sign In)을 해야 합니다.

❸ 나열된 기본 템플릿(Templates) 중 [건축-밀리미터(Millimeters)] 선택 클릭합니다.
(추가 템플릿(More templates) 선택 후는 다양한 템플릿를 선택할 수 있습니다.)

❹ 파일 열기와 최근 파일로 저장한 파일을 불러올 수 있습니다.

⑤ 스케치업 2025의 정보에서는 스케치업 포럼, 스케치업 Campus, 스케치업 비디오를 체험할 수 있습니다.

[2] 초기 화면 구성 이해

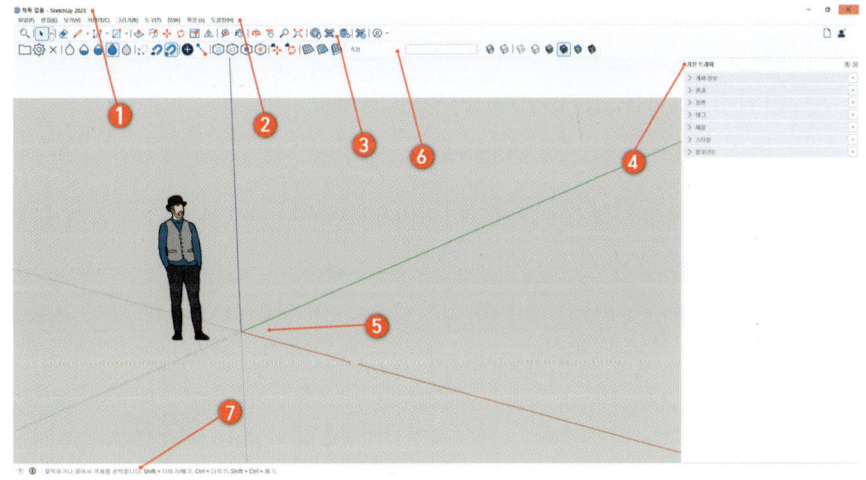

① 제목표시줄 [🔵 제목 없음 - SketchUp 2025] : 스케치업 2025의 작업 제목을 표시합니다.

② 상단 메뉴 [파일(F) 편집(E) 보기(V) 카메라(C) 그리기(R) 도구(T) 창(W) 확장(x) 도움말(H)] : 스케치업 2025의 명령어 및 기타 기능들을 주제별로 나뉘어져 있습니다.

③ 도구 막대[🔍 ▣ 🖊 ✏ ✒ ▱ ╎◈ ⟳ ✛ ⬜ ⚠ 🔍 🏷 ⟲ 🔍 🔍 ✖ ⬛ ✖ ⊕] : 스케치업 2025의 명령 도구들은 아이콘화 되어 사용자가 쉽게 필요 기능을 인지할 수 있습니다.

◎ TIP
상단 메뉴의 창(Window)에서 트레이 관리를 통해 오른쪽 트레이의 이름을 재지정, 재설정할 수 있음

❹ 트레이[ ] : 재료, 레이어 등 기존의 Window 탭에서

클릭 후 열기하여 사용되던 기능들을 하나로 모아 마치 서랍장처럼 손쉽게 열고 닫을 수 있도록 한 것입니다.

❺ 작업공간[ ] : 도구를 활용하여 직접 사용자가 작업하는 공간입니다.

◎ TIP
수치입력창(VCB BOX)이 놓이는 위치는 수시로 수정가능하며 작업 시 가장 잘 보이는 곳에 위치시키는 것이 가장 좋음

❻ 수치입력창[측정] : 정확한 모델 작성을 위하여 특정 수치 [반지름, 지름, 길이, 면수 등] 값을 입력합니다.

❼ 도움말 [클릭하거나 끌어서 객체를 선택합니다. Shift = 더하기/빼기. Ctrl = 더하기. Shift + Ctrl = 빼기.] : 프롬프트라고도 하며 CAD의 명령입력창(Command Line)과 같은 역할을 합니다. 명령 도구들이 수행할 때 편리하게 작업할 수 있도록 도와줍니다. 프롬프트에서 마우스 포인트를 위치시키고 우측 버튼을 누르면 아래의 그림과 같이 프롬프트 라인에 표시되는 각종 버튼을 ON/OFF 할 수 있습니다.

클릭하여 밀거나 끌려는 면을 미... ... 시작 면 만들기를 전

MEMO

02 기본 도구상자 열기 및 배치

[1] 도구상자 열기

❶ 상단 도구 막대의 빈 여백에 마우스 포인트[⬚]를 위치 ▸ 우측 마우스 클릭 ▸ 펼
쳐진 창에서 [큰 도구 세트-Large Tool Set]] 클릭하여 좌측에 배치합니다.

◎ TIP
상단 도구막대의 빈 여백
에서 우측 버튼을 클릭하
여 큰 도구세트를 실행하
거나 [보기]의 도구모음
을 클릭하여 큰 도구세트
를 찾아도 무방

❷ 펼쳐진 창에서 다양한 [도구 모음]을 클릭하여 큰 도구 세트를 열기합니다.

◎ TIP
[도구 모음]대화상자에
서 각 도구들을 관리할
수 있음

❸ 보기[View] 탭의 도구 모음 [Toolbars]을 클릭하거나 위의 그림 밑 부분의 도구 모음을 클릭하여 큰 도구 세트를 체크하고 적용해도 같은 효과를 볼 수 있습니다.

[2] 플로팅 도구상자 삽입

❶ 플로팅 도구상자의 [상단 제목표시줄]을 마우스로 클릭 후 끌기하여 사용자가 원하는 위치로 이동하여 삽입할 수 있습니다.

❷ 도구상자의 제목표시줄을 마우스를 활용하여 더블클릭하면 자동으로 해당 도구상자가 임의의 위치를 찾아가게 됩니다.

❸ 도구상자 상단 제목표시줄 우측의 [닫기. ✕] 버튼은 불러낸 도구상자를 제거하는 역할을 합니다.

◎ TIP
플로팅 도구상자란 사용자가 화면 내 원하는 위치로 자유롭게 이동시킬 수 있는 아이콘 모음의 도구상자를 말함. 즉, 화면에 고정되지 않고 떠 있는(Floating) 형태임.

❹ 아래의 이미지는 불러낸 도구상자들을 2단으로 배치한 후의 화면 구성입니다.

◎ TIP
도구상자가 사라지거나 변화가 생긴 경우 도구모음 도구상자를 재설정할 수 있음

[3] 고정된 도구상자 분리

❶ 고정된 도구상자는 [좌측 점선 줄]을 마우스로 클릭한 후 끌기 하여[ ] 사용자가 원하는 위치로 분리할 수 있습니다.

❷ 스케치업의 각종 도구상자는 기능별로 구분되어 있기에 사용자의 필요에 의하여 언제든지 편리하게 추가 및 제거, 이동 등이 가능합니다.

03 [도구모음] 창 활용

❶ 화면 상단 ▸ 보기[View] ▸ 도구 모음[Toolbars] 클릭 ▸ 뷰[View] 체크 ▸ 우측 하단 닫기[닫기 Close] 클릭

◎ TIP
도구 모음은 스케치업을 비롯한 대부분의 소프트웨어에서 자주 사용하는 명령어 또는 도구 아이콘을 모아둔 UI 요소임.

❷ 위의 도구 모음[Toolbars]에서 뷰[View]를 체크 해제하여 제거할 수도 있습니다. 좌측 그림에서 우측 그림처럼 뷰[View] 도구가 제거된 것을 확인할 수 있습니다.

❸ 이와 같이 사용자는 필요에 따라 [도구모음] 창에서의 체크 유무를 통해 원하는 해

당 도구를 편리하게 추가 및 제거할 수 있습니다. 특히 뷰[View] 도구는 평면도, 정면도, 우측면도, 좌측면도, 배면도 등의 각각의 뷰를 지정하여 살펴볼 수 있으며 3D 작업 중 자주 활용됨으로 필히 체크하여 활용하도록 합니다.

04 사용자 템플릿 작성 및 저장

[1] 스케치업 파일로 저장

❶ 화면 상단 왼쪽 ▸ 파일[File] ▸ 다른 이름으로 저장[Save as]으로 저장하는데 예전에는 파일 형식의 버전을 확인한 후에 저장하는 것이 원칙이었습니다. 공유하고자 하는 작업 파트너의 버전을 참고하여 저장하는 것이 기본이며 작업의 안전과 능률을 높일 수 있었습니다. 스케치업 2025는 버전에 상관없이 skp파일로 저장됩니다.

❷ 파일[File] ▸ 다른 이름으로 저장[Save as]으로 파일의 이름을 지정합니다.

[2] 사용자 템플릿 저장 및 사용

❶ 화면 상단 파일[File] 탭 ▸ 템플릿으로 저장[Save as Template] 클릭 ▸ 이름 : 사용자[Name : User] 입력 ▸ 파일 이름[File Name]의 빈 란을 클릭하면 자동으로 사용자.skp[User,skp]로 등록 ▸ 저장[Save] 클릭합니다.

❷ 스케치업 종료 후 재시작한 후 새 모델 만들기[Create new model] ▸ 사용자[User] 템플릿(Template) 클릭하여 스케치업을 시작합니다.

◎ TIP
템플릿은 사용자가 사용하기 적합한 환경을 작성하고 난위, 도구늘의 세팅도 가능

[3] 치수 단위 및 자동 저장 시간 설정

❶ 화면 상단 ▸ 창[Window] 탭 ▸ 환경설정[Preferences] 클릭 ▸ 일반[General] 클릭 ▸ 자동 저장[Auto-save] 체크 ▸ 간격[Every]에서 자동 저장 시간을 [10]분으로 설정 ▸ 확인[OK]을 클릭합니다.

◎ TIP
객체를 선택한 후 0제거 버튼으로 요소 정보로 정부를 알 수 있음

❷ 화면 상단 ▸ 창[Window] 탭 ▸ 모델 정보[Model Info] 클릭 ▸ 단위[Units] 클릭
▸ 아래 우측의 그림과 같이 세부 설정값을 변경합니다. [표시정밀도(Precision)
는 소수점의 자릿수를 의미하며, 길이 스냅 사용[Enable length 또는 angle
snapping]은 선을 그리거나 회전을 시킬 때 최소 움직임의 범위를 의미합니다. 단
위 형식 표시[Display units format]는 치수 표현 시 [mm]와 같은 단위가 함께 화면
상에 표현되도록 합니다.]

◎ TIP

Model Info(모델 정보) 창
은 현재 작업 중인 모델
의 기본 설정과 전반적인
정보를 관리하는 중심 설
정 패널임.

◎ TIP

치수 단위를 **mm**로 사용
하는 것은 정밀한 설계와
제작이 가능하며, 소수
점 없이도 작은 길이를
정수로 표현할 수 있어
계산과 작업에 효율적
임. 또한 국제 표준으로
널리 사용되어 도면 해석
과 산업 간 협업에서 일
관성을 유지할 수 있음.

MEMO

CHAPTER

03 마우스와 키보드의 활용

01 마우스와 키보드를 활용한 작업 환경 조정

[1] 화면의 확대 및 축소[Zoom In & Out 🔍]하기

❶ 마우스의 휠을 손 바깥쪽으로 돌리면 작업 화면이 확대됩니다. ▶ ZOOM In 기능
마우스의 휠을 손 안쪽으로 돌리면 작업 화면이 축소됩니다. ▶ ZOOM Out 기능

❷ 키보드에서 단축키 [Z]를 누르면 마우스의 커서가 확대/축소[🔍]로 전환됩니다. 확대/축소 아이콘을 작업 화면에 두고 마우스의 왼쪽 버튼을 누른 채 위로 올리면 작업 화면이 확대되며, 아래로 내리면 작업 화면이 축소됩니다.

◎ TIP
Zoom Window는 확대하고자 하는 부분의 경계를 지정하면 해당 부분이 확대

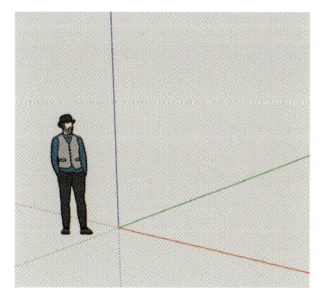

[확대(ZOOM In)]　　　[축소(ZOOM Out)]

◎ TIP
키보드에서 [,]를 누르면 확대/축소 아이콘이 활성됩니다. 마우스 왼쪽 버튼을 누른 채 아래와 위로 마우스를 움직이면 동일하게 확대/축소 [ZOOM in / ZOOM out]가 가능

[2] 화면의 궤도[Orbit ✥]

❶ 마우스의 휠을 꾹 누르고 있으면 궤도 아이콘이 활성화됩니다. 궤도 아이콘을 활용하여 화면을 돌려가면서 작성된 객체에 대해 관찰할 수 있습니다.

◎ TIP
확대하고자 할 때 마우스 포인터를 가져다 대고 하면 마우스 포인터가 있는 부분이 중심으로 커지는 것을 알 수 있음

[3] 화면의 이동[Pan 🖐]

❶ 키보드의 [shift]키와 마우스의 휠을 동시에 누르고 있으면 손바닥 도구가 활성화
됩니다. 손바닥 도구를 활용하여 사용자가 원하는 대로 화면을 이동할 수 있습니
다. 이는 객체를 이동시키는 것이 아니며 화면을 이동하여 작업의 편리성을 도모
하는 의미입니다.

❷ 키보드에서 [H] 버튼을 클릭하면 손바닥[🖐] 도구가 활성화되며 마우스 왼쪽 버
튼을 계속 누른 상태에서 움직이면 화면 이동이 가능합니다.

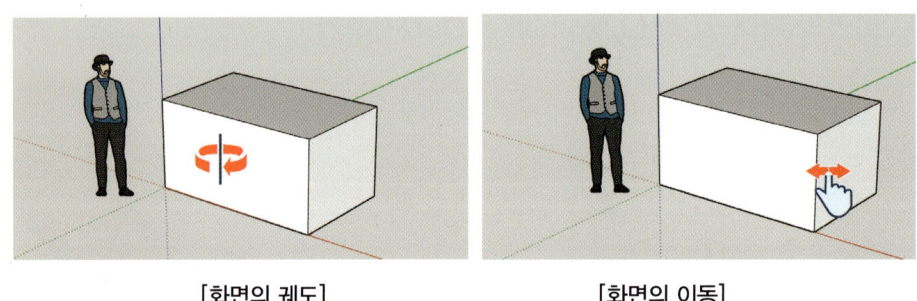

[화면의 궤도]   [화면의 이동]

[4] 작업 모델 중심으로 화면 확대[범위 확대/축소 Zoom Extents 🔍]하기

◎ TIP
마우스 휠 두 번 연속 클
릭 - 전체 모델 보기 실행
됨. 현재 모델 내의 모든
객체가 보이도록 화면을
자동으로 확대/축소

▼

다음 페이지에 계속

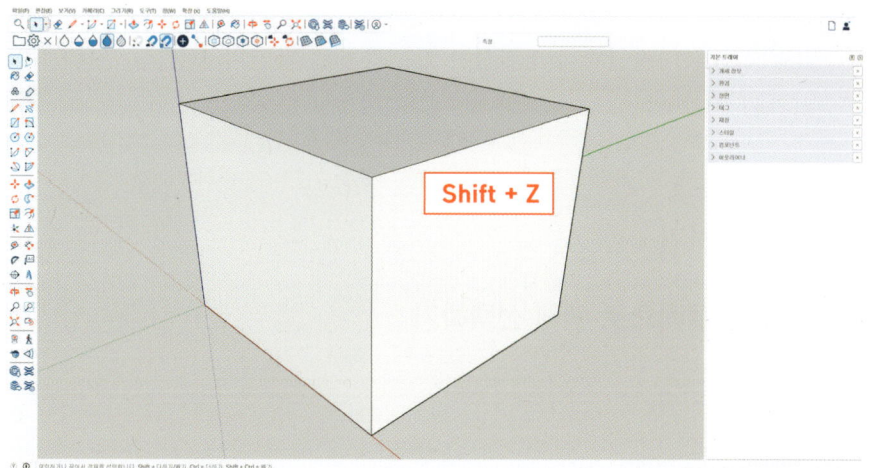

❶ 키보드에서 [shift + z] 버튼을 누르면 화면 중심 상에서 멀어진 객체가 자동으로
화면의 사이즈에 맞춰 화면 중심으로 정렬됩니다.

◎ TIP
Zoom Extents는 'Shift +
Z'와 같은 결과를 볼 수
있음.

◎ TIP
'Shift + 휠'은 Pan 기능으
로 화면이 이동되는 것이
며, 객체가 이동한 것과
는 관계 없음.

❷ 확대하고자 하는 객체에 커서를 머물게 한 후 [shift + z] 버튼을 누르거나 마우스 휠(Wheel)을 더블클릭하면 커서가 있는 객체가 화면의 중심으로 자리 잡을 수 있습니다.

[5] 객체 선택하기

[5-1] 마우스 클릭으로 객체 선택하기

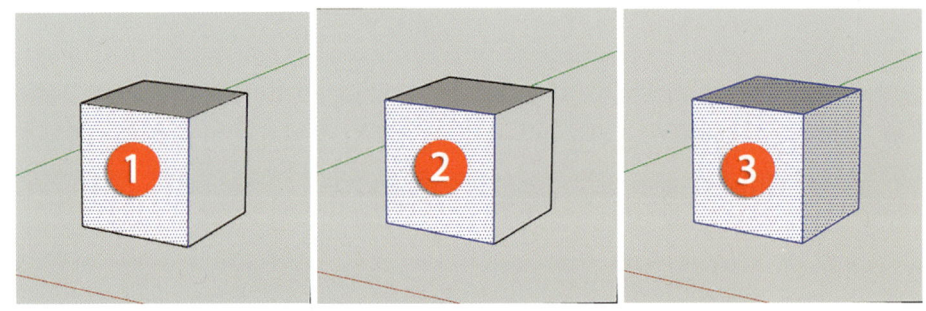

❶ 1회 클릭 방법 : 마우스 좌측 버튼을 한 번 클릭하면 가장자리 경계선[Edge]이나 면[Face] 등 클릭하는 것만 선택됩니다.

- shift 누르고 선택하면 선택도구가 [↖⁺] 아이콘으로 바뀌며 누른 상태에서 클릭하면 계속 추가해서 선택되고 다시 클릭하면 선택 해제됩니다.

- ctrl 누르고 선택하면 선택도구가 [↖⁺] 아이콘으로 바뀌며 선택을 계속 추가할 수 있습니다.

- shift + ctrl 을 누르면 선택도구가 [↖] 아이콘으로 바뀌며 선택을 해제할 수 있습니다.

❷ 2회 클릭 방법 : 마우스 좌측 버튼으로 면[Face]을 더블클릭하면 클릭한 면과 면을 둘러싸고 있는 가장자리 경계선[Edge]이 선택됩니다.

❸ 3회 클릭 방법 : 마우스 좌측 버튼으로 객체의 어느 부분이든지 세 번 클릭하면 객체 모두가 선택됩니다.

[5-2] 영역으로 객체 선택하기

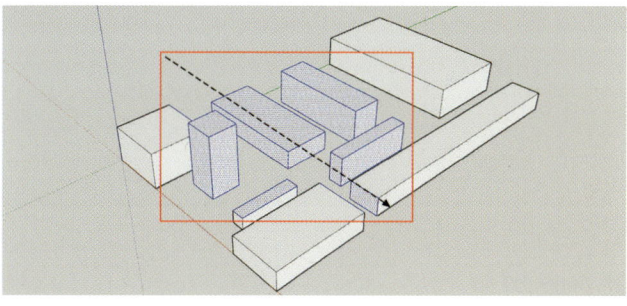

(1) Window 방법을 이용한 객체 선택하기

❶ 좌측에서 시작점 지정하고 객체를 선택합니다. (대각선 방향으로 이동)

❷ 범위 내부에 완전히 포함된 객체만 선택할 수 있습니다.

❸ 면[Face]과 경계[Edge]는 별도로 선택할 수 있습니다.

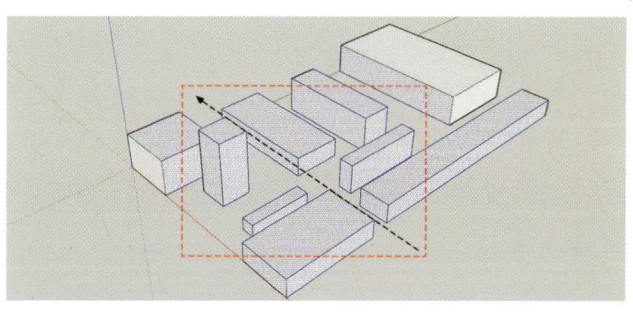

(2) Crossing 방법을 이용한 객체 선택하기

❶ 우측에서 시작점 지정하고 객체를 선택합니다. (대각선 방향으로 이동)

❷ 범위 내부에 완전히 포함되거나 걸쳐진 객체 모두 선택할 수 있습니다.

❸ 면[Face]과 경계[Edge]는 별도로 선택할 수 있습니다.

MEMO

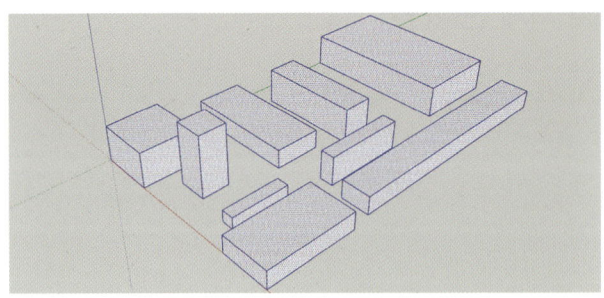

◎ TIP
'Ctrl + A'는 모든 객체 선택이고 'Ctrl + T'는 선택 해제

◎ TIP
그룹 또는 컴포넌트(구성요소)의 구조로 구성된 객체는 더블클릭하여 편집 상태로 변경하여 개별선, 면 등을 수정할 수 있음.

(3) 모든 객체 선택하기

❶ `ctrl` + `A` 를 입력하면 모든 객체가 선택됩니다.

❷ 보이지 않는 객체도 모두 선택되므로 간혹 지우지 않아야 할 객체가 지워질 수 있습니다.

(4) 선택된 객체에서 추가 및 제외하기

❶ 객체 추가 선택 : `ctrl` 버튼을 누른 채 추가 객체 선택 (마우스 포인트 옆 + 표시)

❷ 선택된 객체에서 제거 : `shift` + `ctrl` 버튼을 누른 채 제거 객체 선택 (마우스 포인트 옆 - 표시)

❸ 객체 추가 선택 및 제거 : `shift` 버튼을 누른 채 추가 및 제거 객체 선택 (마우스 포인트 옆 ± 표시)

MEMO

예제로 배워보는
기본 도구 학습 I

SketchUp

CHAPTER

01 블록[Block] 모델 작성

01 블록(Block) 모델 작성

스케치업 프로그램은 타 3차원 소프트웨어와는 다르게 초보 사용자들이 쉽게 활용할 수 있도록 제작되어 있습니다.
블록[Block] 예제를 활용하여 직사각형[Rectangle], 밀기/끌기[Push / Pull], 지우개[Erase] 도구의 활용법에 대하여 알아봅니다.

◎ TIP
사각형은 시작점에서 대각선 방향으로 드래그하여 사각형 형태를 만들 수 있음

❶ 직사각형 [Rectangle ▱] : 사각형의 도형을 작성합니다. [단축키 : R]

❷ 밀기/끌기[Push / Pull ⬍] : 선택된 면을 밀고 당길 수 있습니다. [단축키 : P]

❸ 지우개[Erase ◈] : 선택된 면이나 선 등의 객체를 지우기 / 숨기기 / 매끄럽게 다듬을 수 있습니다. [단축키 : E]

◎ TIP
· 밀기/끌기는 밀기/끌기 하고자 하는 면을 클릭한 후 마우스를 위쪽으로 이동 후 +수치값을 적용함
· 아래 방향으로 돌출하고자 할 경우, － (마이너스) 수치값을 적용함

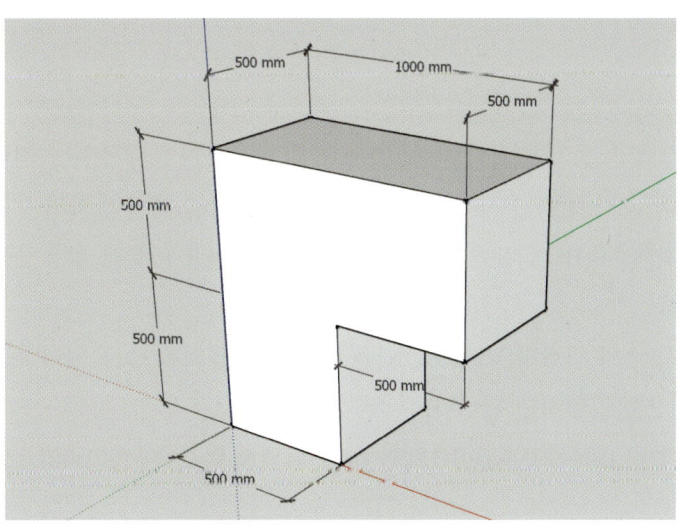

❹ 위의 예제를 주어진 치수를 참고하여 순서대로 학습해 봅니다.

02 블록(Block) 모델 작성 따라하기

❶ 키보드에서 단축키[R]을 누르거나 직사각형[Rectangle ✏️] 도구를 선택합니다.

◎ TIP

· 사각형을 작성하기 위한 수치 입력창에 x값, y값처럼 반드시 [,]를 사용
· [.]을 사용하면 수치의 입력이 제대로 적용되지 않음

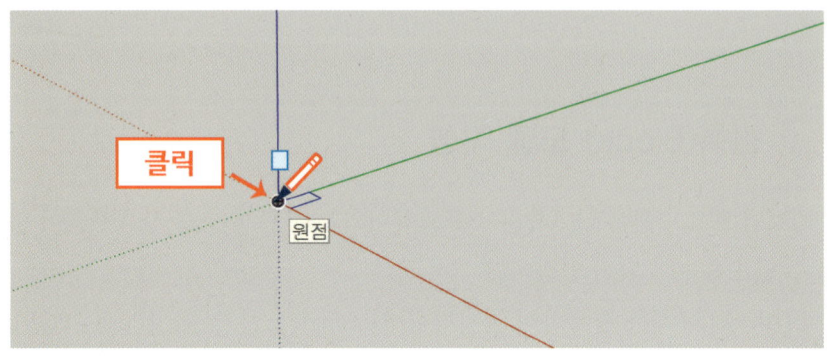

❷ 사각형의 시작점을 빨간 축[X축]/녹색 축[Y축]/파란 축[Z축]의 상호 교차점에 마우스 왼쪽 버튼을 눌러 지정합니다.

스케치업은 자동 Osnap[특정점 찾기 기능 = 추정기능]이 가능하므로 화면에 보이는 빨간 축[X축]/녹색 축[Y축]/파란 축[Z축]의 상호 교차점에 마우스를 가져다 놓으면 보다 쉽게 시작점을 지정할 수 있습니다.

◎ TIP

Osnap = 추정기능은 다른 설정 없이도 사용할 수 있음

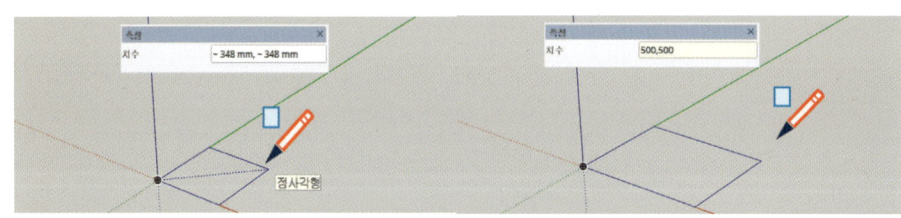

◎ TIP

수치의 입력은 굳이 'mm'를 입력하지 않아도 무방

❸ 사각형을 작성하기 위한 다음 점[next]은 사용자가 마우스를 움직여 임의로 지정할 수 있으나 정확한 사각형을 작성하기 위하여 스케치업 화면 우측 아래의 수치 입력창[VCB BOX]에 키보드의 숫자 버튼과 쉼표 버튼을 활용하여 정확히 입력합니다.

입력시 수치 입력창[VCB BOX]을 마우스로 클릭할 필요 없이 바로 키보드에서 수치 값을 입력하면 됩니다.

수치 입력 Box를 [VCB BOX]라 하며 수치 입력값은 [500,500]으로 입력합니다.

❹ 수치 입력창[VCB BOX]의 값이 [500,500]으로 바뀌는 것을 확인할 수 있습니다.

◎ TIP

'Space bar'를 누르면 수
행하던 명령이 마무리되
고 선택 도구로 진행됨

❺ [가로 및 세로 500,500]의 값 입력으로 화면에 위와 동일한 사각형 면이 생성되었
습니다.

❻ 키보드에서 단축키 [P] 또는 밀기/끌기[Push/Pull 🔼] 도구를 직접 선택합니다.

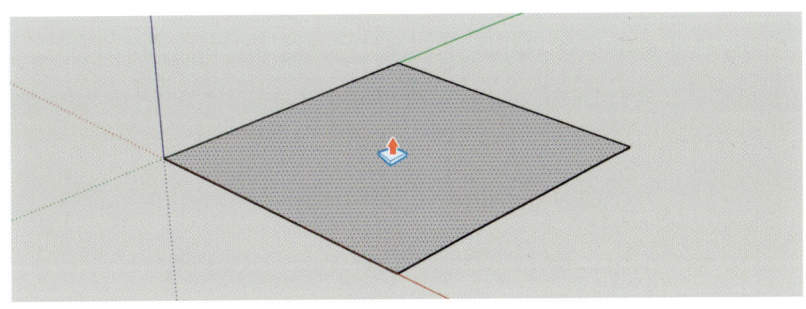

◎ TIP

• 선의 연결로 면을 만
들거나 사각형으로 면
이 만들어지면 면의
색이 변화
• 면이 만들어지지 않거
나 면이 지워졌을 경
우는 면의 색이 변하
지 않음

❼ 밀기/끌기[Push/Pull 🔼] 도구로 변화를 줄 해당 면을 클릭합니다. 화면상에 보이
는 면의 표현 상태가 변화됩니다.

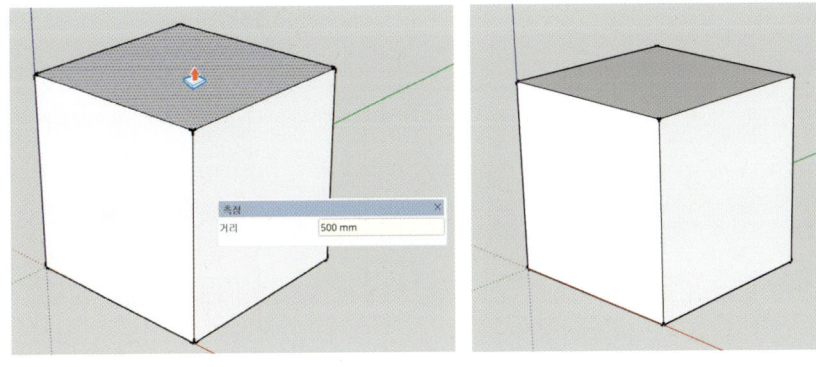

◎ TIP

입체 객체의 전체 형태
를 확인하고자 할 때는
휠을 누르고 움직이면
궤도(Orbit)처럼 사용할
수 있음

❽ 높이를 줄 방향으로 마우스를 움직인 후 수치 입력 창에 높이 값 [500]을 입력합
니다.

❾ 화면에 가로 / 세로 / 높이 각각 [500]의 입체 사각형이 만들어집니다.

⑩ 이제 다시 상부 면에 밀기/끌기[Push/Pull ⬇️] 아이콘을 올려두고 키보드의 [ctrl] 버튼을 누릅니다.

밀기/끌기[Push/Pull ⬆️] 아이콘 옆에 [+]표시가 추가됩니다.

이 기능은 기존의 면을 그대로 두고 새로운 면을 추가하여 밀기/끌기를 할 수 있는 기능입니다. 즉 [+]표시가 없는 상태에서는 단순히 기존의 면을 밀기/끌기만을 할 수 있습니다.

⑪ 마우스 왼쪽 버튼을 눌러 해당 면을 클릭한 후 수치 입력 창에 [500]이라고 입력합니다.

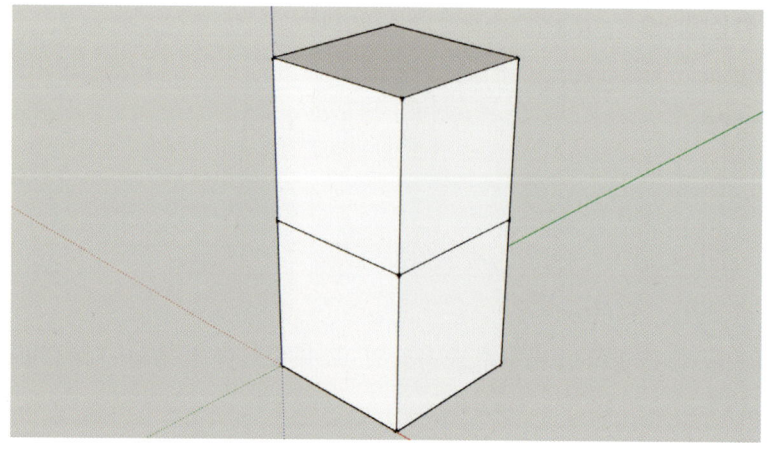

⑫ 기존의 도형 위로 또 하나의 도형이 만들어집니다.

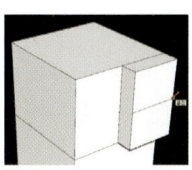

◎ TIP
새 입체 도형의 면을 나
누고 싶다면 선을 이용하
여 구획을 나누어 사용할
수도 있음

⑬ 작성된 상부 도형의 측면을 [🡑] 도구로 선택한 후 변화 방향을 마우스로 움직여 지시한 후 수치 입력 창에 [500]을 입력합니다.

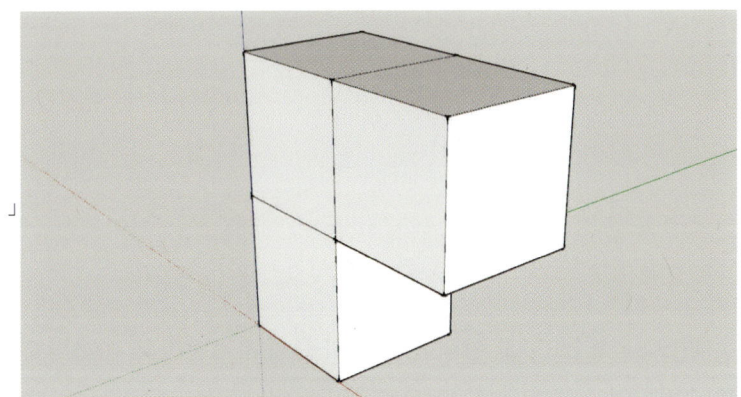

⑭ 지금까지의 작업으로 완성된 객체는 위와 같습니다.

⑮ 키보드에서 단축키 [E] 또는 지우개[Erase ◆] 도구를 선택합니다.

지우개 [Erase ◆] 도구는 선택된 객체 / 면 / 선 등을 삭제 / 숨김 / 매끄럽게 다듬기 할 수 있습니다.

⑯ 스케치업에서는 선[Line ✎] 도구를 활용하여 면의 나누기가 가능하며, 지우개 [Erase ◆] 도구를 활용하여 선을 제거함으로 나누어진 면을 하나의 면으로 변화 시킬 수 있습니다. 즉, 선[Line ✎] 도구를 활용하여 사용자는 언제든지 면을 분할 하여 다양한 형태의 모델을 작성하게 됩니다.

◎ TIP
지우개로 면을 클릭하면
지워지지않고 선을 클릭
하면 선과 연결된 면도
힘께 지워짐

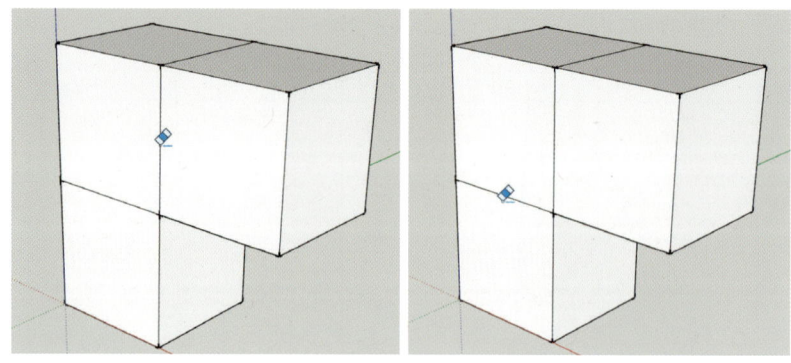

⓱ 위의 그림에서와 같이 지우개[Erase 🔷] 도구를 활용하여 두 군데의 선[Line ✏️]
을 클릭합니다.

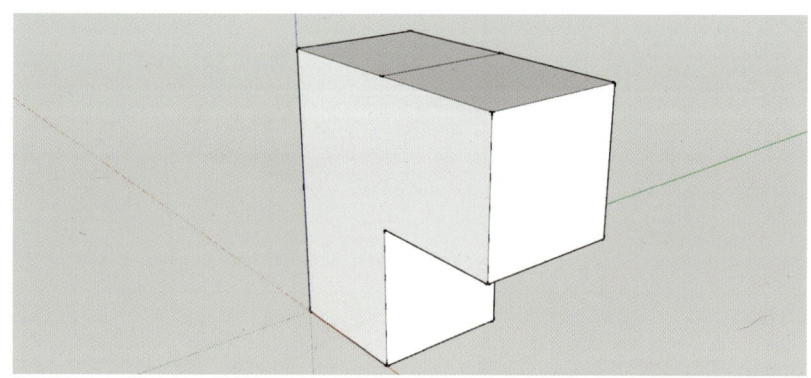

⓲ 지우개[Erase 🔷] 도구로 선택된 두 개의 선이 지워지면서 세 개의 면이 하나의 면
으로 수정되었습니다.

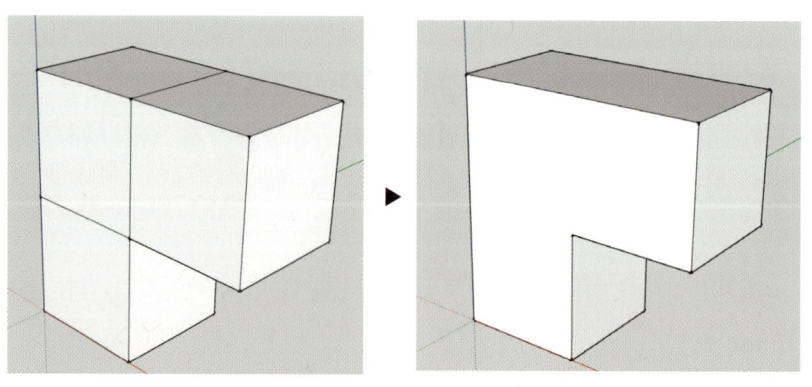

선 삭제 전, 면 분할 상태   선 삭제 후, 면 분할 상태

⓳ 지우개[Erase 🔷] 도구로 선을 삭제하기 전/후의 면 상태를 위의 그림을 통해 알 수
있습니다.

03 지우개[Erase 🖊] 도구의 추가 기능 학습하기

스케치업에서 각각의 도구[기능]는 하나의 기능만을 가지고 있는 것이 아닙니다. 키보드의 [ctrl], [shift], [alt] 버튼과 함께 사용함으로 더 다양한 도구별 추가 기능을 활용하게 됩니다.

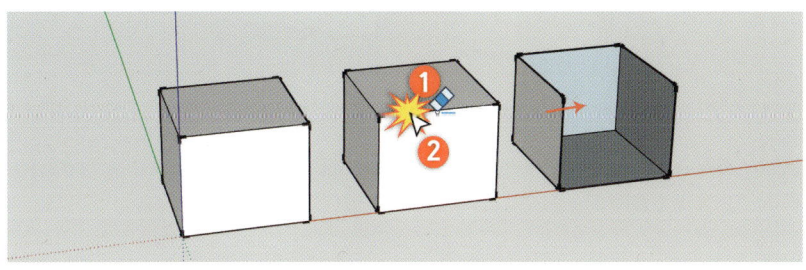

◎ TIP
지우개 도구로 경계선을 클릭하면 그 경계선과 연결되어 있는 면도 함께 삭제

❶ 단순히 지우개[Erase 🖊] 도구를 활용하여 위의 지시된 경계선을 클릭하면 경계선과 더불어 이와 접한 두 개의 면이 동시에 지워지게 됩니다.

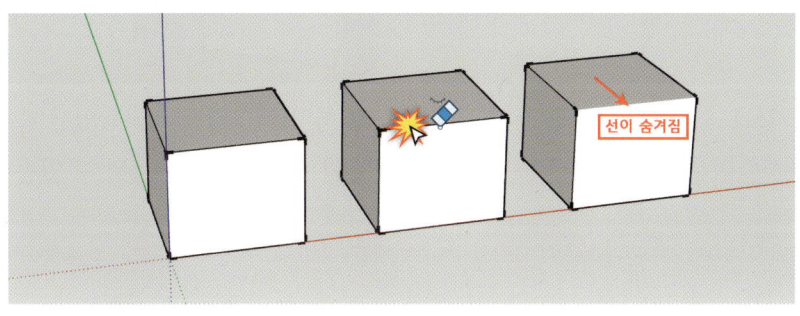

선이 숨겨짐

◎ TIP
Shift + 지우개 도구로 경계선을 삭제한 후 [보기] 메뉴의 [숨겨진 형상 표시]를 클릭하면 경계선의 자리에 은선이 보임

❷ 키보드의 [shift] 버튼을 누른 채 위의 지시된 경계선을 클릭하면 인접된 면은 그대로 남겨두고 선택한 경계선만 화면상에서 숨겨집니다.

◎ TIP
Ctrl l 지우개 도구로 경계선을 삭제한 후 [보기] 메뉴의 [숨겨진 형상 표시]를 클릭하면 경계선의 자리에 은선이 보임

❸ 앞서 ❷번 과정에서 지우개 도구로 숨겨진 선[Line]은 위의 그림과 같이 편집

[Edit] 메뉴의 숨기기 취소[Unhide] 기능을 활용하여 되살릴 수 있습니다.

❹ 키보드의 [ctrl]버튼을 누른 채 위의 지시된 경계선을 클릭하면 인접된 면은 그대로 남겨두고 선택한 경계선이 부드럽게 처리됩니다.

◎ TIP
Shift＋**Ctrl**＋지우개　도구로 경계선 다시 생성되게 하려면 경계선이 지워진 부분을 문지르듯이 통과해야 함

❺ 키보드의 [alt] 버튼을 누른 채 좌측 그림처럼 부드럽게 처리되었던 경계선 부위를 클릭하면 위의 우측 그림과 같이 원래의 경계선으로 되돌릴 수 있습니다.

MEMO

04

밀기/끌기[Push/Pull ✥] 도구의 추가 기능 학습하기

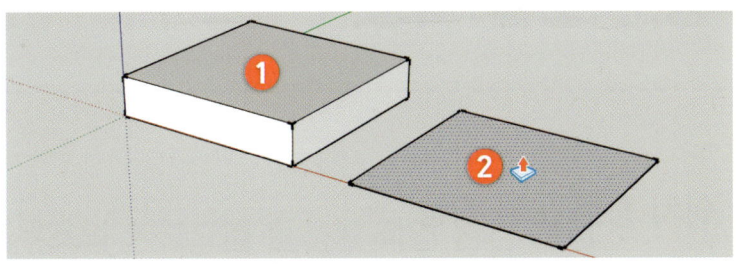

◎ **TIP**
같은 높이의 객체를 작성하는 방법으로 더블클릭하는 방법과 먼저 작성한 1번의 윗면 모서리 부분에 커서를 가져다 대면 추정의 기능으로 같은 높이의 객체로 작성할 수 있는 방법이 있음

❶ 밀기/끌기[Push/Pull ✥] 도구는 항상 바로 전 단계에서 입력된 수치 입력값을 기억하고 있습니다. 직사각형[Rectangle ▱] 도구로 가로 및 세로 [2000]의 사각형 두 개를 작성한 후 작성된 ①번 면을 밀기/끌기[Push/Pull ✥] 도구로 선택 후 높이 방향을 지시한 다음 수치 입력 창에 [500]을 입력합니다.

❷ 밀기/끌기[Push/Pull ✥] 도구를 ②번 면 위에 두고 마우스 좌측 버튼으로 더블클릭을 하면 수치를 입력할 필요 없이 동일한 높이의 두 형이 만들어집니다. 생성된 윗면을 다시 한번 더블클릭하면 동일한 높이만큼 반복적으로 높이가 증가됩니다.

◎ **TIP**
이미 만들어진 객체에 새로운 객체를 이어서 작성할 경우는 **Ctrl**을 클릭해 '+'모양이 추가되도록 함

❸ 밀기/끌기[Push/Pull ✥] 도구를 활용하면 위의 그림과 같이 동일한 높이의 반복된 모델을 편리하게 작성할 수 있습니다.

CHAPTER

02 아치 창문 모델 작성

01 아치 창문 모델 작성

◎ TIP
아치란 건축 및 가구 디
자인 등에 자주 사용되는
곡선을 이루는 구조 형식
임. 양쪽 지지대에 하중
을 분산시켜 가운데 부분
이 열린 상태에서도 상부
의 하중을 견딜 수 있게
설계된 구조임.

아치 창문 모델을 활용하여 [선] / [호] / [오프셋] / [페인트 통]에 대하여 알아봅니다.

❶ 선 [Line ✏️] 도구 : 선을 작성합니다. 면의 다양하게 분할 할 수 있습니다. [단축키 : L]

❷ 호 [Arc 🖊️] : 호를 작성할 수 있습니다. [단축키 : A]

❸ 오프셋 [Offset 🔁] : 선택된 면이나 선 등의 간격 복사가 가능합니다. [단축키 : F]

❹ 페인트 통 [Paint Bucket 🪣] : 선택된 객체나 면에 재질을 부여합니다. [단축키 : B]

❺ 아래 예제를 주어진 치수를 참고하여 다음 페이지에 제시된 순서대로 따라 해 보 겠습니다.

02 아치 창문 모델 작성 따라가기

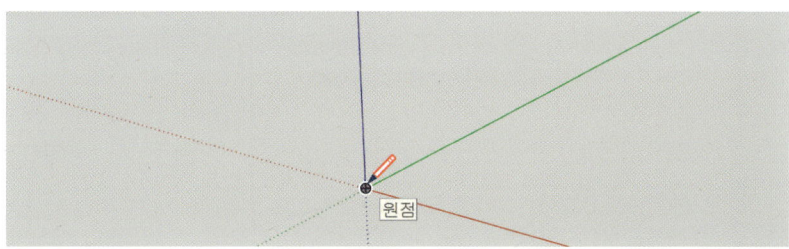

❶ 키보드에서 [ㄴ] 또는 선[Line ✏] 도구를 선택한 후 [빨간 축(X축), 녹색 축(Y축), 파란 축(Z축)]의 교차 지점에 시작점을 마우스 왼쪽 버튼을 눌러 지정합니다.

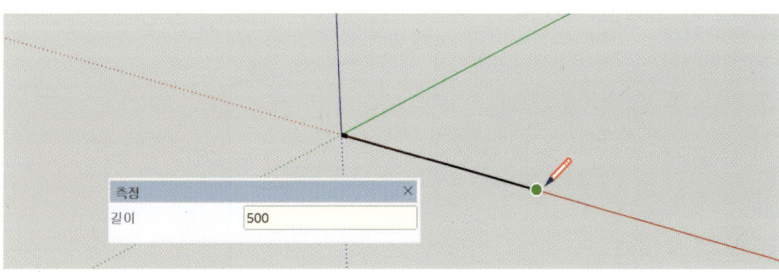

◎ TIP
원점 지정하고 X축위에 커서를 가져다 대면 [빨간 축에]라는 도움말이 나타남

❷ 마우스를 우측 빨간 축(X축)으로 지정한 상태에서 수치 입력 창에 길이값 [500]을 입력합니다.

◎ TIP
Z축으로 정확하게 선을 그리려면 [파란 축에]라는 도움말과 파란색 선이 나타남

❸ 마우스를 상측 파란 축(Z축)으로 지정한 상태에서 수치 입력 창에 길이값 [500]을 입력합니다.

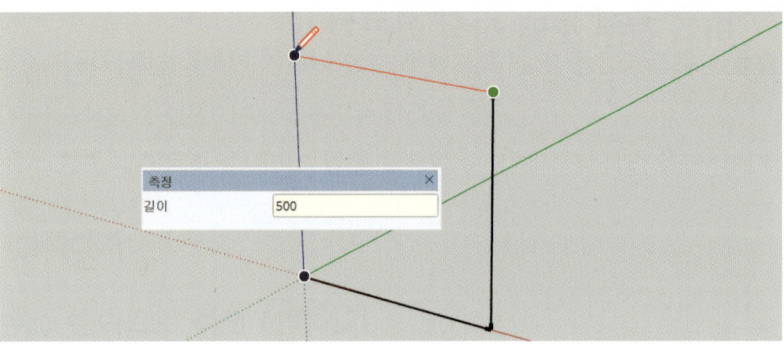

◎ TIP

선이 사각형 모양으로 만들어진 후 면이 생성되지 않으면 정확한 축을 따라 작성된 선이 아님.

❹ 마우스를 좌측 빨간 축(X축)으로 지정한 상태에서 수치 입력 창에 길이값 [500]을 입력합니다.

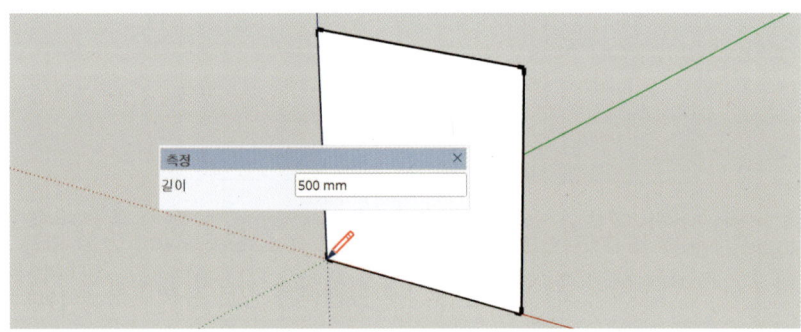

❺ 마우스를 파란 축(Z축) 아래 방향으로 지정한 상태에서 수치 입력 창에 길이값 [500]을 입력합니다. 입력이 마무리되면 위의 그림처럼 사각형의 면이 작성됩니다.

◎ TIP

· 호는 '중심점 + 시작점 + 끝점'과 같은 방법으로 그림
· 2점 호는 시작점 + 끝점 + 호의 반지름값 (돌출부)을 이용하는 방법

❻ 키보드에서 [A] 또는 호[Arc 🖉] 도구를 선택한 후 사각형 도형 좌측 끝점에 호의 시작점[선(Line)의 끝점]을 마우스 왼쪽 버튼을 눌러 지정합니다.

❼ 지정된 시작점의 반대편 점을 마우스 왼쪽 버튼을 활용하여 호의 끝점을 자동 추정 기능에 도움을 받아 지정합니다. 또 하나의 방법으로 선[Line ✎] 도구를 활용한 선 작성 방법과 동일하게 마우스로 호의 길이 방향을 지정 후 수치 입력 창에 [500]을 입력하여도 됩니다.

◎ **TIP**
· 호의 돌출부를 작성할 경우 키보드에서 '**Z**'키를 입력하면 수직으로 호를 세워 작성할 수 있음.
· 지평선과 **X**축이 평행 방향으로 움직여 주면 수월하게 작성할 수 있음

❽ 마우스를 파랑 축의 상측 방향으로 지시하면 호가 위로 서게 됩니다. 호를 세운 후 수치 입력 창[VCB]에 길이 [250]을 반지름 값으로 입력합니다. 반지름[Radius] 값은 사용자 임의로 다른 값을 주거나 마우스로 임의의 점을 지정하여 달리 표현할 수 있습니다.

❾ 호 작성을 마무리하면 위의 그림과 동일한 도형이 작성됩니다.

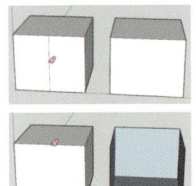

◎ **TIP**
- 방향이 다른 면 사이의 경계선을 지우개 도구로 지우면 경계선과 연결된 면도 함께 삭제됨
- 같은 면에서의 경계선을 지우면 경계선만 삭제

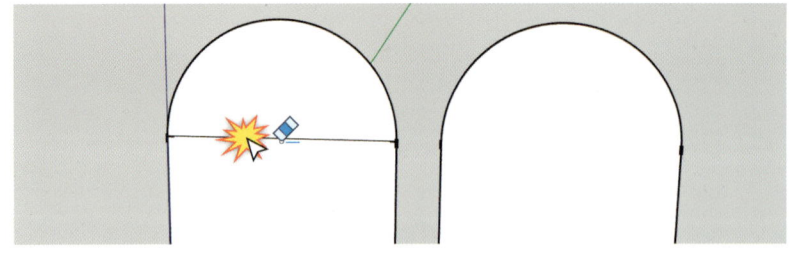

⑩ 키보드에서 [E]를 입력하거나 지우개[Erase ◈] 도구를 선택 후 좌측 그림과 같이 상부 수평선을 클릭하여 삭제합니다. 삭제가 완료되면 우측의 그림과 동일하게 기존의 두 면이 하나의 면으로 합쳐집니다.

경계 또는 면 클릭

◎ **TIP**
오프셋을 하려면 객체의 경계선이나 면을 클릭해야 함

⑪ 키보드에서 [F] 또는 오프셋[Offset ⌒] 도구를 선택 후 해당 도형의 면을 마우스 왼쪽 버튼을 눌러 선택합니다. 면을 선택하면 그 주위의 접한 모든 선을 선택한 것과 동일합니다.

측정
거리   50

⑫ 마우스를 도형 안쪽으로 움직이면 면 주위의 선들이 동시에 축소되어 면의 내부로

들어오게 됩니다. 이때 정확한 간격 복사를 위해 오프셋[Offset] 방향 지시 후 수치
입력 창[VCB]에 [50]을 입력합니다.

◎ TIP
밀기/끌기를 작성할 때
는 밀기/끌기 하려는 객
체의 면을 한번 클릭한
후 마우스를 움직여 방향
을 잡아주고 수치를 입력

⑬ 오프셋[Offset 🎯] 도구를 활용하여 위의 그림과 동일하게 작성됩니다.

◎ TIP
밀기/끌기하여 작성된
입체 객체의 속은 비워진
상태임. 해당 입체 객체
를 그룹이나 컴포넌트를
구성할 경우 체적을 가진
객체로 인식함.

⑭ 밀기/끌기[Push/Pull 🔼] 도구를 활용하여 위의 그림과 동일한 측면을 선택한 뒤
당기고자 하는 방향으로 마우스를 움직인 후 수치입력 창에 값 [50]을 입력합니다.

◎ TIP
호와 원 등을 크게 확대해
보면 곡선보다는 직선으
로 만들어진 것을 확인할
수 있음

⑮ 키보드에서 [B] 또는 페인트 통[Paint Bucket]도구를 클릭하면 위의 그림과
같이 재질 부여창[Materials]이 활성화됩니다.

◎ TIP
· 재질창의 유리 재질은
  별도 투명도를 주지
  않아도 투명 재질로
  이루어져 있음
· 불투명한 재질은 [편
  집]의 불투명도로 투
  명도를 조절

⑯ 유리 재질 부여를 위하여 재질[Materials] 리스트의 내림[▽] 버튼을 클릭하고 유
리 및 거울[Glass and Mirrors] 항목을 선택합니다.

◎ TIP
재질창의 [모델안]은 재
질 적용 과정에서 사용하
였던 재질이 나열됨

⑰ 반투명 재질 중 위의 그림에서 지시한 동일 재질을 선택합니다.

⑱ 유리 재질을 부여하고자 하는 면에 페인트 통[Paint Bucket] 도구로 클릭하면
위의 그림과 동일하게 해당 재질이 부여됩니다.

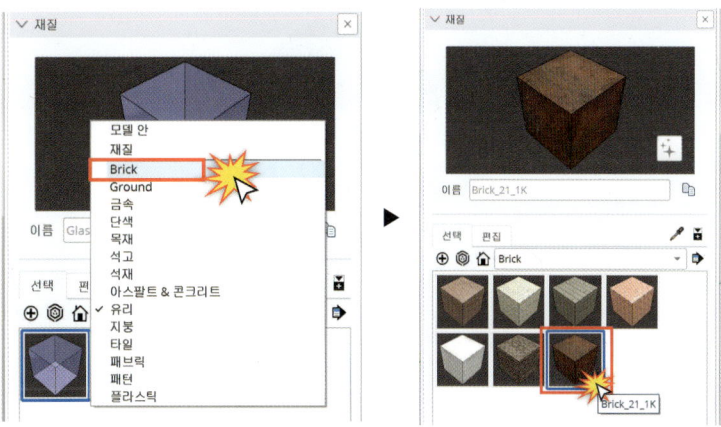

◎ **TIP**
재질을 설정했으나 무늬가 보이지 않는다면 [편집]의 [텍스처] 부분에서 재질의 크기를 조절

⓳ 벽돌[Brick] 재질 부여를 위하여 재질[Materials] 리스트의 내림[☑] 버튼을 클릭하고 벽돌[Brick] 항목을 선택합니다. 이어 위의 그림과 동일한 [브릭 21_1K, Brick 21_1K]을 선택합니다.

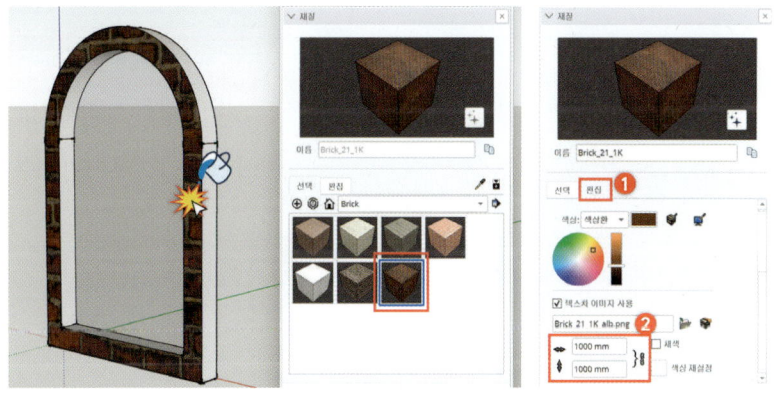

⓴ 선택된 벽돌[브릭 21_1K, Brick 21_1K] 재질을 부여하고자 하는 면에 페인트 통 [Paint Bucket 🪣] 도구로 선택하면 위의 그림과 동일하게 해당 재질이 부여되고 편집 탭을 클릭하여 크기를 조절할 수 있습니다.

MEMO

◎ **TIP**

V-Ray란, 고품질 3D 렌더
링을 위한 렌더 엔진
(Render Engine)으로, 사
실적인 이미지 생성에 특
화된 소프트웨어. 건축
시각화, 제품 디자인, 영
화 CG 등에서 널리 사용
되며, 광선 추적(ray
tracing) 기술을 기반으
로 현실적인 조명, 그림
자, 반사 등을 표현함.

◉ 최종 완성된 모델의 모습입니다.

◉ 다른 벽돌 재질을 적용하여 스케치업 V-Ray를 활용한 결과물입니다.

MEMO

03 페인트 통[Paint Bucket 🪣] 추가 기능 학습하기

스케치업에서는 사용자가 보다 편리하게 재질 부여 및 수정을 하도록 세부 기능을 함께 제공하고 있습니다. 이와 관련한 세부 내용을 자세히 알아보도록 합니다.

[1] 샘플 페인트[Sample Paint 💉] 기능을 이용하여 재질 부여하기

샘플 페인트 기능은 이미 부여된 재질을 샘플 페인트[Sample Paint 💉] 도구로 빨아들여 사용자가 원하는 다른 면이나 객체에 해당 재질을 재부여하는 방법입니다.

❶ 선행 학습한 직사각형[Rectangle ▱] 도구로 두 개의 면을 만든 뒤 좌측 그림처럼 하나의 면에 페인트통[Paint Bucket 🪣] 도구를 활용하여 벽돌 재질[브릭_10_1K, Brick_10_1K]을 부여합니다.

◎ TIP
복사(copy)는 'Ctrl'을 1회 누른 후 이동

◎ TIP
샘플 페인트를 실행하려면 'Alt'를 누른 상태에서 해당 재질을 클릭하고 다른 면이나 객체를 클릭

❷ 페인트 통 [Paint Bucket 🪣] 도구가 보이는 상태에서 키보드의 [alt] 버튼을 누르면 페인트 통[Paint Bucket 🪣]의 도구가 샘플 페인트[Sample Paint 💉] 도구로 변

◎ TIP
Paint Bucket Tool(페인트 통 도구)은 모델에 재질 (Material)을 적용하는 데 사용되는 매우 직관적인 도구임. 단순한 색상 지정부터 텍스처, 투명도, 반사광 설정까지 포함하여 시각적 표현 강화에 핵심 역할을 수행함.

환됩니다. 미리 부여된 벽돌 재질을 마우스 왼쪽 버튼으로 클릭하여 흡수합니다. 이어 재질이 없는 면에 페인트 통[Paint Bucket 🪣]을 가져다 두고 마우스 좌측 버튼을 누르면 흡수된 동일한 재질[브릭_10_1K, Brick_10_1K]이 해당 면에 부여됩니다.

❸ 샘플 페인트[Sample Paint 🖊]를 활용한 페인트 통[🪣]도구로 완성된 결과입니다. 두 면의 재질이 동일하게 되었습니다.

[2] 재질 일괄 부여하기

[2-1] 동일 객체 내의 연결된 면에 재질 일괄 부여하기

스케치업에서 재질 부여는 단순히 사용자가 선택한 면만 적용되는 것이 아니며 동일 객체 내의 연결된 면에 일괄적으로 재질을 부여할 수 있습니다.

❶ 직사각형[Rectangle 🔲] 도구를 활용하여 하나의 사각형을 그립니다. 이후 학습한 선[Line 🖊] 도구를 활용하여 6개의 면으로 나눕니다. ③번과 ④번의 면에 페인트 통[Paint Bucket 🪣] 도구를 활용하여 위와 동일한 재질[브릭_10_1K]을 부여

합니다.

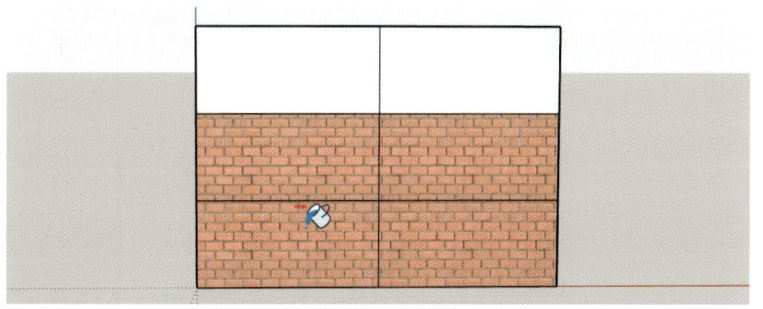

❷ 페인트 통 [Paint Bucket 🪣] 도구가 보이는 상태에서 키보드의 [ctrl]를 누르면 페인트 통 도구 옆에 [▬▬]표시가 나타납니다. 이어 ①번 면을 클릭하여 재질을 부여합니다.

◎ **TIP**
- **JPG** 파일을 불러오기 하여 투영을 함
- 자연스러운 곡면 재질 부여로 재질투영기능 을 사용할 수 있음

❸ 동일 객체 내에서 ①번 경계면과 접한 ②번 면에 일괄적으로 재질이 부여됩니다.

◎ **TIP**
'**Ctrl +** 🪣'은 재질이 실 행되어 있는 면의 경계에 인접한 면에 클릭하는 면 만 재질이 입혀짐

MEMO

[2-2] 동일 모델 내의 동일 색상 또는 재질면에 일괄적 재질 부여하기

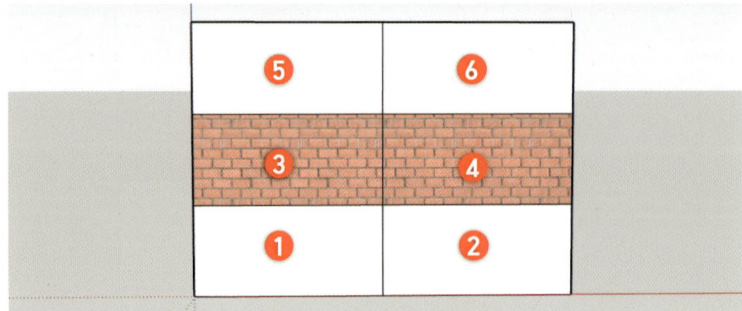

❶ 직사각형[Rectangle ▱] 도구를 활용하여 하나의 사각형을 작성 후 선[Line ✎] 도구를 활용하여 면을 6개로 나눕니다. ③번과 ④번의 면을 위와 같이 재질을 부여합니다.

◎ TIP
'Ctrl + Shift + ⊘'은 재질이 실행되어 있는 면이 있는 객체의 모든 영역에 재질이 모두 적용됨.

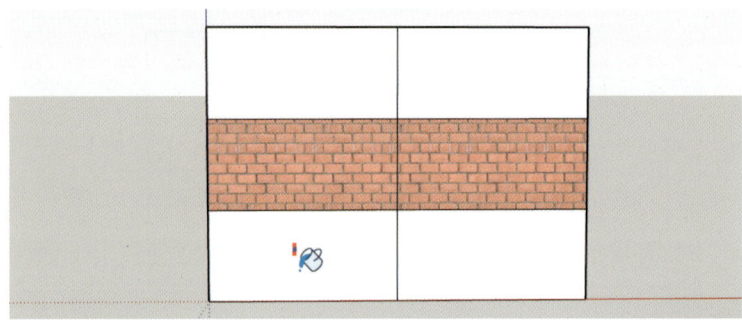

❷ 페인트 통[Paint Bucket ⊘] 도구가 보이는 상황에서 키보드의 [ctrl + shift]를 동시에 누르면 페인트 통 아이콘 옆에 [▮] 표시가 나타납니다. ①번 면을 마우스 좌측 버튼으로 클릭합니다.

◎ TIP
재질을 설정했으나 무늬가 보이지 않는다면 [편집]의 [텍스처] 부분에서 재질의 크기 조절

❸ 동일 객체 내에서 ①, ②, ⑤, ⑥번 면이 일괄적으로 재질이 부여되었습니다. 즉 동일 모델 중 ①번 면과 동일한 재질을 가진 모든 면에 재질이 부여된 것입니다.

[2-3] 모든 모델 내의 동일 색상 또는 재질면에 일괄적 재질 부여하기

객체가 서로 분리되어 있더라도 동일한 색상 또는 재질면에 일괄적으로 재질을 부여할 수 있습니다.

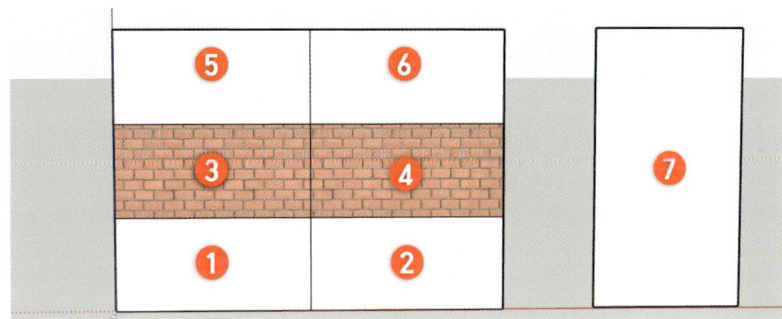

◎ TIP

'Shift + 🖌'은 동일한 재질이 있는 다른 객체와 재질이 실행되지 않은 영역에도 모두 재질이 적용됨

❶ 직사각형[Rectangle 📐] 도구를 활용하여 위의 그림과 같이 하나의 사각형을 작성합니다. 이후 학습한 선[Line ✏] 도구를 활용하여 하나의 면을 6개로 나눕니다. ③번과 ④번의 면에 위와 동일한 재질[브릭_1-_1K, Brick_10_1K]을 부여합니다. 그리고 일정 간격을 두고 또 하나의 사각형 면을 작성합니다.

◎ TIP

'Ctrl + 🖌', 'Ctrl + Shift + 🖌', 'Shift + 🖌'이 실행될 때 아이콘의 형태를 주목해야 함

❷ 키보드에서 [B]를 눌러 페인트 통[Paint Bucket 🖌] 도구를 활성화시키고 키보드의 [shift]를 누르면 페인트 통 아이콘 옆에 [■]표시가 나타납니다. 이어 ①번 면을 마우스 좌측 버튼으로 클릭합니다.

TIP
- 추정 기능은 끝점, 중간점, 원점, 가운데와 같은 특정점을 찾을 수 있는 것으로 작업 시에 편리한 기능
- 추정 기능은 다른 설정 없이도 사용할 수 있음

❸ 모든 객체 내에서 동일한 재질을 가진 ①, ②, ⑤, ⑥, ⑦번 면에 일괄적으로 동일한 재질이 부여되었습니다.

[3] 재질[Materials]의 크기 재조정하기

[3-1] 재질[Materials] 부여창을 활용하여 크기 재조정하기

TIP
입면형태의 사각형으로 그리려면 지평선과 X축이 평행하도록 움직이면 쉽게 작성할 수 있음

스케치업에서 적용시킨 재질 크기는 재질창의 세부 옵션을 조정하여 재설정 할 수 있습니다.

TIP
추정기능을 활용하면 중간점을 찾아 면을 나누기 쉬움

❶ 직사각형[Rectangle] 도구로 [2000,1000] 크기의 사각형을 작성 후 선[Line] 도구를 활용하여 하나의 면을 절반으로 나눕니다. 스케치업은 자동 Osnap[특정점 찾기=추정] 기능이 있기에 쉽고 정확하게 면을 나눌 수 있습니다.

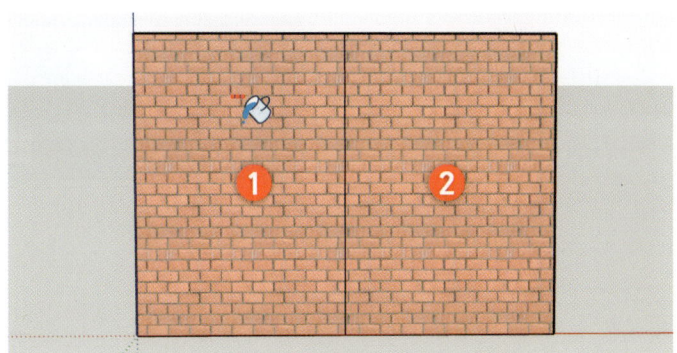

❷ 페인트 통[Paint Bucket] 도구를 활용하여 두 개의 면을 대상으로 위와 동일한 벽돌[브릭_10_1K, Brick_10_1K] 재질을 부여합니다.

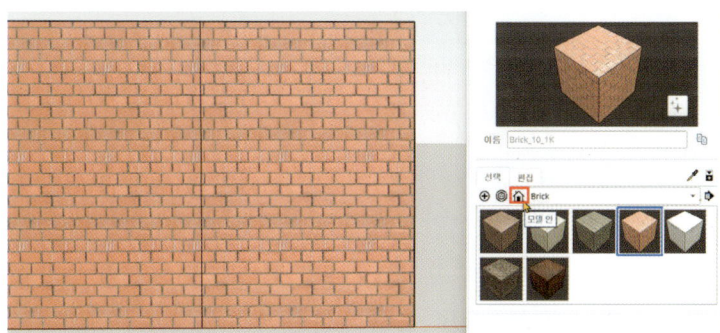

◎ TIP
[모델안]을 클릭하면 사용한 색상과 재질이 모두 나열되어 있음

❸ 키보드에서 다시 [B]를 누르면 재질 부여 창이 화면상에 나타납니다. 재질 리스트의 앞의 🏠 버튼을 눌러 모델 안[In Model] 항목을 실행합니다.

◎ TIP
[편집]에서는 색상, 텍스처, 불투명도를 재설정할 수 있음

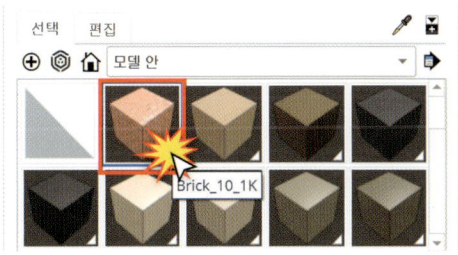

❹ 모델 안[In Model] 항목에서는 사용자가 객체에 적용한 모든 재질을 확인할 수 있습니다. 벽돌[브릭_10_1K, Brick_10_1K] 재질을 선택합니다.

❺ 벽돌 재질을 선택 후 편집[Edit] 메뉴를 클릭합니다.

◎ TIP
너비와 높이를 다른 값
으로 설정하였거나 너비
와 높이를 개별 입력하
였을 경우 본래의 값으
로 재설정하고자 할 때
[↔]를 사용

❻ 메뉴 중 텍스처[Texture] 항목에서 ↔[너비], ↕[높이] 값을 입력하여 크기를 재조
정할 수 있습니다. 바로 옆 연결고리는 너비와 높이 크기 중 어느 하나라도 값의 변
화가 있을 시 나머지 하나의 크기도 자동 변화가 됨을 의미합니다. 연결고리를 클
릭하면 고리가 분리되며 너비, 높이 크기를 사용자가 개별 입력할 수 있습니다.

◎ TIP
너비와 높이의 값이 동일
하도록 연결고리를 분리
하지 않고 [↔]의 값을 입
력하면 너비와 높이의
값이 동일하도록 수정됨

❼ 연결고리를 분리하지 않은 채 너비 크기[↔] 입력란에 [200]을 입력합니다.

◎ TIP
너비와 높이 값 입력 창
좌측 너비와 높이 화살표
버튼을 클릭하면 입력된
값을 초기화할 수 있음

❽ 스케치업 화면상에 재질 크기의 변화가 확인됩니다.

[3-2] 위치[Position] 기능을 활용하여 크기 재조정하기

스케치업에는 재질[Texture] 크기 조정을 위한 위치[Position] 기능이 있습니다.

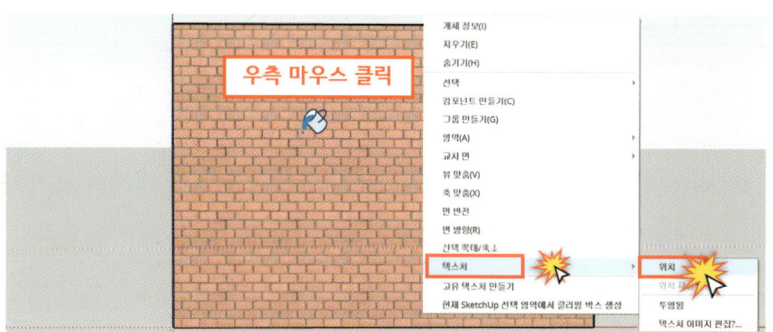

◎ TIP
페인트통 사용 시 기존 재질의 위치를 맞춰놓은 재질을 샘플 페인트로 가져오면 다시 재질의 위치를 맞추지 않아도 됨

❶ 크기를 재조정하려는 재질 위에 페인트 통[Paint Bucket 🪣] 도구 또는 선택 [Select ▶] 도구를 올려두고 우측 마우스 버튼을 클릭합니다.

❷ 확장 메뉴가 펼쳐지면 재질[Texture] 항목 내 위치[Position]를 선택합니다.

◎ TIP
[텍스처]의 [위치]라는 기능을 이용하면 재질의 수평과 수직의 크기를 조정, 회전, 기울기, 재질의 변형 등의 작업을 손쉽게 할 수 있음

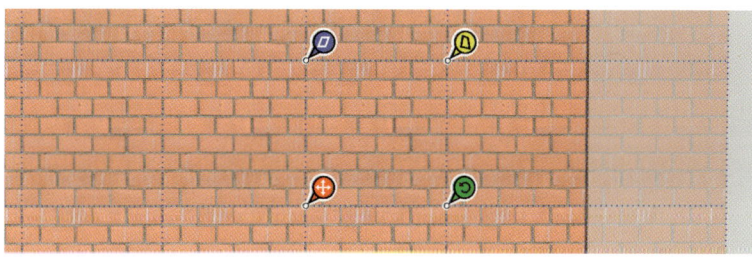

❸ 색이 다른 네 개의 고정핀[Pin]이 해당 재질 위에 나타나며 이 핀들을 클릭 후 드래그(Drag)하여 움직이면서 재질의 크기를 다양하게 조정합니다.

◎ TIP
[텍스처]의 [위치]를 이용하여 재질을 변형하고 변형 전 단계로 되돌리고자 할 때는 [텍스처]의 [위치 재설정]을 클릭

- 녹색[배율/회전-Scale/Rotate] Pin : 재질의 수평·수직 크기를 조정하며, 또한 재질을 회전시킬 수 있습니다.
- 빨간색[이동-Move] Pin : 재질의 위치를 재조정할 수 있습니다. 벽돌이나 타일 등 바닥이나 천장, 벽에 재질을 부여하여 한쪽으로 치우침 없이 균등하게 재질을 배치하고자 할 때 유용합니다.
- 파란색[배율/기울기-Scale/Shear] Pin : 재질의 수평 또는 수직 크기를 각각 조정하며, 재질의 기울기를 줄 수 있습니다.
- 노란색[비틀기-Distort] Pin : 재질의 한쪽을 넓게 또는 좁게 변형할 수 있습니다.

좌측 마우스 클릭 후 회전

❹ 녹색[배율/회전-Scale/Rotate] Pin을 클릭한 채로 움직여 재질의 크기와 방향을 변화시켜 봅니다. 재질의 방향은 특정점 찾기[Osnap] 기능의 작동으로 [15°]씩 회전시킬 수 있습니다. 키보드의 [ctrl] 버튼을 동시에 누르며 회전시키면 각도에 상관없이 자연스럽게 재질이 회전됩니다.

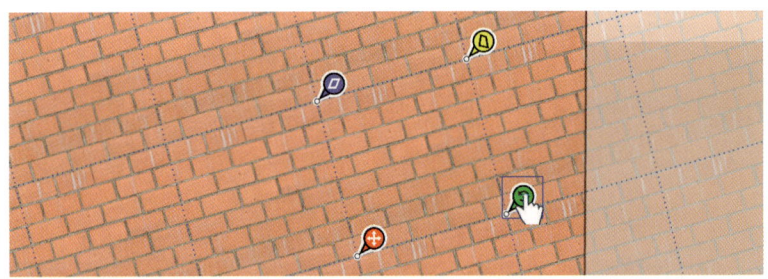

❺ 해당 재질에 대한 크기와 각도를 변화시킨 뒤 키보드의 [Enter] 버튼을 누르면 위의 그림과 동일하게 재질의 회전 변화가 완료됩니다.

[3-3] 재질[Materials] 수정[Edit] 창의 추가 기능 학습하기

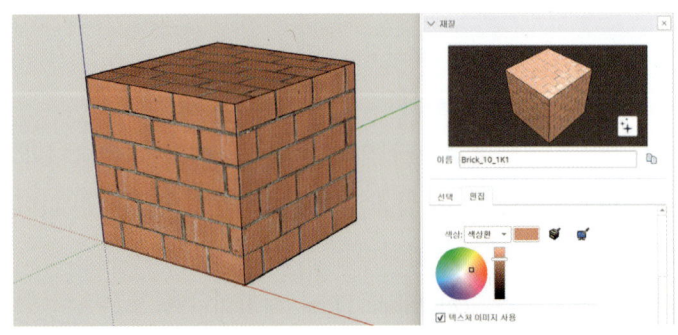

❶ 재질 만들기[Create Material ⊕] : 새로운 재질을 만들 수 있습니다. 현재의 재질

편집창 외 새로운 재질 편집창이 생성됩니다.

❷ 색칠할 재질을 기본값으로 설정[Set Material to Paint with to Default ◣] : 재질 편
집창의 모든 설정값을 초기화 값으로 변경합니다.

❸ 모델의 객체 색상 일치[Match Color of object in model 🗇] : 모델에 부여된 재질
의 주 색상으로 해당 재질의 색상을 변경합니다.

◎ TIP

재질을 설정할 때는 초기
화를 하고 시작하는 것이
작업의 능률을 올릴 수
있음

◉ 아래 예제를 참고합니다.

◎ TIP

[모델의 객체 색상일치]
로 바뀌어진 색의 톤을
되돌리고자 할 때는 동일
한 방법으로 아이콘의 바
로 앞의 재질을 클릭해
주면 본래의 색으로 되돌
아감

▼

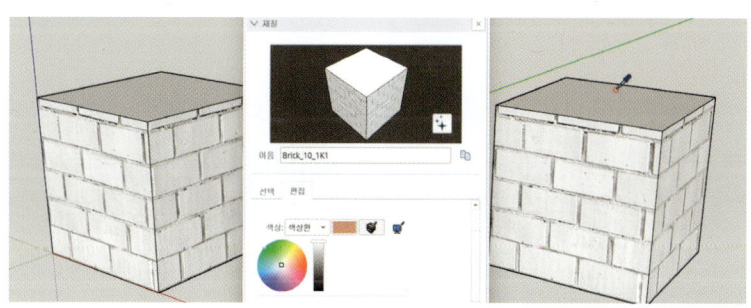

벽돌 재질이 부여된 상태에서 모델의 객체 색상 일치[Match color of object in Model
🗇] 도구를 활용하여 흰색의 면을 클릭한 결과 기존의 갈색 계열 재질의 톤이 위의
그림과 동일하게 변경됩니다.

❹ 화면에서 색상 일치 [Match color on Screen 🖳] : 현재 사용자의 화면상에 보여지
는 모든 색상을 가져옵니다.

◉ 아래 예제를 참고합니다.

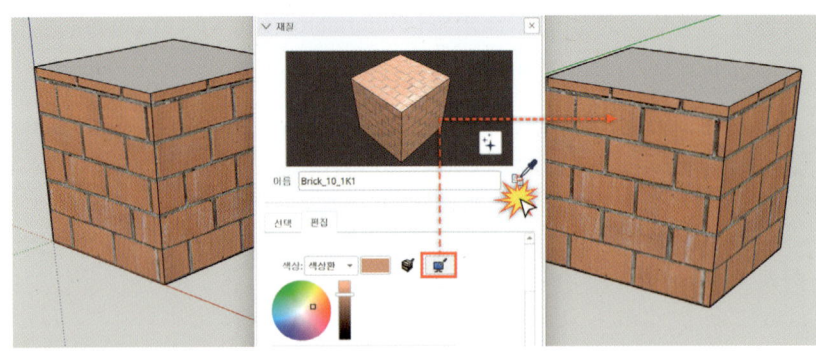

◎ TIP
[화면에서 색상일치] 도
구는 스케치업 실행 화면
어느 색이든 모든 색을
가져올 수 있음

◎ TIP
[화면에서 색상일치]로
바뀌어진 색의 톤을 되돌
리고자 할 때는 동일한
방법으로 아이콘의 바로
앞의 재질을 클릭해 주면
본래의 색으로 되돌아감

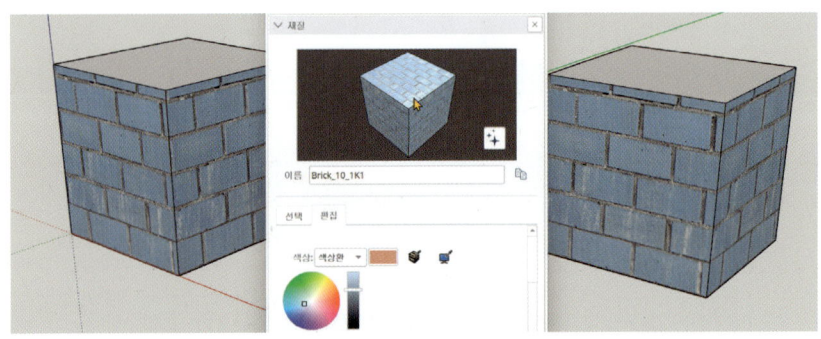

화면에서 색상 일치 [Match color on Screen 🖳] 도구로 화면상에 보이는 색 중 청색
을 선택한 결과 해당 재질이 청색 계열로 변화되었습니다.

◎ TIP
[요소정보]의 지정되어
진 재질을 클릭하면 [페
인트 선택]이라는 상자
가 나오며 재질의 편집
을 재질 트레이와 동일
한 방법으로 재조정할 수
있음

❺ 명암 조절[▤]바를 마우스로 움직이면 해당 재질의 명암이 조절됩니다.

◎ **TIP**
· [텍스터 이미지 사용]
을 체크 해제하면 지
정되었던 재질의 색상
만 남고 재질의 무늬
는 사라짐
· 다시 체크하면 이미지
를 선택할 수 있는 대
화상자가 열림

❻ **투명도 조절**[░░░░░░░░░░39] 바를 마우스로 움직여 해당 재질을 두명하세 만듭니
다. 유리나 물처럼 투명 재질을 표현할 경우 자주 활용됩니다.

MEMO

CHAPTER

03 화분 모델 작성

◎ TIP
• 원은 반경값을, 다각
  형은 내접 반경값을
  입력해야 함
• 원과 다각형 모두 각
  으로 이루어져 있는
  형태

화분 예제를 활용하여 원[Circle], 다각형[Polygon], 배율[Scale] 도구의 활용법에 대하여 알아봅니다.

❶ 원 [Circle ⊙] : 원형의 도형을 작성합니다. [단축키 C]

❷ 다각형 [Polygon ⬡] : 다각형의 도형을 작성합니다. [단축키 : 없음]

❸ 배율 [Scale 🔲] : 면이나 선, 객체 등을 회전시킵니다. [단축키 S]

❹ 위의 예제를 참고하여 다음 페이지에서 제시된 과정대로 학습해 봅니다.

화분 모델 작성 따라하기

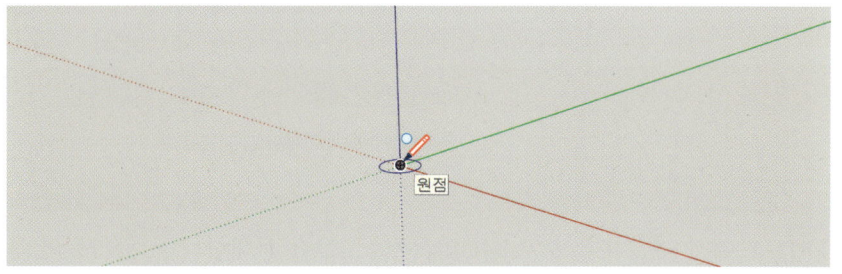

◎ TIP

측면수는 원을 작성하기
전에 재지정해야 하며 세
밀한 곡선의 형태를 만들
고자 한다면 측면수의 값
을 올려주면 됨

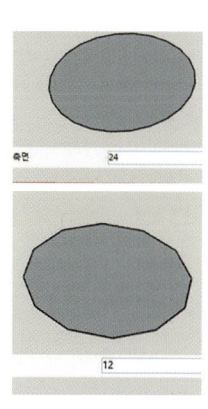

❶ 키보드에서 [C] 또는 원[Circle ⬩] 도구를 클릭한 후 세 축의 교차점에 마우스 좌
측 버튼으로 클릭하여 원의 중심점을 지정합니다.

❷ 수치 입력[VCB] 창에 원의 반지름 [250]을 입력하여 위 그림과 같이 작성합니다.

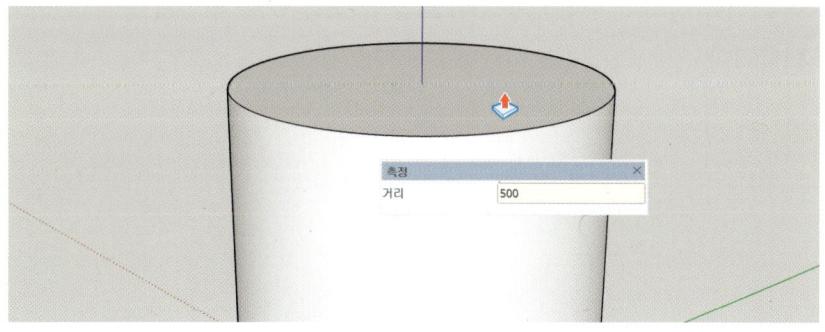

◎ TIP

원의 곡면은 곡선보다
직선들이 연결되어 있는
것으로 객체(요소)정보
에서 조각수의 값은 직
선의 개수를 조정하는
것임

❸ 키보드에서 [P] 또는 밀기/끌기[Push/Pull ⬩] 도구를 선택 후 해당 면을 클릭합
니다. 이어 높이 방향을 마우스로 지정 후 수치 입력 창에 [500]을 입력하면 위와
동일한 원형 기둥이 작성됩니다.

❹ 키보드에서 [F] 또는 오프셋[Offset 🗇] 도구를 선택합니다. 원기둥의 윗면을 클릭하고 마우스를 원의 내부로 움직인 후 수치 입력 창에 간격 [50]을 입력합니다.

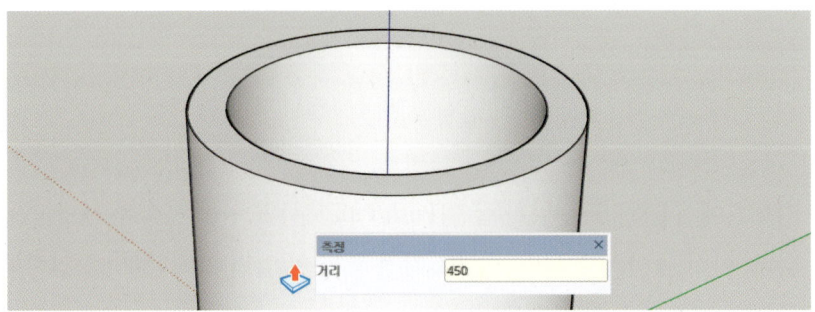

❺ 키보드에서 [P] 또는 밀기/끌기[Push/Pull 🔼] 아이콘을 선택 후 원기둥 상부의 내부 면을 선택합니다. 면을 아래로 조금 내린 후 수치 입력 창에 [450]이라고 입력합니다.

❻ 원기둥의 중앙부 면이 위의 그림처럼 내려앉아 비워지게 됩니다.

◎ TIP
오프셋 도구는 선이나 면에 일정한 간격을 띄워 복사할 때 사용하는 도구

◎ TIP
오프셋은 하나의 직선에는 사용할 수 없으며 두 개 이상의 선이나 면이 선택되어지면 도구를 사용할 수 있음

두 개의 선 클릭
-오프셋 할 수 있다

한 개의 선 클릭
-오프셋 할 수 없다

◎ TIP
면은 선택할 필요 없이 면 위에 마우스 포인터를 위치하면 오프셋을 실행할 수 있음

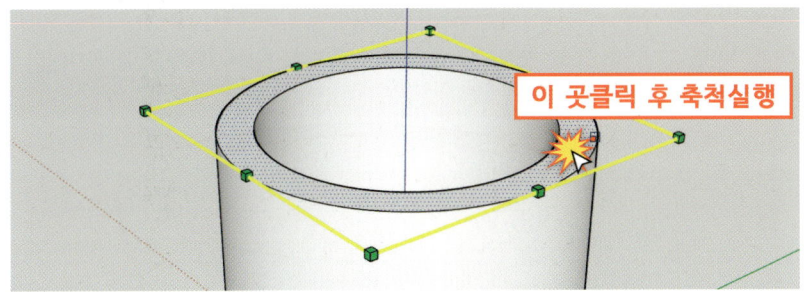

◎ TIP
밀기/끌기는 수치입력창
에 −의 음수 값을 입력
하면 정방향과 반대방향
으로 진행

❼ 키보드에서 [S] 또는 배율[Scale 🔳] 도구를 클릭한 후 원기둥 상부의 남겨진 면을 지정합니다. 지정과 동시에 크기를 조정하기 위한 8개의 녹색 포인트가 보이게 됩니다. 이 녹색의 개별 포인트를 마우스로 클릭 후 드래그[Drag]하여 크기를 재조정하게 됩니다.

◎ TIP
배율도구는 꼭지점에 있
는 녹색 포인트들을 클릭
하고 드래그하여 조절

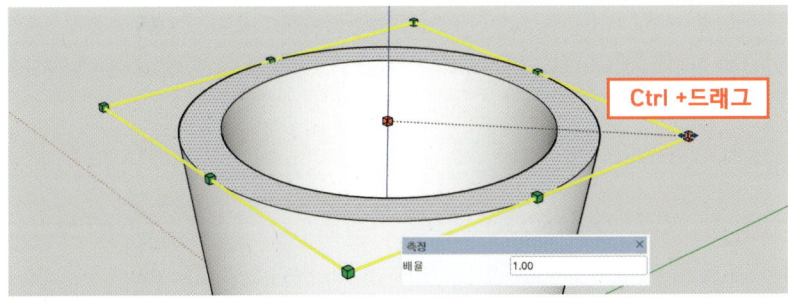

❽ 우측 하단의 녹색 크기 조정 포인트를 키보드의 [ctrl] 버튼을 누른 채 마우스 왼쪽 버튼으로 지정합니다. [ctrl]버튼을 누르는 이유는 선택면의 중심을 기준으로 균등하게 면의 크기를 조정하기 위함이며, [ctrl]을 누르지 않을 시 선택한 녹색 포인트의 반대편 녹색 포인트가 기준이 되어 면의 크기가 재조정됩니다. 현재 수치입력창은 [1.00]으로 나타납니다.

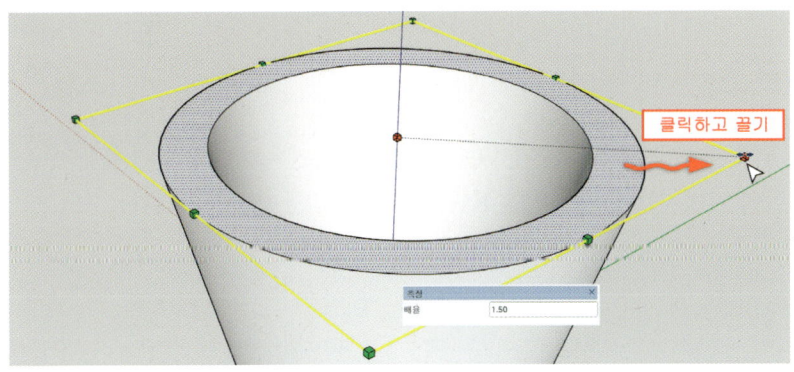

⑨ 우측 하단의 녹색 크기 조정 포인트를 키보드의 [ctrl] 버튼을 누른 채 마우스 왼쪽 버튼 지정 후 수치입력 창의 값이 [1.50]이 되도록 바깥쪽으로 끌어냅니다.

◎ TIP
모서리에 있는 녹색 조절
점을 클릭하여 드래그하
면 크기를 자유롭게 조절
할 수 있음

⑩ 키보드의 [esc] 버튼을 눌러 마무리하면 위와 동일한 화분이 만들어집니다.

⑪ 위의 이미지는 스케치업 V-Ray에서 렌더링한 이미지입니다.

02 원[Circle ⊙], 다각형[Polygon ⊙] 도구의 추가 기능 학습하기

스케치업에서 원[Circle ⊙]과 다각형[Polygon ⊙] 도구의 활용법은 유사합니다. 이와 관련하여 세부 내용을 알아보도록 합니다.

◎ TIP
원과 다각형은 중심점과 반지름값을 이용하여 작성함

[1] 원[Circle ⊙]과 다각형[Polygon ⊙]의 측면 수 조정하기

수치 입력 창에 면수를 선행 입력 후 원[Circle⊙]과 다각형[Polygon ⊙]의 중심점을 지정하면 면수에 해당하는 도형을 작성할 수 있습니다. 면수의 최소 개수는 3개입니다.

◎ TIP
원과 **다각형**은 같은 **측면 수**를 지정하고 작성하면 동일한 형태라고 볼 수 있으나 입체로 작성하면 다름

❶ 키보드에서 [C] 또는 원[Circle ⊙] 도구를 선택 후 수치 입력 창에 측면[Sides] 값 [5]를 먼저 입력합니다. 이어 축의 교차점에 원의 중심점을 지정합니다. 수치 입력 창에 반지름[Radius]값 [200]을 입력하면 면수가 조정된 해당 반지름의 도형이 작성됩니다.
원[Circle ⊙] 도구의 기본 면수는 24개이나 이에 대한 값[측면]을 높이면 더 부드러운 원을 작성할 수 있습니다.

◎ TIP
원의 입체는 측면이 자연스럽고 다각형은 측면이 각지게 나뉘어 보임

❷ 다각형[Polygon ⊙] 도구 또한 원[Circle ⊙] 도구와 동일한 방법으로 수치입력 창

에 측면 값을 먼저 입력 후 축의 교차점 또는 임의의 위치에 도형의 중심점을 지정합니다. 수치입력 창에 반지름[Radius] 값 [200]을 입력하면 위의 그림과 동일한 도형이 작성됩니다.

[2] 작성된 원[Circle ⊙]과 다각형[Polygon ⊙]의 측면[Sides] 수 재조정하기

이미 작성된 원, 다각형이라도 면수를 재조정하여 다양한 형태의 도형을 만들 수 있습니다. 면수 재조정 방법은 아래의 순서와 모두 동일합니다.

◎ TIP
원과 다각형을 선택하고 마우스 우측 버튼을 클릭하면 요소정보를 살펴볼 수 있으며 요소정보는 재질, 태그, 면적 등을 나타냄

❶ 원[Circle ⊙] 도구로 측면 수 [5], 반지름 [200]인 도형을 작성 후 키보드의 [Space]를 눌러 원[Circle ⊙] 도구에서 객체 선택[Select ▸] 도구로 변환 후 해당 도형의 외곽선을 선택합니다. 객체 선택 도구의 단축키는 [Space] 입니다]

◎ TIP
원과 다각형은 작성한 후에 요소 정보를 통해 반경과 측면의 수를 다시 재지정할 수 있음

❷ 마우스 우측 버튼을 누르면 확장 메뉴가 나타나며, 그중 요소정보[Entity Info]를 선택합니다.

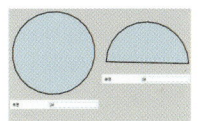

◎ TIP
호 도구도 원 도구처럼 측면의 값을 중심점을 작성하기 전에 설정할 수 있음

❸ 객체 정보[Entity Info]에서 조각[Segments] 항목의 값을 [5]에서 ▶ [12]로, 반경 [Radius] 항목의 값을 [200mm]에서 ▶ [150mm]로 변경 후 키보드의 [Enter]를 누릅니다. 즉시 해당 도형의 면수가 변경되는 것이 화면상에서 확인됩니다. 이외 태그[Tag] 항목과 반지름[Radius] 항목의 값을 변경할 수 있습니다.

[3] 호[Arc ◯]의 사용 따라하기

상단 메뉴 탭의 보기[View] ▶ 도구 모음[Toolbars]의 그리기를 불러옵니다. 그리기에서 호의 그리기 방법을 살펴봅니다.

❶ 호 : 중앙에서 2개의 점으로 호를 그립니다.

원의 중심에서 시작하여 각도 아이콘으로 1번째 시작점을 지정하고 다음 두 번째
끝점을 지정합니다.

◎ TIP

돌출부란 호(Arc)나 곡선
형태의 구조물을 설계할
때, 곡선 외부로 튀어나
온 부분 또는 돌출된 요
소를 의미함.

❷ 2점 호 : 돌출된 점 간에 호를 그립니다.

두 점을 지정하고 두 점을 잇는 호의 돌출부를 입력하면 호가 만들어집니다.

◎ TIP

3점 호는 시작점, 끝점,
통과점을 지정하여 정확
한 곡선을 직관적으로 생
성할 수 있어 비정형 구
조나 자유곡면 설계에 유
용함.

❸ 3점 호 : 호의 둘레에 있는 3점을 통해 호를 그립니다.

시작점을 지정하고 두 번째 점을 지정합니다. 그리고 나머지 한 점을 지정하여 호
를 그립니다.

◎ TIP
파이 도구는 원형의 일부 (부채꼴 형태)를 생성할 수 있는 도구로, 원을 부분적으로 잘라낸 형태의 2D 도형을 만들 때 사용함.

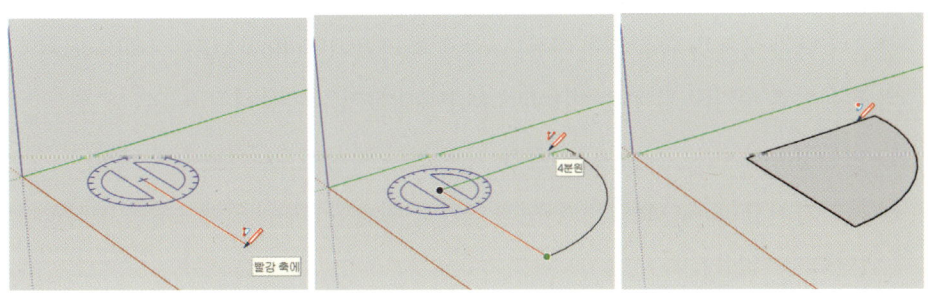

❹ 파이 : 중앙에서 2개의 점으로 폐쇄 호를 그립니다.

다른 호 그리기와 다르게 폐쇄된 면적이 함께 그려집니다. 중심의 한 점을 지정하고 두 번째, 세 번째 점을 지정합니다.

◎ TIP
파이는 길이와 각도의 값을 입력할 수 있음

❺ 파이 도구로 그린 객체를 선택하여 요소정보로 정보를 수정할 수 있습니다.

다른 형태의 호 그리기도 요소정보를 수정할 수 있습니다.

MEMO

CHAPTER

04 난간 모델 작성

발코니 난간 예제를 활용하여 이동[Move], 따라가기[Follow ME], 선택[Select] 도구의 활용법과 추가로 강제 추정[Inference]에 대하여 알아봅니다.

❶ 이동 [Move ✛] : 선택된 객체를 이동 또는 복사합니다. [단축키 : M]

❷ 따라가기 [Follow Me 🐾] : 단면과 경로를 활용한 3차원 입체도형을 작성합니다.
　[단축키 : 없음]

❸ 선택 [Select ▶] : 객체를 선택합니다. [단축키 : Space]

◎ **TIP**
이동 도구는 점, 선, 면 등 객체의 일부를 이동하면 객체의 형태를 변형시킬 수 있음

◎ **TIP**
따라가기 도구는 경로와 단면이 필요

❹ 위의 예제를 참고하여 다음 페이지에 제시된 과정을 학습해 봅니다.

난간 모델 작성 따라하기

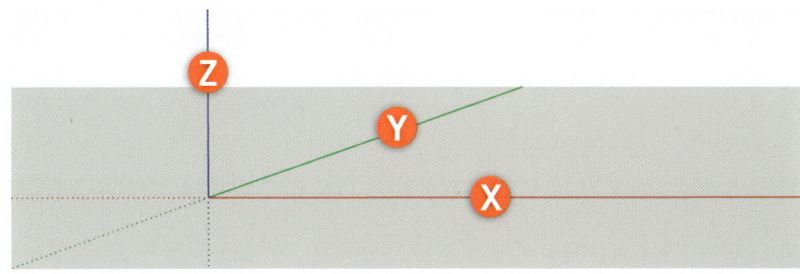

❶ 마우스의 휠을 누르고 있으면 궤도[Orbit ➕] 도구가 나타납니다. 마우스를 움직여 X축과 Z축이 주축이 되도록 화면 뷰[view]를 재설정합니다. 위의 그림에서처럼 [X, Z축]을 주 뷰[view]로 하고 Y축이 뒤편에 보이도록 축을 배치합니다.

❷ 직사각형[Rectangle ▱] 도구를 활용하여 세 축의 교차점에 시작점을 지정합니다. 이어 수치 입력 창에 [1550,200]을 입력하면 위의 그림처럼 X, Z축을 기준으로 세워진 사각형이 작성됩니다.

❸ 궤도[Orbit ➕] 도구를 돌려 앞서 그려진 사각형의 뒷면[진한 회색면]이 보이도록 합니다. 밀기/끌기[Push/Pull ⬆] 도구를 활용하여 뒷면을 선택합니다. 마우스를 녹색[Y] 축으로 움직인 후 수치 입력 창에 [50]을 입력하면 위의 그림과 동일하게 작성됩니다.

◎ TIP
궤도를 사용하려면 휠을
누른 후 드래그

❹ 마우스 휠을 누른 채 궤도[Orbit ✛] 도구를 움직여 화면 뷰[View]를 재설정합니
다. 직사각형[Rectangle ▱] 도구를 선택하고 사각형 도형의 좌측 상부 모서리점
을 시작점으로 지정합니다.

◎ TIP
궤도를 사용 후 객체가
보이지 않게 되었을 때
'Shift+Z'를   사용하면
화면의 중앙에 객체가
나타남

❺ 수치 입력 창에 [50,50]을 입력하면 위의 그림과 동일하게 작성됩니다.

◎ TIP
밀기/끌기를 사용하다가
이어진 새로운 객체를 작
성하려면 'Ctrl'을 눌러
+ 모양이 나타나도록 해
야 함

◎ TIP
스케치업은 좌표축에 선
이나 점을 그리도록 추
정하는 기능이 기본

❻ 밀기/끌기[Push/Pull ⬇] 도구를 선택하여 높이를 주고자 하는 면 상부에 위치시
킵니다. 키보드에서 [ctrl] 버튼을 누르면 밀기/끌기 도구 옆에 [+] 표시가 나타납
니다. 새로운 면을 추가하여 높이값을 부여할 수 있습니다.

⑦ 해당 면을 마우스 좌측 버튼을 눌러 선택합니다. 파란[Z] 축으로 해당 면을 위로 조금 높인 후 수치입력 창에 [900]을 입력합니다.

◎ **TIP**
작업 도중 모든 객체를 선택하고자 할 때는 'Ctrl +A'를 누름

⑧ [Space]를 누르면 선택[Select ▶] 도구로 변환되며 위의 그림과 동일하게 좌측 상단 ①번 지점을 마우스 왼쪽 버튼을 누른 채 ①번에서 ②번 지점 방향으로 사각형 영역을 지정합니다. 이를 Window[지정된 시각형 내의 완전히 포함된 객체를 선택] 선택이라 합니다.

◎ **TIP**
'Shift'를 누른 상태에서 클릭하면 객체를 선택하거나 해제할 수 있음

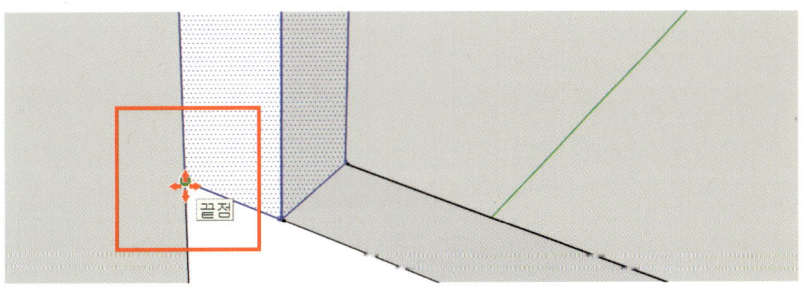

◎ **TIP**
객체의 일부를 이동도구로 이동시키면 객체를 변형시킬 수 있음

⑨ 이동[Move ✛] 도구로 선택된 객체의 좌측 아래점을 기준점으로 지정 후 키보드의 [ctrl]를 누릅니다. 이동 도구 옆에 [+]표시가 되면 객체 이동이 아닌 객체 복사

를 할 수 있는 상태가 됩니다. [+] 표시 유무는 [**ctrl**] 버튼으로 제어합니다.

◎ TIP
이동도구에 '**Ctrl**'를 함께
사용하면 복사도구가 됨

🔟 선택된 객체를 빨간[X] 축 방향으로 조금 이동시킨 후 수치입력 창에 거리값 [300]
을 입력하면 위의 그림과 동일하게 복사됩니다.

◎ TIP
이동도구는 복사하면서
수치입력창에 *n을 입력
하면 객체가 반복 복사됨

⓫ 동일한 간격으로 현재 복사된 객체를 포함한 5개의 객체를 다중 복사하기 위하여
수치 입력 창에 [*5]라고 입력합니다.

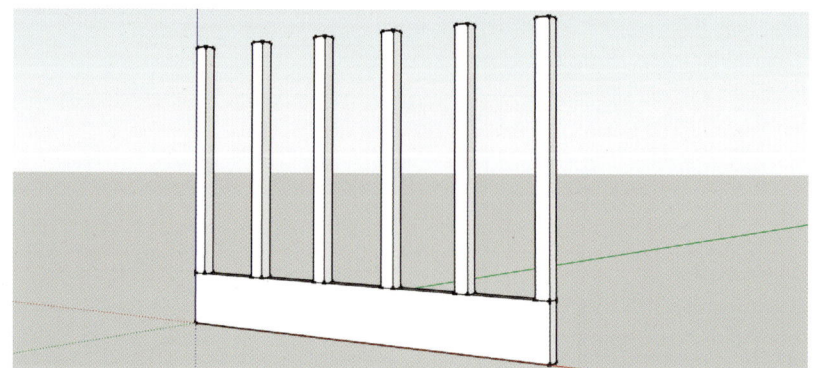

⓬ 위의 그림과 동일하게 동일한 간격으로 해당 객체가 다중 복사되어 작성되었습니
다.

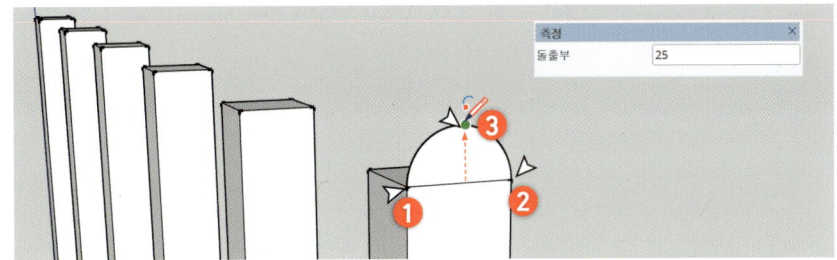

⑬ 호[Arc] 도구를 선택한 후 시작점 ①번과 끝점 ②번을 마우스 왼쪽 버튼으로 지정합니다. 호의 방향을 위로 지정 후 호의 돌출부[Bulge] 값을 수치입력 창을 활용하어 [25]로 입력합니다.

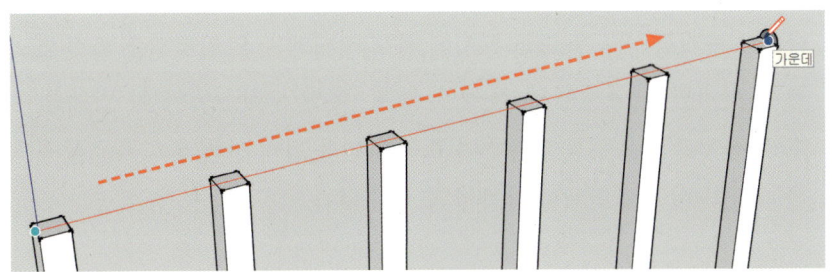

◎ TIP
선그리기를 마치고자 할 때에는 'esc'나 'space bar'를 누르면 선그리기를 마칠 수 있음

⑭ 선[Line] 도구를 활용하여 위의 그림과 동일하게 난간살 상부 중앙으로 가로지르는 선을 작성합니다. 스케치업은 자동 Osnap[특정점 찾기=추정 Inference] 기능이 활성화되지만, 화면이 작아 원하는 지점이 지정되지 않을 시 마우스의 휠을 바깥쪽을 돌리면 화면이 확대되어 원하는 지점을 보다 정확히 지정할 수 있습니다.

◎ TIP
면 생성을 위한 최소 선의 개수는 3개(삼각형)임.

⑮ 선택[Select] 도구로 변환합니다. 키보드의 [ctrl]를 누른 채 앞서 그려놓은 선을 각각 클릭하여 선택합니다. 이를 동시 선택[ ]이라 합니다. [ctrl + shift]를 누르면 선택한 객체를 개별 해제할 수 있습니다. 이를 선택 해제[ ]라 합니다. 경

로가 될 선의 선택이 완료되면 따라가기[Follow Me 🌀] 도구를 선택하여 호의 단면을 클릭합니다.

◎ TIP
따라가기는 경로와 단면이 필요

◎ TIP
따라가기는 경로를 기준으로 다양한 닫힌 형상을 적용할 수 있음.

⓰ 경로가 될 선의 선택이 완료되면 따라가기 [Follow Me🌀] 도구를 선택하여 호의 단면을 클릭합니다. 클릭과 동시에 선행 선택해 놓은 경로선을 따라 호의 단면이 튕겨 나가면서 예제에서 제시된 입체 객체가 작성됩니다. 반대로 따라가기 [Follow Me🌀] 도구를 활용하여 호의 단면을 먼저 선택 후 마우스를 움직여 경로를 따라가며 입체 객체를 만들 수도 있습니다.

⓱ 경로와 단면을 이용하여 따라가기[Follow Me 🌀]도구를 활용하면 예제와 같이 다양한 형태를 작성할 수 있습니다.

객체 선택 [Select ↖] 도구의 추가 기능 학습하기

[1] 마우스 연속 클릭 수에 따른 객체 선택하기

◎ TIP
모든 객체를 선택하고자
할 때는 'Ctrl + A'를 누름

선택[Select ↖] 도구는 마우스 왼쪽 버튼의 클릭 수에 따라 선택법이 달라집니다. ① 번 그림은 해당 면을 1회 클릭한 경우입니다. 단순히 해당 면만 선택됩니다. ②번 그림은 해당 면을 2회 연속 클릭한 경우입니다. 해당 면과 접한 선이 선택됩니다. ③번 그림은 해당 면을 3회 연속 클릭한 경우입니다.

◎ TIP
'Ctrl'을 누른 뒤 클릭하면
객체를 선택하는 것을 추
가로 할 수 있음

[2] Window 및 Crossing 선택 방법 살펴보기

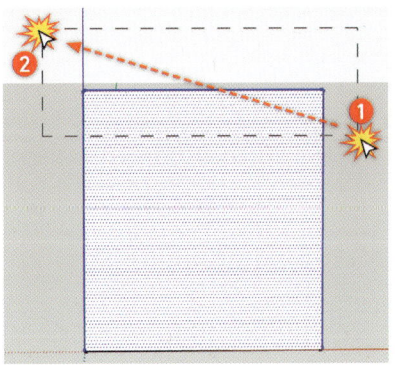

◎ TIP
모든 객체를 선택 해제하
려면 'Ctrl + T'를 누름

선택[Select ↖] 도구로 해당 면 또는 선을 개별 클릭하는 방법이 아닌 드래그[drag] 방법을 활용하여 동시에 다수의 객체를 선택할 수 있습니다. 드래그 방식에는 두 가지 [Window와 Crossing] 방법이 있습니다. [Window 방법]은 좌측에서 우측으로 드래그하는 방법이며, 사각형 영역에 완전히 포함된 객체만 선택하게 됩니다. [Crossing 방법]은 우측에서 좌측으로 드래그하는 방법이며, 사각형 영역에 포함되거나 걸쳐진 모든 객체를 선택하게 됩니다.

[3] [ctrl + A]와 [ctrl + T]를 활용한 전체 객체 선택 및 해제 방법 살펴보기

키보드에서 [ctrl + A]를 눌러 화면상에 작성된 모든 객체를 선택할 수 있습니다. 키

보드에서 [ctrl + T]를 눌러 화면상에 전체 선택된 객체를 모두 선택 해제할 수 있습

니다. 즉 [ctrl + T]는 [ctrl + A]의 반대 개념입니다.

[ctrl + A]를 눌러 전체 선택   [ctrl + T]를 눌러 전체 선택 해제

MEMO

CHAPTER

05 그룹[Group]과 구성요소[Component]

스케치업에서 그룹[Group]과 구성요소[Component]는 비슷해 보이지만 전혀 다른 특성의 객체입니다. 그룹이 단순히 다수의 모델을 하나로 묶어 관리해 주는 역할이라면 구성요소는 매우 다양한 기능을 가지고 있습니다. 대표적인 차이점에 대하여 알아보도록 하겠습니다.

01 그룹[Group] 따라하기

> ◎ TIP
> 그룹 만들기는 자주 사용하므로 단축키를 사용하는 것이 효율적이며 단축키로 'Ctrl + G'를 사용

❶ 직사각형[Rectangle ▨] 도구를 활용하여 위의 그림과 같이 입체 사각형 모델을 작성합니다.

> ◎ TIP
> 객체 전체를 선택하려면 클릭을 3번 하거나 전체를 드래그하여 선택함

❷ 선택[Select ▸] 도구를 활용하여 해당 모델을 선택합니다.

◎ TIP
객체를 그룹으로 생성하는 것은 관리를 용이하게 하거나 다른 도형을 그렸을 때 서로 영향을 주지 않게 하기 위한 것임

❸ 선택된 모델 위에 마우스를 두고 우측 버튼을 클릭하면 확장 메뉴가 펼쳐지며 메뉴 중 그룹 만들기[Make Group] 항목을 선택합니다.

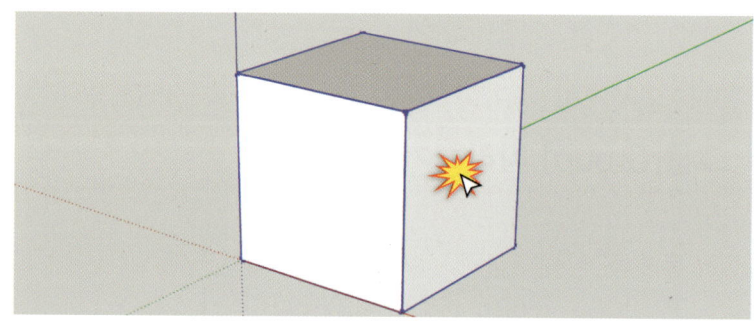

◎ TIP
그룹으로 되어 있는 객체의 편집은 객체를 더블클릭해서 객체의 편집모드로 작업해야 함

❹ 선택[Select ▸] 도구로 해당 모델을 클릭하면 각 면과 선들이 하나로 묶인 것을 알수 있습니다. 즉 그룹화 되었습니다.

◎ TIP
편집 완료 후 객체가 아닌 빈 곳에 클릭하면 편집모드에서 나오게 됨

❺ 이동[Move ✛] 도구 선택 후 키보드의 [ctrl] 버튼을 누르면 복사[Copy ✛] 도구로 변경됩니다. 이어 먼저 그룹화시킨 ①번 모델을 우측으로 하나 더 복사합니다.

⑥ 복사된 ②번 모델을 더블클릭하면 그룹을 수정[Edit Group]할 수 있습니다.

◎ TIP
그룹을 해제하려면 그룹 선택 후 마우스 우측 버튼을 클릭하여 [분해] 메뉴 클릭

⑦ 밀기/끌기 [Push/Pull ◆] 도구를 활용하여 그룹 수정 상태인 ②번 모델의 하나의 면을 선택하고 조금 당겨내어 봅니다.

◎ TIP
그룹으로 작성된 객체는 복사나 이동에 편리함을 줌.

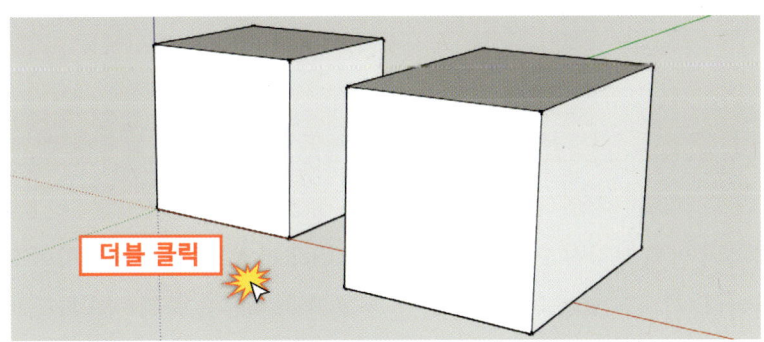

⑧ 키보드의 [Space]를 눌러 선택[Select ▶] 도구로 변환 후 화면 빈 곳을 더블클릭 하면 그룹 수정 상태에서 벗어납니다.

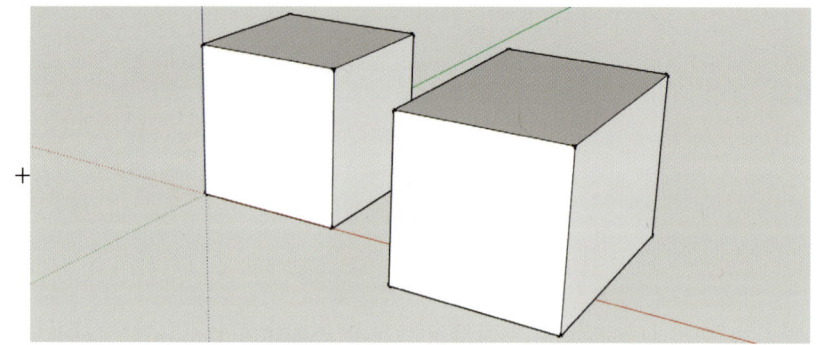

❾ 위의 결과에서와 같이 그룹은 단순히 개별 객체나 모델을 하나로 묶어주는 역할을
합니다. 그룹된 모델을 하나 더 복사하여 어떠한 수정을 하더라도 복사된 그룹들
의 모델은 함께 수정되지 않습니다.

이는 다음 내용에서 학습하는 구성요소[Component]와 구별되는 중요한 차이점
입니다.

02   구성요소 따라하기

❶ 하나의 입체 사각형 모델을 작성 후 선택[Select ▸] 도구를 활용하여 모델을 선택
합니다. 선택된 모델 위에 마우스를 두고 우측 버튼을 클릭하면 확장 메뉴가 펼쳐
지며 메뉴 중 구성요소 만들기[Make Component] 항목을 선택합니다.

구성요소 만들기[Create Component] 창이 나타나면 해당 구성요소에 이름을 부
여하고 하단의 만들기 버튼을 누릅니다.

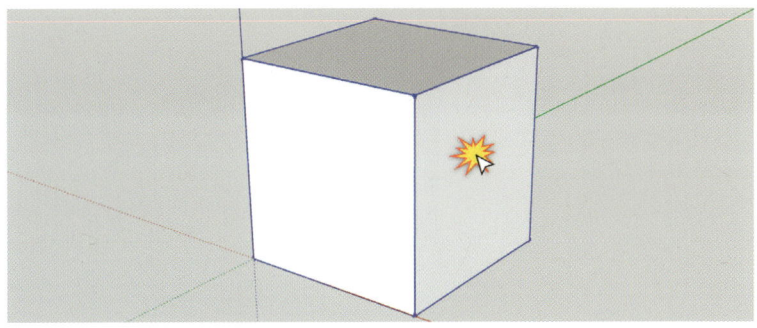

◎ TIP
객체 전체를 선택하려면
선택도구로 3번 클릭하
거나 'Ctrl + A'를 누르거
나 전체를 드래그하여
선택

❷ 선택[Select ▸] 도구로 해당 입체 모델을 클릭하면 각 면과 선들이 하나로 묶인 것
을 알 수 있습니다.

◎ TIP
• 일반적으로 복사하려
  면 'Ctrl'을 누르고 복사
• 객체 하나를 복사하면
  다시 'Ctrl'을 눌러야 하
  는 경우가 많음

❸ 이동[Move ✛] 도구 선택 후 키보드의 [ctrl] 버튼을 누르면 복사[Copy ✛] 도구
로 변경됩니다. 이어 구성 요소화된 ①번 모델을 우측에 하나 더 복사합니다.

❹ 복사 후 ②번 모델을 더블클릭하면 해당 구성요소를 수정[Edit Component] 할 수
있습니다.

❺ 밀기/끌기[Push/Pull 🔷] 도구를 활용하여 구성요소 수정 상태인 ②번 모델의 하나의 면을 선택하고 조금 당겨내어 봅니다.

더블 클릭

❻ 키보드의 [Space]를 눌러 선택[Select ↖] 도구로 변환합니다. 이어 화면 빈 곳을 더블클릭하면 구성요소 수정 상태에서 벗어납니다.

❼ 위의 결과에서와 같이 구성요소 모델을 하나 더 복사하여 수정하면 기존의 구성요소 모델이 함께 수정됩니다.

CHAPTER

06 아웃라이너[Outliner]의 활용

스케치업에서 작성된 그룹[Group]이나 구성요소[Component]는 아웃라이너[Outliner]
기능을 활용하여 사용자가 편리하게 관리할 수 있습니다.

01 아웃라이너[Outliner, 윤곽선] 기능 따라하기

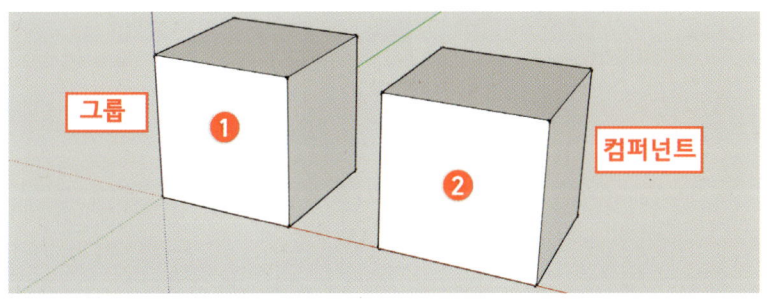

◎ TIP
아웃라이너는 그룹과 컴
포넌트의 계층구조를 트
리 형태로 보여줌.

❶ 두 개의 입체 사각형을 작성 후 ①번 모델을 그룹[Group], ②번 모델을 구성요소
[Component]로 각각 달리 지정합니다.

◎ TIP
작업영역 상에서 선택된
객체는 아웃라이너 트레
이에서 파랗게 선택되어
보이며 작업 영역의 화면
에서도 파랗게 하이라이
트 됨

❷ 스케치업의 [상단 메뉴바 ▸ 창[Window] ▸ 기본트레이[Default Tray] ▸ 아웃라이
너[Outliner] 메뉴]를 클릭합니다.

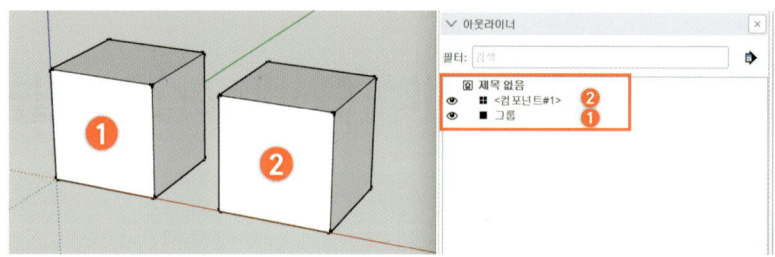

③ 아웃라이너[Outliner] 창 내에는 사용자가 작성한 그룹과 구성요소의 현황이 보입
니다. 아직 그룹과 구성요소에 명칭이 정해져 있지 않은 상태입니다.

④ 아웃라이너[Outliner]에서 컴포넌트#1[Component#1]을 선택 후 마우스 우측 버
튼을 누릅니다. 객체 정보[Entity Info]를 선택한 후 명칭 정의[Definition] 란의 내
용을 수정하면 컴포넌트에 특정 명칭을 부여할 수 있습니다. 명칭 수정 후 객체 정
보[Entity Info] 창 우측 상단의 닫기[×] 버튼을 누릅니다.

❺ 아이볼(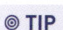)을 비활성화시키면 화면에 해당 아웃라이너(또는 태그)가 숨겨지게 됩니다.

◎ TIP
· 아이볼은 스케치업 2020에서 새로 등장한 용어
· 포토샵 레이어 기능의 아이볼과 사용 방법이 유사

❻ 아웃라이너를 다른 아웃라이너에 종속시킬 수도 있습니다.

종속된 아웃라이너는 같은 운명을 가지고 같은 작업을 함께 할 수 있습니다.

종속된 아웃라이너를 [🖼 제목 없음]으로 드래그(Drag)하면 종속된 것이 해제됩니다.

◉ 객체 정보 항목에 아웃라이너[Outliner]와 관련된 다양한 확장 메뉴가 있습니다. 아래 내용을 참고합니다.

◎ TIP
그룹과 구성요소를 해제할 경우는 해당 그룹 및 구성요소를 선택한 뒤 마우스 우측 버튼 클릭 통해 펼쳐진 메뉴에서 [분해] 클릭

컴포넌트(Component)   그룹(Group)

① 지우개[Erase] : 해당 그룹 또는 컴포넌트를 삭제합니다.

② 숨기기[Hide] : 해당 그룹 또는 컴포넌트를 화면상에서 숨겨주거나 다시 보여줍니다.

③ 잠금[Lock] : 해당 그룹 또는 컴포넌트를 수정하지 못하도록 잠그거나 다시 수정 가능하도록 잠금을 해제합니다.

④ 편집[그룹 편집 / 구성요소 편집[Edit Group / Edit Component]] : 해당 그룹 또는 구성요소를 수정합니다.

⑤ 분해[Explode] : 해당 그룹 또는 구성요소를 분해합니다. 분해하면 면과 선이 분리됩니다.

02 따라가기 [Follow Me 🌀] 도구의 추가 기능 학습하기

[1] 단면 선택 후 경로 지정법 살펴보기

◎ TIP
따라하기는 경로와 단면
이 존재해야 실행이 가능

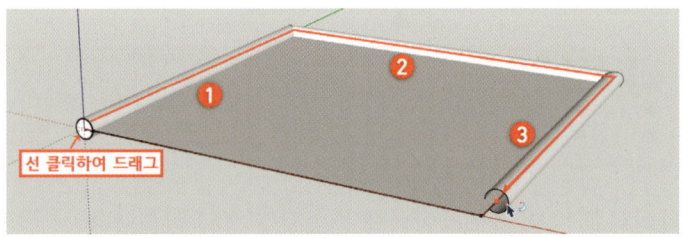

선 클릭하여 드래그

❶ X와 Y축을 기준으로 하는 직사각형[Rectangle ▱]을 작성합니다. 이어 사각형의 좌측 모서리에 X, Z축으로 세워진 원[Circle ◉]을 작성 후 따라가기[Follow Me 🌀] 도구로 원의 테두리선을 선택합니다. 이후 사각형의 경계선 ① ▶ ② ▶ ③ 순으로 따라가기[Follow Me 🌀] 도구를 움직이면 위의 그림과 동일한 원형의 입체 모델이 경계선을 타고 작성됩니다.

[2] 경로 지정 후 단면 선택법 살펴보기

◎ TIP
따라가기는 단면을 클릭
하고 경로를 따라 드래그
하며 실행하는 방법과 경
로를 먼저 선택한 후 따
라가기 아이콘을 클릭하
여 한 번에 실행하는 방
법이 있음

마무리는 단면클릭

❶ X(빨간축)와 Y(녹색축)축을 기준으로 하는 사각형의 좌측 모서리에 X, Z(파란축) 축으로 세워진 원형을 작성합니다. 이후 ① ▶ ② ▶ ③ 순으로 앞서 학습한 동시 선택[✛]으로 세 개의 연결된 선을 경로로 선택합니다. 따라가기[Follow Me ⌇] 도구로 원형의 단면을 선택하면 위의 그림과 동일하게 입체 모델이 작성됩니다.

[3] 따라가기[Follow Me ⌇] 도구 응용

  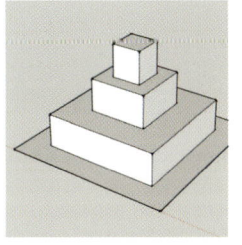

◎ TIP
객체의 일부분에 호를 그리거나 선을 그린 후 따라가기를 실행하며 모깎기를 하는 경우도 있음.

❶ 선택[Select ▶] 도구로 사각형 바닥면을 지정하여 면에 접한 테두리선을 경로로 지정합니다. 선택[Select ▶] 도구로 테두리선만 동시 선택[✛]해도 됩니다.

❷ 따라가기[Follow Me ⌇] 도구로 단면을 선택합니다.

❸ 단면의 형태가 경로를 따라 자동으로 입체 모델이 작성됩니다.

◎ TIP
단면을 작성한 후 원을 경로로 따라가기 도구를 실행하여 회전체를 작성할 수도 있음.

03 추정[Inference] 기능 학습하기

[1] 추정[Inference] 의미 살펴보기

스케치업에서 추정[Inference]이란 그리기나 모든 조작 과정에서 끝점[endpoint], 중간점[midpoint], 교차점[intersection], 중심점[center point], 반원[half circle], 빨강축[X축] 추정선, 녹색축[Y축] 추정선, 파랑축[Z축] 추정선 등 특정 방향이나 위치점을 정확하게 찾아서 보다 정밀한 작업을 실현하도록 도와주는 기능을 의미합니다. 스케치업의 특정점(Osnap)= [Inference, 추정] 기능이라고도 합니다.

◎ TIP
추정기능은 AutoCAD의 Osnap과 동일한 기능으로 모든 객체의 특정점을 찾아서 작업을 편리하게 함.

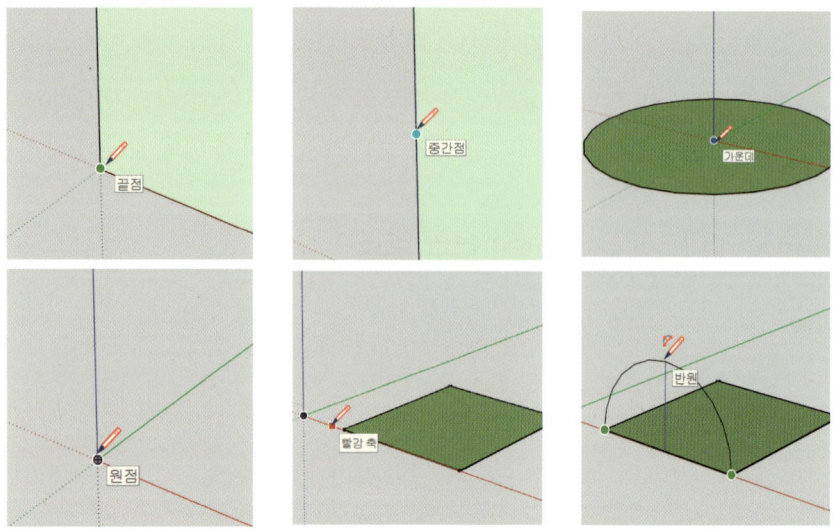

◎ **TIP**
원의 중심점이 제대로 추정되지 않을 경우는 마우스를 원의 외곽으로 잠시 움직였다가 다시 중심점 근처로 이동하면 쉽게 찾을 수 있음

[2] 축[Axis]에 대한 추정 잠금 따라하기

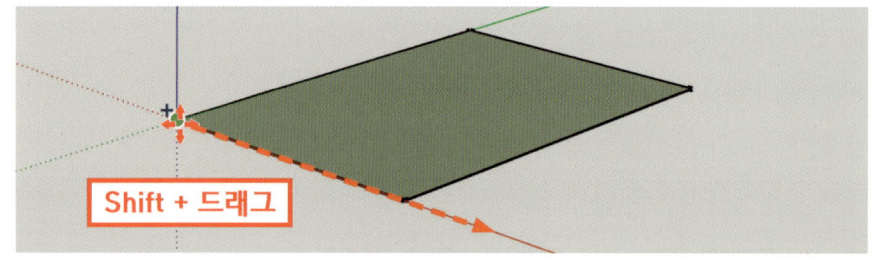

Shift + 드래그

◎ **TIP**
추정 기능의 방법으로 'Shift' 버튼과 함께 사용하면 추정 잠금의 기능을 사용할 수 있어서 축의 반경을 벗어나지 않도록 할 수 있음

세 축의 교차점[원점]을 기준으로 직사각형[Rectangle ▱] 도구를 활용하여 [2000, 2000]의 사각형을 작성한 후 전체 선택[ctrl + A] 합니다. 이동[Move ✛] 도구로 사각형의 모서리점을 기준점으로 지정합니다. 빨간축(X축) 방향으로 조금 이동을 시키면 [⬗빨강축] 메시지가 뜨며 이때 키보드의 [shift] 버튼을 계속 누르고 있으면 빨간축(X축) 방향의 점선이 두꺼워지면서 치우침 없이 정확하게 빨간축(X축) 방향으로만 이동 또는 복사를 할 수 있습니다. 이를 [추정 잠금]이라고 합니다. 동일하게 녹색축(Y축), 파란축(Z축)도 [shift] 버튼을 이용하여 해당 축의 [추정 잠금]을 할 수 있습니다. 또 다른 방법으로 키보드의 방향키를 활용하여도 됩니다. ➡[빨간축(X축) 잠금 추정], ⬅[녹색축(Y축) 잠금 추정], ⬆[파란축(Z축) 상부 방향 잠금 추정], ⬇[파란축(Z축) 하부 방향 잠금 추정] 방향키를 누르고 있으면 해당 축이 [추정 잠금]됩니다.

CHAPTER

07 톱니바퀴 모델 작성

톱니바퀴 모델 작성 예제를 활용하여 회전[Rotate ↻] 도구와 함께 카메라 기본 도구
에 대하여 알아봅니다.

❶ 회전 [Rotate ↻]: 개체를 회전시킬 수 있습니다. [단축키 : Q]

◎ TIP
회전 도구는 회전축의 추
정이 자동으로 이루어져
어려움 없이 객체의 회전
을 작성할 수 있음

❷ 카메라 [Camera Tool ✖ ⟲] : 작업화면의 확대, 축소, 이전보기[previous] 등의

기능을 제공합니다.

❸ 다음 페이지를 참고하여 회전 [Rotate ↻] 도구를 활용한 톱니바퀴 모델을 학습해
봅니다.

01 톱니바퀴 모델 작성 따라하기

◎ TIP

반 지름 500인 원을 그린 후 원의 외곽선에 반지름 100인 원을 그릴 경우는 추정기능의 원의 중심점 기능을 활용하면 쉽게 작성할 수 있음

❶ 원[Circle ◎] 도구를 선택하고 축의 교차점을 중심점으로 지정한 후 수치입력창에 반지름 [Radius]값 [500]을 입력하면 위의 그림과 동일해집니다.

◎ TIP

외곽선의 원을 지우려면 바깥쪽 원의 테두리를 클릭해야 안쪽의 반원 부분까지 함께 지워짐

❷ 빨간색[X] 축과 먼저 그려놓은 큰 원의 테두리선이 만나는 교차점에 원[Circle ◎] 도구를 활용하여 중심점을 지정한 후 수치입력창에 반지름[Radius] 값 [100]을 입력하면 위의 그림과 동일하게 작성됩니다.

❸ 지우개[Erase ◈] 도구를 활용하여 위의 그림과 동일하게 둥근 홈의 형태가 만들어지도록 주위의 선을 정리합니다.

대각선 방향으로 드래그

④ 선택[Select ▶] 도구의 [Window] 선택법을 활용하여 둥근 홈의 테두리 선을 선택하거나 직접 마우스로 홈의 테두리를 클릭하여 선택합니다.

◎ TIP
Ctrl을 누르고 회전하면 객체를 회전하면서 복사할 수 있음

원점

◎ TIP
Ctrl과 함께 *n을 입력하면 복사하는 각도와 지정한 객체의 수로 여러 개 복사할 수 있음

⑤ 키보드의 [Q]를 입력하거나 회전 [Rotate ↻] 도구를 선택하여 축의 교차점에 위치시킵니다.

◎ TIP
회전 도구를 제대로 사용하려면 먼저 0도인 시작점을 지정하고 하는 것이 정확함

빨강 축

⑥ 회전[Rotate ↻] 도구를 축의 교차점에 위치시켰다면 마우스를 활용하여 정확히 X축 방향 위에 회전 도구의 기준점을 지정합니다

◎ **TIP**

회전도구는 이동도구와
동일하게 점, 선, 면 등 객
체의 일부만 회전시켜서
객체의 형태를 변형시킬
수 있음

❼ 키보드의 [ctrl]을 누르면 회전 도구 옆에 [+] 표시가 나타납니다. 마우스를 움직여 회전 방향을 지정 후 수치입력창에 [30]을 입력하면 [30도] 각도에 선택 객체가 복사됩니다.

◎ **TIP**

• 톱니바퀴 모양을 만들
기 위해 반지름 100인
원의 일부분을 클릭하
고 회전해야 그 부분
이 회전하면서 복사

• 만들어진 객체 전체를
선택하고 회전 도구를
실행하면 얻고자 하는
형태를 얻을 수 없음

❽ 객체 하나가 복사되면 수치입력창에 즉시 [*12]라고 입력합니다. 처음 지정한 [30°] 각도를 기준으로 12개의 둥근 홈의 테두리가 복사되어 작성됩니다.

❾ 지우개[Erase ◇] 도구를 활용하여 위의 그림과 동일하게 둥근 홈의 형태가 되도록 주위의 선을 전체적으로 정리합니다.

◎ TIP
원의 내부면을 지우고 싶
을 경우는 원의 테두리선
을 클릭하고 지우면 선과
면이 모두 지워지므로 원
의 내부만 선택하여 지워
야 함

⑩ 세 축의 교차점에 원[Circle ⊙] 도구를 활용하여 중심점을 지정한 후 수치입력창
에 반지름 값 [300]을 입력하여 원을 작성합니다.

⑪ 선택[Select ▸] 도구를 활용하여 해당 원형의 내부 면을 선택한 후 키보드의
[Delete] 버튼을 누르면 해당 면이 지워지게 됩니다.

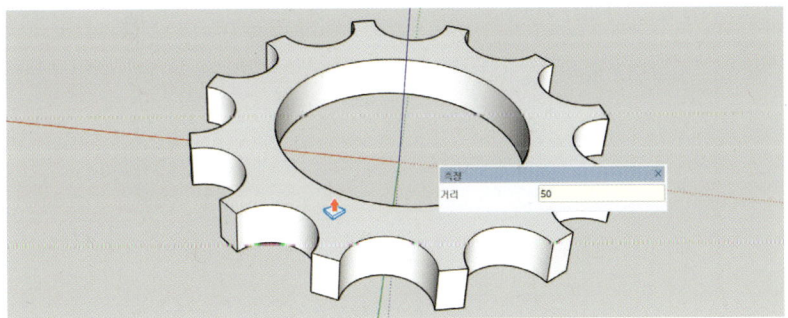

◎ TIP
밀기/끌기를 실행할 때
에는 정확한 수치를 입력
해주는 것이 바람직

⑫ 밀기/끌기[Push/Pull ✦] 도구를 활용하여 남겨진 면을 선택합니다. 마우스로 당
길 방향을 정하고 수치입력창에 [50]을 입력하면 위의 그림과 동일한 객체가 작성
됩니다.

02 카메라[Camera] 기본 도구 기능 학습하기

❶ ✛ 객체 관찰[Orbit] 도구

마우스 휠을 계속 누르고 있으면 화면에 관찰 아이콘이 나타납니다. 휠을 계속 누른 채 마우스를 움직여 화면을 돌려가며 작성된 객체를 관찰합니다.

❷ ✋ 화면 이동 [Pan] 도구

키보드의 [shift]와 마우스 휠을 누르면 화면상에 손바닥이 나타납니다. 이 기능을 활용하여 화면을 사용자가 편하게 이동해가며 객체를 작성할 수 있습니다.

◎ TIP
화면을 확대/축소 할 경우, 중심이 되고자 하는 객체에 마우스 커서를 가져다 놓고 움직이면 그 객체를 중심으로 확대/축소가 됨

❸ 🔍 화면 확대 • 축소 [Zoom] 도구

마우스 왼쪽 버튼을 누른 채 움직이면 화면이 확대 및 축소됩니다.

❹ 🔍 작성 객체 중심의 화면 조정 [Zoom Extents] 도구

◎ TIP
창 확대/축소 도구는 도구를 선택한 후 사각형을 그리면 그 부분이 확대됨

해당 아이콘을 클릭하거나 키보드에서 [Space + Z]를 누르면 사용자가 작성한 객체들이 화면에 자동으로 맞춰 보입니다. 객체가 화면에 없을 시 축[Axis]을 자동으로 정렬합니다.

◉ 아래 그림을 참고합니다.

[Space + Z] 적용 전   [Space + Z] 적용 후

⑤ 이전보기[Previous 🔄] 아이콘

스케치업은 항상 사용자의 작업 화면을 기억하고 있습니다. 이에 이전보기[🔄] 도구는 현재 사용자가 보는 화면 전 단계의 화면들을 보기 위하여 활용됩니다.

이전보기[🔄] 도구는 특히 추후 학습하게 될 스케치업 애니메이션 작업에서 유용하게 사용됩니다.

MEMO

CHAPTER

08 주택 정면 모델 작성

주택 정면도를 직접 만들어 보면서 스케치업의 축조[CONSTRUCTION] 도구에 대하여 알아봅니다.

◎ TIP
· 축조 그룹은 객체를 그리거나 편집하는 작업을 도와주는 도구들의 그룹
· 길이와 각도를 재고, 문자와 치수선을 삽입하며 축을 변경하여 임의의 축으로 변경하여 그 축에 맞도록 객체를 작성할 수도 있음

❶ 축조 그룹 [Construction Group] : 치수에 맞춰 보다 정교하고 세밀한 작업을 수행하기 위하여 스케치업에서 제공하는 도구들이 모여 있습니다. 치수, 안내선, 글자 기입, 각종 면적 및 인출선, 축의 재지정 등을 할 수 있습니다.

① 줄자 도구[Tape Measure] 도구 : 길이를 재거나 모델 작성 참조에 도움을 주는 안내선을 작성합니다.

② 치수[ ] 도구 : 작성 모델에 치수선 표현을 합니다.

③ 각도기[Dimension] : 각도를 재거나 경사 안내선을 작성합니다.

④ 텍스트[Protractor] : 면적, 길이 등과 관련되어 지시 문자를 작성합니다.

⑤ 단면[Section] 도구 : 단면 컷을 생성하여 내부 형상을 표시합니다.

⑥ 3D 텍스트[3D Text] 도구 : 두께 값이 있는 3차원 문자 모델을 작성합니다.

MEMO

❷ 위의 예제를 참고하여 다음 페이지에서 제시된 과정을 따라해 봅니다.

01 **주택 정면 모델 작성 따라하기**

◎ **TIP**
궤도 도구는 화면 중심
또는 클릭한 객체 기준으
로 회전

❶ 궤도[Orbit 💠] 도구를 활용하여 X, Z축으로 뷰[View]를 맞춘 뒤 직사각형
[Rectangle ⬚] 도구로 축의 교차점에 사각형의 시작점을 지정합니다. 수치입력
창에 [4000, 3000]을 입력하여 사각형 면을 작성합니다.

❷ 사각형의 면에 정확한 위치의 개구부[문과 창문]를 작성하기 위하여 키보드에서 [T]를 입력하거나 줄자 도구[Tape Measure 🔎] 도구를 직접 선택하여 사각형의 좌측 수직선을 클릭합니다.

◎ TIP
- 줄자도구로 가이드선을 넣을 때는 선으로 만드는 선 가이드와 점으로 만드는 점 가이드를 사용할 수 있음
- 선 가이드는 '**Ctrl**' 누른 후 객체의 모서리를 선택하고 수치입력 창에 수치를 입력
- 점 가이드는 '**Ctrl**' 누른 후 객체의 꼭지점인 점을 선택하고 수치입력 창에 수치를 입력

❸ 키보드에서 [**ctrl**] 버튼을 누르면 측정도구에 [+]가 표시됩니다. 먼저 선택한 수직선을 참조하여 안내선을 작성하고자 하는 방향으로 마우스를 움직인 후 수치입력창에 [200]을 입력하면 위의 그림과 동일한 점선의 안내선이 만들어집니다. [+] 표시가 없는 줄자[Tape Measure 🔎] 도구는 단순히 길이 측정도구로서만 활용 가능합니다.

◎ TIP
줄자 도구는 객체의 모서리를 지정한 후 방향을 잡아 주고 수치를 입력해야 함

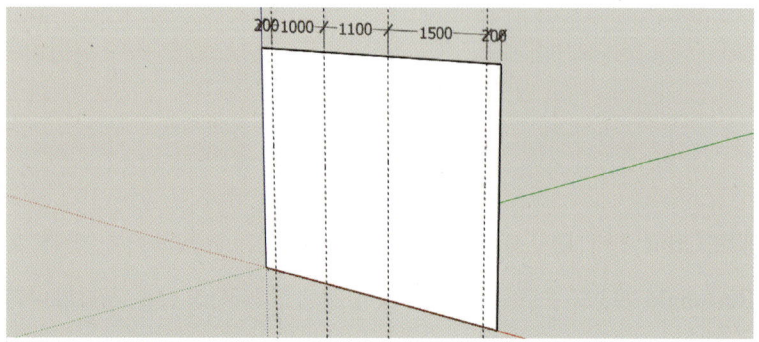

❹ 앞선 단계에서 학습한 방법으로 '사각형의 면' 예제에서 제시된 치수를 기준으로 안내선 작업을 위의 그림과 동일하게 진행합니다.

◎ **TIP**
각을 측정하고자 하는 면에 가져다 대면 추정 기능으로 면을 추정합니다. 이때 'Shift'를 누르면 그 면의 테두리선이 활성화되면서 각도기의 방향을 고정시킬 수 있음

❺ 각도기[Protractor ✐] 도구를 선택하고 사각형 면의 좌측 모서리점에 위치점을 지정합니다. 마우스를 움직여 X축(빨간축)으로 방향에 기준점으로 지정합니다.

❻ 마우스를 활용하여 위의 그림과 같이 경사 방향을 정하고 수치입력창에 [30]을 입력하면 [30]도 방향으로 경사 안내선이 점선으로 작성됩니다.

◎ **TIP**
각도기 도구도 줄자 도구처럼 가이드 선을 생성할 수 있음

❼ 각도기[Protractor ✐] 도구를 활용하여 반대편 모서리점을 지정합니다. 선행 학습한 방법과 동일하게 경사도 [30]의 안내선을 위의 그림과 동일하게 작성합니다.

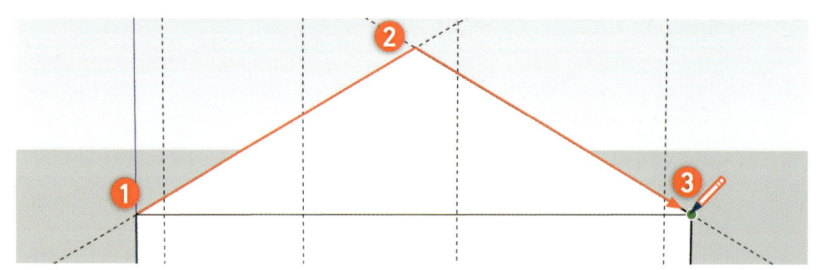

◎ TIP
면을 작성하려면 최소한 3개의 선이 모여야 함

❽ 선[Line ✏] 도구를 활용하여 선행 작성한 경사 안내선을 참고하여 선을 작성합니다. 위의 그림과 동일하게 삼각형의 면이 작성됩니다.

◎ TIP
선을 복사하려면 Ctrl 키를 누르면 작성할 수 있음

❾ 줄자 도구[Tape Measure 🔴]를 활용하여 작성해 둔 경사선을 클릭하여 안내선 작성 방향을 정한 뒤 키보드의 [ctrl]버튼을 누른 후 수치입력창에 [200]이라고 입력합니다. 위의 그림과 동일한 경사진 안내선이 작성됩니다.

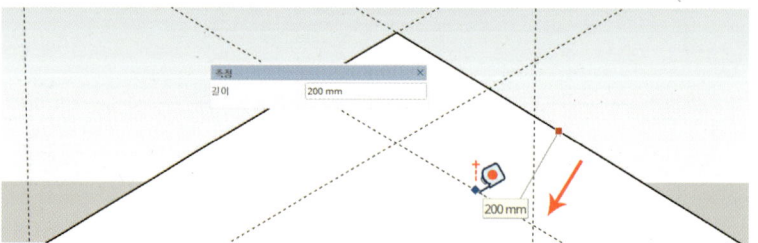

❿ 줄자 도구[Tape Measure 🔴]를 활용하여 반대편의 경사선을 클릭하여 선행 방법과 동일한 과정으로 [200] 간격의 안내선을 작성합니다.

◎ TIP
가이드선 위에 선과 사각
형으로 형태를 작성하여
사용

⓫ 사각형 면의 아래선을 기준으로 900간격의 안내선을 작성합니다.

◎ TIP
가이드선을 삭제하려면
가이드선을　클릭하여
'Delete' 키를 누르거나
지우개 도구를 사용

⓬ 줄자 도구[Tape Measure 🔴]와 각도기[Protractor ✏️]를 활용하여 완성된 전체적
인 안내선이 위의 그림과 동일한지 확인합니다.

⓭ 선[Line ✏️] 도구와 직사각형[Rectangle ◪] 도구를 활용하여 안내선의 교차점의
개구부 형태를 작성합니다.

⑭ 선택[Select ▶] 도구를 활용하여 ①번과 ②번 면을 동시 선택하고 키보드에서 [Delete] 버튼을 눌러 해당 면을 삭제합니다.

◎ TIP
재질 적용하는 🖐️의 단축키는 'B'

⑮ 페인트 통[Paint Bucket 🖐️] 도구를 활용하여 위와 동일하게 재질을 부여합니다.

◎ TIP
도구 사용 시 투명도, 색상, 재질의 크기, 변경 등의 설정이 가능하며 외부에서 이미지를 불러오기 할 수 있음

◎ TIP
선택 도구로 여러 면을 선택한 후 재질을 일괄 적용 가능

⑯ 경사선에 텍스트[Text ⬇️A¹] 도구를 활용하여 인출 문자의 위치점을 위의 그림처럼 ①번, ②번 순서대로 클릭합니다. ③번째 순서에서 문자를 변경하고 할 경우 직접 [각도 30]이라고 입력 후 키보드의 [Enter]를 두 번 입력합니다.

◎ TIP

치수 도구는 선택된 **2점**을 기준으로 객체의 **치수**를 기입하여 표시할 수 있는 도구
객체를 편집하여 치수가 변경되면 객체의 치수가 함께 변경됨

⓱ 치수[Dimension ✕]도구와 텍스트[Text ▭ᴬ¹]도구를 활용하여 완성된 전체적인 치수선 작업이 위의 그림과 동일한지 확인합니다.

◎ TIP

치수선을 작성한 후 변경 사항이 발생할 경우에는 치수와 치수선을 클릭한 후 우측 버튼의 요소정보에서 수정이 가능

⓲ 텍스트[Text ▭ᴬ¹] 도구는 단순히 인출 문자를 기입하는 기능 이외에 다양한 문자 기입 기능을 담고 있습니다. 면 또는 가장자리(Edge)에 따라 면적, 길이, 현의 길이 등의 다양한 문자를 기입할 수 있습니다.

치수선의 스타일 재지정 살펴보기

우측 마우스 클릭

TIP
문자도구는 문자만을 삽
입할 수도 있고 문자와
함께 인출선을 삽입할 수
있음

❶ 스타일을 재지정하고자 할 경우, 치수선을 선택하고 마우스 우측 버튼을 클릭하
면 확장 메뉴가 펼쳐집니다.

❷ 확장 메뉴에서 객체 정보[Entity info]를 선택합니다.

TIP
치수도구의 치수문자를
변경하고자 할 경우는 모
델 정보의 텍스트 부분을
수정하여도 됨

❸ 선택된 치수의 객체 정보[Entity Info]에서 사용자는 치수선의 세부 형식을 재조정
할 수 있습니다.

아래의 내용을 참고하세요.

① 태그(Tag) : 치수선의 태그를 변경할 수 있습니다. 추후 학습하게 됩니다.

② 글꼴 변경(Change Font) : 글자의 형식, 굵기, 크기를 변경합니다.

③ 숨기기(Hidden) : 숨기기 항목에 체크하면 치수선이 화면상에서 숨겨집니다.

④ 텍스트(TEXT) : 기존 문자 내용을 확인 및 변경이 가능합니다.

⑤ ㉠ 화면에 맞춤(Align to screen) : 화면 뷰[view]에 맞춰 자동으로 치수 문자가 정렬됩니다.

　㉡ 치수에 맞춤(Align to dimension) : 세 가지 스타일로 문자가 정렬됩니다.

　　[위(Above) : 치수선 위 위치 문자 / 가운데(Centered) : 치수선 중간 위치 문자 / 외부(Outside) : 치수선 외부 위치 문자]

　㉢ 텍스트 위치(Text Position) : 문자의 위치점을 재지정합니다.

　　[외부시작(Outside Start), 가운데(Centered), 외부 끝(Outside Start)]

　㉣ 끝점(Endpoints) : 치수선의 화살촉 스타일을 재지정합니다.

03 단면 [Section Plan ⬦] 도구 따라하기

객체의 절단면을 보여주는 것으로서 단면[Section Plan ⬦] 도구를 활용하여 건축물에 대한 상하 좌우의 축조 과정을 애니메이션으로 구현할 수 있습니다.

◉ Section Plan 적용 전

🔴 Section Plan 적용 후

❶ 단면[Section Plane ⊕] : 모델의 내부 상세 정보를 표시하기 위해 단면을 그립니다.

❷ 단면 표시[Display Section Planes 🔲] : 단면 평면을 표시합니다.

❸ 단면 컷 표시[Display Section Cuts 🔲] : 단면 컷을 표시합니다.

❹ 단면 채우기 표시[Display Section Fill 🔲] : 단면 채우기를 표시합니다.

❺ 가로[2000], 세로 [1500], 높이[600]의 사각형을 작성 후 윗면을 Offset으로 [200]을 주어 내부를 비워주는 형태를 작성합니다.

◎ TIP
축을 원래의 상태로 되돌릴 경우에는 우측 버튼을 누르고 재설정을 클릭

❻ 단면[Section Plan ⊕] 도구를 활용하여 단면이 시작되는 면을 마우스 좌측 버튼

을 눌러 지정하고 단면의 이름을 설정합니다.

◎ **TIP**
원점 클릭하고 **X**축 방향 지정, 그리고 **Y**축방향을 지정하면 원하는 축으로 변경

❼ 지정된 단면[Section Plan] 표시는 진한 노란색으로 표시가 됩니다.

◎ **TIP**
축 도구는 Auto CAD의 UCS와 동일한 기능

❽ 이동[Move ✛] 도구를 선택하여 위 그림에서와 같이 절단면 안내선을 클릭합니다. 클릭과 동시에 단면 작성선이 청색으로 변하면서 움직입니다. 이어 마우스를 움직여 사용자가 원하는 위치의 단면을 찾아볼 수 있습니다.

❾ 사용자가 원하는 지점에 절단면 안내선을 멈추고 마우스 좌측 버튼을 누르면 확장 메뉴가 펼쳐집니다.

① 지우기(Hide) : 단면 작성선이 화면상에서 숨겨집니다.

② 반전(Reverse) : 절단면 안내선을 기준으로 현재의 보이는 객체는 사라지고 반대
  편의 사라진 객체가 보입니다.

③ 활성 컷(Active Cut) : 절단면 안내선을 그대로 둔 채 사라진 객체가 보입니다.

④ 뷰 맞춤(Align View) : 단면을 위주로 단면에 대한 정면 화면으로 정렬합니다.

: 단면 작성선이 보이거나 보이지 않도록   : 단면 작성선 기준으로 잘려진 부분을 보이
  합니다.   거나 보이지 않게 합니다.

: 단면 작성선이 검은색의 채워진 공간이거나 단면이 작성하기 전 형태가 되도
  록 합니다.

⑩ 상단 메뉴 ▸ 파일[File] ▸ 내보내기[Export] ▸ 단면 분할[Section Slice] 하여

CAD 파일로 내보내기[Export] 합니다. 옵션에서 CAD 파일의 버전을 지정할 수 있습니다. CAD 파일에서 단면도를 실행하여 작업할 수 있습니다.

⑪ CAD 파일의 제목과 버전 등을 지정하여 내보내기 합니다.

⑫ CAD를 실행하여 작성된 단면도를 확인 및 활용할 수 있습니다.

MEMO

04 3D 텍스트[3D 텍스트 배치(Place 3D TEXT) A] 살펴보기

❶ 3D 텍스트[3D TEXT A] 도구를 클릭하면 위의 창이 나타납니다.

❷ 텍스트 입력[Enter text]이라고 쓰인 부분에 마우스를 클릭하면 사용자가 원하는 문자를 작성할 수 있습니다.

❸ 글꼴[Font] 항목에서 문자의 스타일을 정합니다.

❹ 보통[Regular] 항목에서는 문자의 두께를 정합니다. 굵게[Bold]를 선택하면 문자의 두께가 굵어집니다.

❺ 맞춤[Align] 항목에서는 문자의 정렬 방식을 정합니다. [좌측/중앙/우측]

❻ 높이[Height] 항목에서는 문자의 높이를 정합니다.

❼ 형식[Form] 항목에서는 채움[Filled]에 대한 체크 항목이 있습니다. 체크가 해제되면 3차원 문자가 만들어지지 않습니다. 또한 바로 옆 돌출[Extruded] 항목이 사라집니다.

❽ 채움[Filled] 항목이 체크되면 돌출[Extruded] 항목이 활성화되며 3차원 입체 돌출 값을 줄 수 있습니다.

❾ 옵션 설정이 마무리되면 배치[Place] 버튼을 클릭하여 사용자가 원하는 지점을 클릭합니다. 클릭 즉시 해당 문자가 화면상에 나타나게 됩니다.

◎ **TIP**
밀기/끌기 도구로 문자의 높낮이를 조절해 주면 문자가 입체에 음각을 줄 수도 있음

⓾ 작성된 3D 텍스트는 구성요소[Component]로 잡혀 있으므로 개별 글자를 선택할 수 없습니다. 이 경우 마우스 왼쪽 버튼으로 더블클릭하여 구성요소 편집[Edit Component]으로 들어가 선택하거나 마우스 오른쪽 버튼을 눌러 분해[Explode] 항목을 클릭하면 모든 글자가 개별로 분리됩니다.

MEMO

CHAPTER

09 걷기[Walkthrough] 도구

스케치업에는 걷기[Walkthrough] 기능이 있어 건물 내부와 외부, 그 주변을 가상으로 돌아다녀 보는 기능은 물론 특히 둘러보기[Look Around] 기능을 활용하여 실제 사람이 눈을 들어 사물을 보는 듯한 특정 장면을 연출할 수 있습니다.

❶ 카메라 위치 지정 [Camera Position 🏃] : 카메라의 위치를 정할 수 있습니다.

❷ 걷기[Walk 🏃] : 이동하려는 곳을 길게 클릭하여 모델 사이를 이동합니다.

❸ 둘러보기 [Look Around 👁] : 정지된 시점에서 모델을 둘러봅니다.

❹ 시야 [Field of view ◁] : 스케치업 카메라의 각도를 변경하여 모델을 더 표시하거나 덜 표시합니다.

01 카메라 위치[Camera Position 🏃] 도구 따라하기

❶ 가로 및 세로 [20,000]의 사각형 면을 작성 후 위의 그림을 참고하여 면을 나누어 높이 [3,000 이상]의 서로 다른 네 개 박스를 작성합니다.

❷ 카메라 위치 지정[Camera Position 📷] 도구를 선택하여 위의 그림과 동일한 지점에 마우스 좌측 버튼으로 지정합니다.

◎ **TIP**
카메라 위치지정은 화면 상의 한 지점을 클릭하여 사람이 위치할 곳을 지정하고 눈높이를 입력

◎ **TIP**
카메라 위치지정 도구를 사용하면 자동으로 둘러보기 도구가 활성화

❸ 지정 위치점으로 화면 이동되며 스케치업 작업 화면에 눈동자[eye 👁] 도구가 나타납니다.

MEMO

02 둘러보기[Look Around 👁] 도구 따라하기

◎ TIP
둘러보기 도구는 사람이
고정된 위치에서 건물과
주위환경을 둘러보는 듯
한 효과를 줄 수 있음

❶ 화면상에 눈[eye 👁]이 표시되면 수치입력창의 눈높이[Eye Height] [1500]을 입력합니다. 장면을 보는 눈의 높이가 [1500]으로 정해진 화면이 보이게 됩니다.

◎ TIP
원하는 방향으로 화면을
움직일 수 있음

❷ 마우스의 좌측 버튼을 누른 채 위로 올리면 두 눈 또한 함께 따라 올라가며 마치 고개 들어 보는 듯한 장면이 연출됩니다.

◎ TIP

이동 도구는 사람이 공간을 걸어다니는 듯한 효과를 볼 수 있으며 방향과 속도를 조절할 수 있음

❸ 마우스를 좌우로 움직이면 마치 고개를 돌려 보는 듯한 장면도 연출할 수 있습니다.

03 걷기[Walk 🚶] 도구 따라하기

인터넷 게임이나 가상현실에서 주로 사용하는 걷기 도구와 동일하게 도시의 도로, 골목 등의 거리나 건물 내부를 마치 사용자가 걸어보는 듯한 느낌을 주어 작업 모델에 대한 가상적 체험을 가능케 하여 줍니다.

◎ TIP

간혹 진행할 수 없다는 경고 아이콘이 나타나지만 '**Alt**'를 누르고 클릭 드래그하면 장애물 없이 건물내부로 이동하는 효과를 볼 수 있음

❶ 눈동자를 정면으로 향하도록 마우스를 활용하여 조정합니다.

◎ TIP
'Ctrl'을 누르고 클릭 드래그하면 화면이 이동 속도가 빨라져 사람이 달리는 듯한 느낌을 받을 수 있음

◎ TIP
'Shift'를 누르고 클릭 드래그하면 눈높이의 시점이 상하로 움직이면서 계단을 올라가고 내려가는 듯한 효과를 볼 수 있음

❷ 이동[Walk 🚶] 도구를 선택한 후 화면의 이동 목표점을 클릭합니다. 화면에 목표점(＋) 표시가 나타나면 키보드의 방향키 [↑]를 계속 누르면 앞으로 전진합니다. 키보드 방향키는 걷는 방향을 제어합니다.

① ↑ 앞으로 움직이기

② ← 좌측으로 움직이기

③ → 우측으로 움직이기

④ ↓ 뒤로 움직이기

⑤ ctrl ＋ ↑ 빨리 달리기

⑥ shift ＋ ↑ 하늘로 올라가기

⑦ shift ＋ ↓ 지하로 내려가기

❸ 이동[Walk 🚶] 도구를 활용하여 걷다가 벽 등의 수직 물체에 가로막히게 되면 정지[🚶] 아이콘이 나타납니다.

MEMO

03

주제로 배워보는
기본 도구 학습 II

SketchUp

CHAPTER

01 솔리드[Solid] 도구

스케치업은 기존 스케치업과 다른 솔리드[Solid] 도구를 가지고 있습니다. 스케치업
에서 작성된 객체가 반드시 그룹[Group] 또는 구성 요소[Component]화 되었을 때 비
로소 솔리드 도구를 활용할 수 있습니다

❶ 외부 셀[Outer Shell] 도구

합집합 도구와 동일한 수행 방식이지만 외부 셀을 기준으로 결합이 되고 내부의
도형은 일괄 제거됩니다.

❷ 교차[Intersect] 도구

상호 교차된 두 도형의 관계에서 겹쳐진 도형 영역만 남기고 나머지 도형 영역이
제거됩니다.

❸ 결합[Union] 도구

상호 교차된 두 도형을 결합시킵니다. 내부 겹치는 도형은 결합되지만, 겹쳐 지지
않는 부분은 그대로 남겨진다는 것이 외부 셀 도구가 구별되는 차이점입니다.

❹ 빼기[Subtract] 도구

상호 교차된 두 도형 중 두 번째 선택된 도형에서 첫 번째 선택된 도형이 제거됩니다.

❺ 트리밍[trim] 도구

상호 교차된 두 도형 중 첫 번째 선택된 도형에서 두 번째 도형의 겹쳐진 도형 영역
만 첫 번째 도형과 결합시키고 두 번째 나머지 도형 영역은 그대로 유지됩니다.

❻ 분리[Split] 도구

상호 교차된 두 도형에서 겹쳐진 도형 영역을 개별 도형을 작성합니다. 결과적으
로 세 개의 개별 도형이 분리되어 작성됩니다.

◎ **TIP**
외부 셀 도구 적용에 의
한 단일 객체 내부 빈 공
간의 변화

◎ **TIP**
결합 도구 적용에 의한
단일 객체 내부 빈 공간
의 변화

01 외부 셸[Outer Shell 🔲] 도구 따라하기

❶ 직사각형[Rectangle ✏️] 도구를 활용하여 위의 그림과 같이 하나의 사각형을 작성합니다. 사각형의 크기는 [3000, 3000]입니다.

◎ TIP

면과 선을 하나로 묶기 위해서는 [그룹 만들기]와 [구성 요소 만들기]를 활용. 자세한 내용은 **98 Page**를 참조

◎ TIP

동일한 형상을 내부에 작성할 경우 [오프셋] 도구를 활용하면 더욱 편리

❷ 선택[Select ▶] 도구로 사각형 전체를 선택 후 마우스 우측 버튼을 클릭하면 확장 메뉴가 펼쳐집니다. 확장 메뉴에서 그룹 만들기[Make Group]를 선택합니다. 그룹 만들기[Make Group]를 실행하면 선택된 사각형의 면과 테두리선 등이 하나로 묶입니다.

❸ 직사각형[Rectangle ✏️] 도구를 활용하여 위의 그림과 같이 하나의 사각형을 추가로 기존 사각형 내부에 임의의 크기로 그립니다.

④ 선택[Select ▶] 도구로 내부 사각형을 연속 2회 클릭하면 내부 사각형 전체가 선택됩니다. 이후 마우스 우측 버튼을 클릭하여 그룹 만들기[Make Group]를 선택합니다.

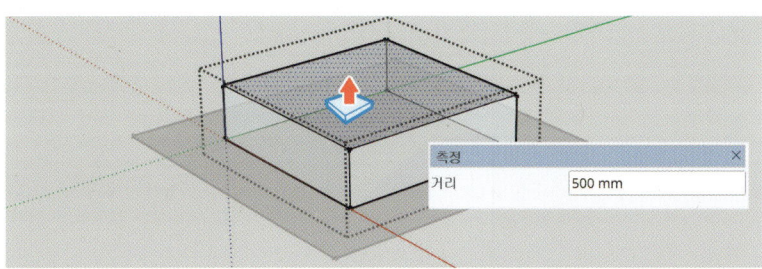

◎ TIP
아웃라이너 트레이에서 해당 그룹을 더블클릭하면 편집 상태로 변경 가능

⑤ 선택[Select ▶] 도구로 내부 사각형 면을 더블클릭하면 그룹 수정[Edit Group] 상태가 됩니다. 밀기/끌기[Push/Pull ⬆] 도구를 활용하여 내부 사각형 면을 선택하고 방향을 위로 지정한 상태에서 수치입력창에 [500]을 입력합니다. 선택[Select ▶] 도구로 외부 빈 공간을 더블클릭하면 그룹 수정 상태에서 벗어납니다. 동일한 방법으로 외부 사각형의 면을 선택하여 수치입력창에 [1000]을 입력한 후 그룹 수정 상태에서 벗어나도록 합니다.

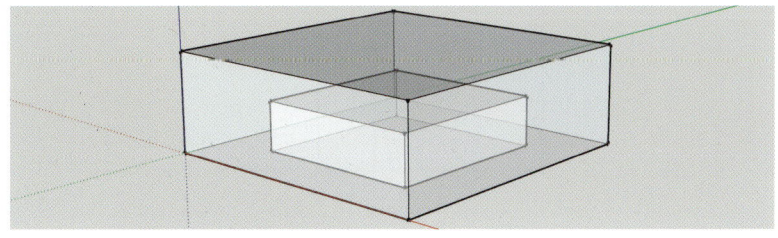

⑥ 스타일 [Styles ⬢◉◍⬡⬢◉⬢] 도구 X선 버튼을 클릭하여 외부와 내부의 그룹화된 두 도형의 생성 여부를 확인합니다. 스타일[Styles] 도구 창이 없을 경우 하면 [상단 메뉴] ▶ 보기[View] ▶ 도구모음[Toolbars] ▶ 스타일[Styles]을 체크하면 화면에 나타납니다.

❼ 선택[Select ▶] 도구로 전체 객체를 선택하여 그룹 만들기[Make Group]를 클릭
합니다.

❽ 뷰 [Views 🏠🗗🏠🗗🗗🗗🗗] 도구 중 맨 위 [🗗] 도구를 클릭합니다. 작성된 도형의
상부가 평면적으로 보입니다. 뷰[Views] 도구 창이 없을 경우 화면 [상단 메뉴바 ▶
보기[View] ▶ 도구모음[Toolbars] ▶ 뷰[Views]를 체크하면 화면에 나타납니다.

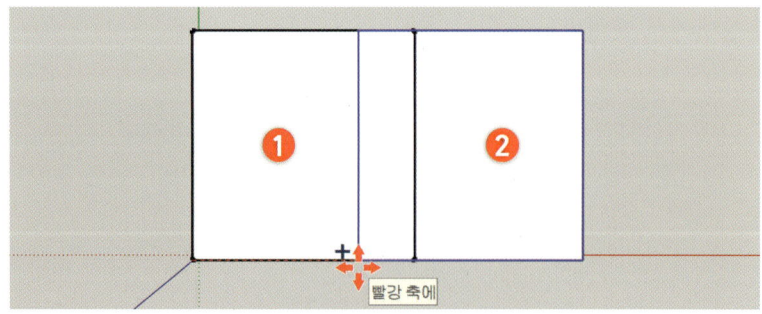

❾ 작성해 둔 사각형 전체를 선택[Select ▶] 도구로 선택한 후 복사[Copy ✛] 도구를
활용하여 객체를 복사하되 복사된 ②번 도형과 원본 ①번 도형이 위의 그림과 동
일하게 겹쳐지도록 합니다.

⑩ 외부 셀[Outer Shell 🔲] 도구를 클릭합니다. 이어 ①번 도형영역, ②번 도형영역을 클릭합니다. 한번 클릭하여 변화가 없을 시 두 번 연속 클릭해 봅니다.

⑪ 위의 결과에서처럼 외부 셀[Outer Shell 🔲] 도구는 선택된 도형 객체들을 결합시키면서 내부에 포함된 도형들까지 제거되어 외부 형태만 남게 됩니다.

02 교차[Intersect 🔲], 결합[Union 🔲], 빼기[Subtract 🔲] 도구 따라하기

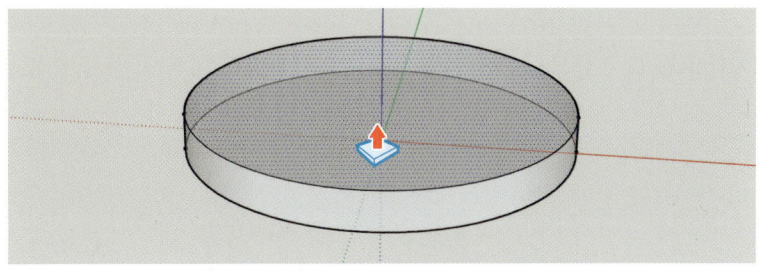

◎ TIP
[교차, 결합, 빼기]와 관련한 기능을 [연산, Boo -lean]이라고도 함

❶ 원[Circle 🔵] 도구로 중심점을 지정 후 수치입력창에 [500]을 입력하여 원형을 자성합니다. 이후 밀기/끌기[Push/Pull 🔼] 도구를 활용하여 수치입력창에 [100]을 입력합니다.

❷ 선택[Select ▲] 도구로 원형 전체를 선택 후 마우스 우측 버튼을 클릭하면 확장 메뉴가 펼쳐집니다. 여기서 그룹 만들기[Make Group]를 선택합니다.

❸ 선택[Select ▲] 도구로 작성해 둔 원형 전체를 선택 후 복사[Copy ✚] 도구를 활용하여 객체를 복사하되 두 도형이 위의 그림과 동일하게 겹쳐지도록 합니다.

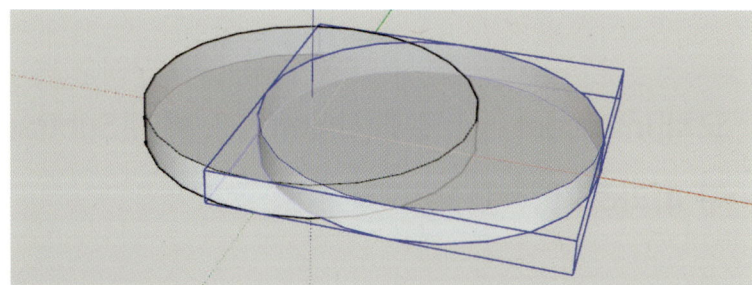

❹ 교차[Intersect ▢] 도구를 클릭합니다. 이어 ①번 도형과 ②번 도형을 클릭합니다.

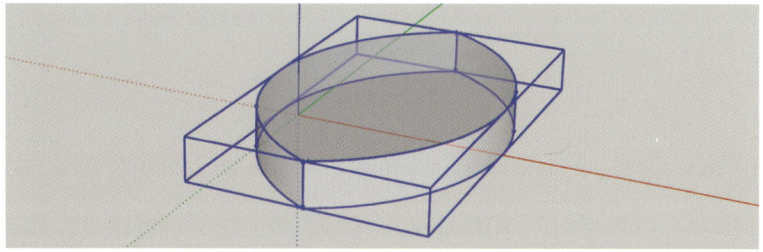

❺ 두 입체 원형의 교차 부분만 남겨졌습니다.

❻ 위의 그림은 교차[Intersect □]와 동일한 순서와 방법으로 작업된 결합[Union □]
결과입니다.

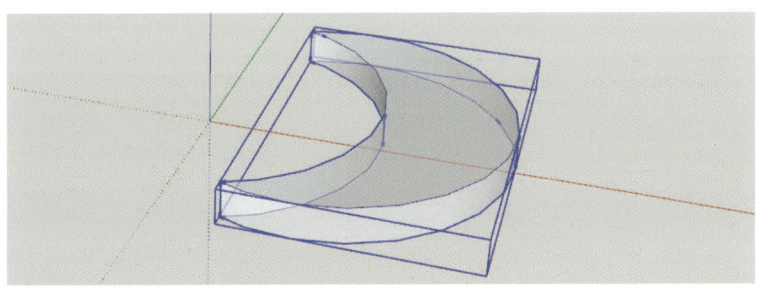

◎ TIP
스케치업에서 [빼기, Sub
-tract]는 오토캐드의 차
집합과 달리 두 번째 선택
된 객체가 남게 됨

❼ 위의 그림은 교차[Intersect □]와 동일한 방법과 순서의 빼기[Subtract □] 결과입
니다. 빼기에서는 항상 두 번째로 선택한 도형에서 첫 번째 선택한 도형이 됩니다.

03 트리밍[Trimming □] 도구 따라하기

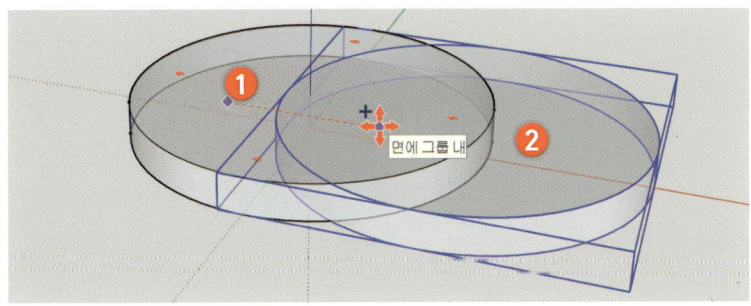

❶ 위의 그림과 동일하게 두 개의 그룹화된 입체 도형을 상호 교차되게 작성합니다.

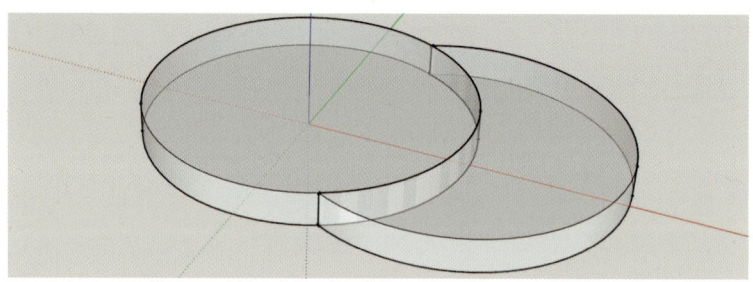

◎ TIP

[트림, Trim]은 [빼기, Sub
-tract]와 유사하나 첫 번
째 도형이 사라지지 않고
남게 됨

❷ 트리밍[Trimming 🔲] 도구로 ①번과 ②번 도형을 순서대로 클릭하면 교차된 도
형 영역은 ①번 도형으로 결합되며, ②번 도형 영역은 교차된 영역을 제외한 나머
지 영역만이 남게 됩니다.

04 분리[Split 🔲] 도구 따라하기

❶ 두 개의 그룹화된 도형을 상호 교차되게 작성합니다.

◎ TIP

[분리, Split]은 [교차, Inter
-sect]와 유사하나 겹친
객체가 제거되지 않고 독
립 객체로 생성

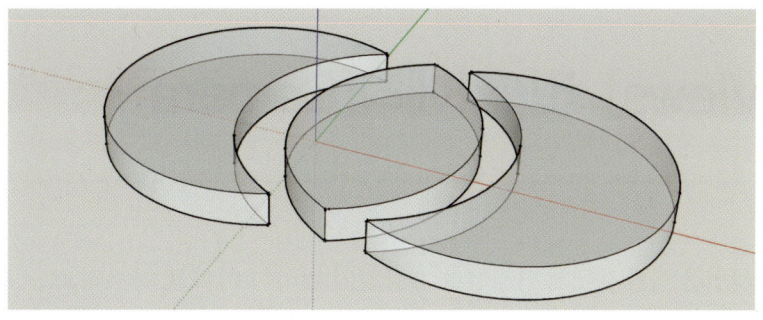

❷ 분리[Split ^[□]] 도구로 ①번과 ②번 도형을 순서대로 클릭하면 교차된 도형 영역
이 새로운 객체로 분리되어 생성되게 됩니다. 결과적으로 분할 도구로 세 개의 객
체가 작성됩니다.

MEMO

CHAPTER

02 뷰[Views] 및 카메라[Camera]

스케치업은 사용자에게 편리함을 제공하기 위하여 미리 몇 가지의 표준 시점을 제공합니다.

01 뷰[Views] 도구상자 살펴보기

[상단 메뉴바 ▶ 보기 ▶ 도구 모음 ▶ 뷰 체크]

❶ 이소메트릭[Isometric view] : 작성 객체를 등각으로 보여줍니다. [등각 뷰]

❷ 맨 위[Top view] : 작성 객체의 윗면을 보여줍니다. [평면 뷰]

❸ 전방[Front view] : 작성 객체의 정면에서 보여줍니다. [정면 뷰]

❹ 오른쪽[Right view] : 작성 객체의 우측면에서 보여줍니다. [우측면 뷰]

❺ 왼쪽[Left view] : 작성 객체의 좌측면에서 보여줍니다. [좌측면 뷰]

❻ 후방[Back view] : 작성 객체의 뒷면에서 보여줍니다. [배면 뷰]

❼ 맨 아래[Bottom] : 작성 객체의 아래면을 보여줍니다.[저면 뷰]

◉ 표준 시점 보기 기능은 상부 카메라[Camera] 메뉴에도 있으며 맨 아래 시점 [Bottom View]을 가지고 있습니다. 맨 아래[Bottom]란 바닥면을 의미합니다.

[상단 메뉴바 ▸ 카메라[Camera] ▸ 표준뷰[Standard Views] 체크]

02 카메라[Camera] 메뉴 추가 학습하기

◎ **TIP**

키보드에서 [Shift+Z]를 입력하면 작성된 객체를 전체 화면에 맞춰 보이게 합니다. 작성된 객체가 없다면 축의 중심으로 화면이 정렬

❶ 이전[Previous] : 현재 뷰[View]에서 [이전]의 작업 뷰를 보여줍니다.

❷ 다음[Next] : 이전 뷰[View] 실행 후 [다음]을 누르면 다시 현재 뷰로 돌아옵니다.

❸ 표준 뷰[Standard Views] : 정해진 표준 뷰[View]를 보여줍니다.

현재 뷰

④ 평행 투영[Parallel Projection] : 마주 보는 두 선이 평행하게 객체를 투영합니다.

⑤ 투시[Perspective] : 해당 객체를 투시화법으로 보여줍니다.

⑥ 2점 투시[Two-Point Perspective] : 2소점의 투시화법으로 보여줍니다. 건축 및 인테리어에서 가장 많이 사용합니다.

수직선이 왜곡되지 않는 장점이 있습니다.

◎ TIP
[평행 투영]은 원근감이 없지만 [투시, 2점 투시]는 원근감을 표현

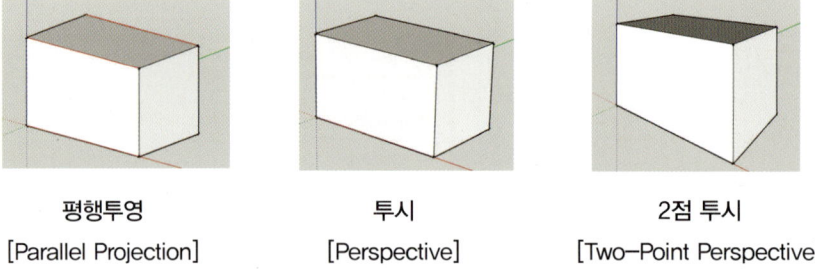

| 평행투영 | 투시 | 2점 투시 |
| [Parallel Projection] | [Perspective] | [Two-Point Perspective] |

◎ TIP
안정감 있는 투시도를 출력하기 위해서는 수직선이 왜곡되지 않는 [2점 투시]를 활용

① 투시 Perspective   ② 2점 투시Two-Point Perspective [수직선 강조]

[1] 새 사진 일치[Match New Photo] 기능 따라하기

사진으로 촬영된 건물의 이미지를 스케치업으로 불러들여 사진과 일치된 3D 모델을 작성하기 위한 기능입니다. 사진 일치를 원하는 이미지는 최대한 왜곡이 되지 않은

사진이어야 합니다. 이는 새 사진 일치 기능은 투시도법을 기본 원리로 삼기 때문입니다.

◎ TIP
[파일 ▶ 가져오기]에서
더 이미지를 [새 일치
한 사진]으로 가져올
수 있음

❶ 상부 메뉴 중 카메라[Camera] 메뉴 내 사진 일치[Match New Photo]를 선택합니다.

❷ 새 사진 일치[Match New Photo]를 적용시킬 건물 사진을 선택하고 열기를 누릅니다. 사진이 없다면 네이버 이미지 검색에서 [내촌중학교 부속건물]을 검색하면 찾을 수 있습니다.

MEMO

◎ TIP
[새 사진 일치, Match New Photo]를 활용하면, 구체적인 도면이 없는 실내/외 리모델링 작업에 유용

❸ 사진 일치[Match Photo] 창과 함께 이미지와 격자[Grid]선들이 보입니다. 사진 일치 기능은 특히 빨간색의 점선과 녹색의 점선 그리고 청색의 기준 실선의 배치에 따라 보다 정확한 모델링을 할 수 있습니다.

❹ 청색 축 하단의 노란 박스를 클릭하고 마우스 왼쪽 버튼을 누른 채 드래그(Drag)하여 위의 그림과 동일한 위치에 재지정합니다.

❺ 빨간색 축의 양측 박스들을 마우스로 클릭하고 마우스 왼쪽 버튼을 누른 채 드래 그하여 위의 그림과 동일한 위치에 재지정합니다.

◎ TIP
각 색상의 축을 원하는 이미지 경계에 모두 일치 하는 것은 매우 어렵습니 다. 청색 축이 반듯하게 유지되도록 한 후 나머지 색상의 축을 유사하게 배 치되도록 함

❻ 녹색 축의 양측 박스들을 마우스로 클릭하고 마우스 왼쪽 버튼을 누른 채 드래그 하여 위의 그림과 동일한 위치에 재지정합니다.

녹색과 빨간색 축의 양측 박스들을 이동시킬 때마다 청색 기준 축이 계속적으로 움직이는 것을 보게 됩니다. 가능한 청색 축이 수직에 가깝도록 조정하여야 합 니다.

> **◎ TIP**
> **Photo Match**는 스케치업
> 에서 실제 사진의 원근을
> 기준으로 **3D** 모델을 정
> 렬하거나 생성하는 도구
> 임. 실제 사진을 배경으
> 로 사용하면서, 그 안에
> **3D** 모델을 배치하거나
> 사진 기반으로 모델링할
> 수 있게 해줌.

❼ 청색, 녹색, 빨간색 축의 재지정 후 전체적인 축의 정렬을 확인합니다. 사진 속의
벽선들과 사용자가 재지정한 축선들을 완벽하게 맞출 수는 없습니다. 최대한 유
사하게 맞추도록 합니다.

❽ 사진 일치[Match Photo] 창 하단의 [완료]를 클릭하면 축 선들이 사라지면서 즉시
선[Line ✎] 도구가 나타납니다. 추정 기능을 이용하여 건물과 개구부의 외곽선
을 따라 선을 그립니다.

◎ TIP
선을 그릴 경우, 축에서 벗어나지 않도록 주의. 창과 문은 [직사각형] 도구로 작성해도 무방

⑨ 선[Line ✏] 도구와 추정 기능을 이용하여 건물과 개구부의 외곽선을 따라 선을 그릴 때 추정을 벗어나지 않도록 합니다. 이를 벗어나면 3차원 입체 면이 왜곡될 수 있습니다.

⑩ 궤도 [Orbit ✥] 도구로 화면을 조금 돌리면 이미지는 사라지고 사용자가 선[Line ✏]으로 작성한 면이 3차원 입체로 나타납니다. 생성된 면은 밀기/끌기[Push/Pull ✥] 도구를 활용하여 언제든지 형상 변화를 줄 수 있습니다.

◎ **TIP**

스케치업의 '포토 매치'
는 프레젠테이션, 리노
베이션, 증축 제안 등에
매우 효과적임.

⓫ 화면 상단 탭에서 [장면 제목]을 클릭하면 다시 원래의 장면이 나타나며 생성된 면
이 자동으로 장면에 맞춰 정렬됩니다.

⓬ [장면 제목] 위에 마우스를 두고 우측 버튼을 클릭하면 확장 메뉴가 펼쳐집니다.
이 중 일치된 사진 수정[Edit Matched Photo] 항목을 클릭하면 재수정을 위한 파란
색, 빨간색, 녹색의 축과 사진 일치[Match Photo] 창이 나타나게 됩니다.

⑬ 사진 일치[Match Photo] 창에서 사진의 텍스처 투영[Project textures from photo] 버튼을 클릭 후 하단의 완료[Done] 버튼을 클릭합니다.

◎ TIP
이미지가 투영된 3차원 객체는 기존 스케치업 형상과 달리 현실적으로 보여짐.

⑭ 궤도[Orbit 🔄] 도구로 화면을 조금 돌리면 생성된 면에 기존의 건물 이미지가 투영되어 나타납니다.

◎ TIP
[새 사진 일치] 기능을 위한 사진은 2소점을 기본으로 합니다. 왜곡이 심한 사진은 Photoshop과 같은 이미지 편집 툴을 이용하여 왜곡을 보정할 필요가 있음

⑮ 사용자는 언제든지 상단에 표시된 사진의 이름을 축선의 방향과 위치 등을 각종 그리기 도구와 지우개 도구 등을 활용하여 수정 및 재편집할 수 있으며 원하는 3차원 입체 도형을 사진에 일치시켜 작성해 낼 수 있습니다. 특히 사진 일치 기능은 기존 건물의 리노베이션 작업을 할 때 많이 활용됩니다.

[2] 시야[Field of View◁] 기능 따라하기

시야[Field of view] 기능은 뷰의 범위(각)를 시각적으로 변경할 수 있습니다. 이 기능을 활용하여 건축물 외관의 극적인 장면을 연출할 수 있습니다.

❶ 스케치업 화면에 위의 그림과 같은 임의의 입체 사각형을 작성합니다.

◎ TIP
[시야, Field of view]의 기본 각도는 35.00º

❷ 상단 메뉴바의 카메라[Camera] 메뉴에서 시야[Field of View] 항목을 선택합니다.
화면에 돋보기[Zoom 🔍] 도구가 나타납니다.

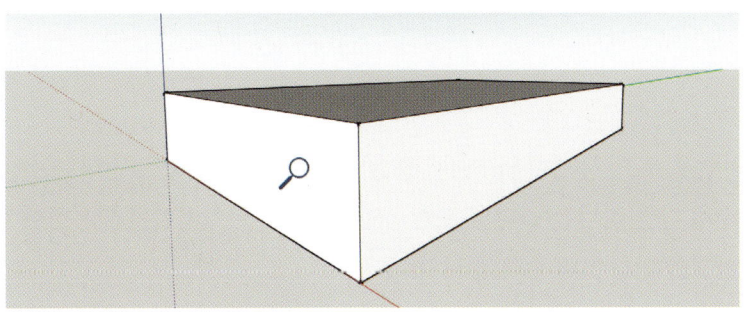

❸ 마우스 좌측 버튼을 누른 채 안쪽으로 마우스를 밀면 위의 그림과 동일하게 시야
의 변경이 발생합니다. 사각형의 모서리가 더욱 극적으로 보입니다.

① 투시 뷰[Perspective View]

◎ TIP
[단위] 툴바에 각도 값을
입력하여 뷰를 왜곡할 수
있습니다. 각도 값이 클
수록 강하게 왜곡

단위		
시야	35.00도	

② 시야[Field of View] 기능을 활용한 왜곡

CHAPTER

03 스타일[Styles] 도구

스케치업은 두 가지 종류의 스타일[Styles] 도구를 가지고 있습니다. 하나는 스타일 툴바이며, 다른 하나는 스타일 트레이입니다. 이 두 스타일을 활용하여 다양한 느낌의 이미지를 만들어낼 수 있습니다.

01 면 스타일[Face Styles] 도구상자 살펴보기

◎ **TIP**
[X선] 또는 [뒷변 가장자리] 스타일이 선택된 상태에서 숨은선, 음영, 텍스처에 적용, 모노 스타일을 중복하여 선택할 수 있음. 단, 와이어프레임과는 중복 선택이 불가능

면 스타일은 [상단 메뉴바 ▶ 보기[View] ▶ 도구 모음[Toolbars] ▶ 스타일[Styles]]을 클릭하면 위의 스타일[Styles] 도구 창이 화면상에 나타납니다.

❶ X선[X-Ray] : 모델 면이 반투명하게 보입니다. 세밀한 작업 시 유용합니다.

❷ 뒷면 가장자리[Back Edges] : 면 뒤에 숨겨진 선들이 점선으로 표시됩니다.

❸ 와이어프레임[Wireframe] : 면은 사라지고 테두리선만 나타납니다.

❹ 숨은선[Hidden Line] : 면 뒤에 숨겨진 선이 화면에 보이지 않으며, 색상은 단순해 집니다.

❺ 음영[Shaded] : 재질이 부여 되어 있다면 재질의 색상만 표현됩니다.

❻ 텍스처에 적용[Shaded with Texture] : 재질과 색상이 함께 표현됩니다.

❼ 모노[Monochrome] : 면 색이 모노톤 위주로 표현됩니다.

02 가장자리 스타일[Edge Styles] 도구상자 살펴보기

◎ **TIP**
스타일 트레이를 활용하
면 다양한 선과 배경 스
타일이 적용된 장면을 연
출할 수 있음

가장자리 스타일은 [상단 메뉴 바 ▸ 창[Window] ▸ 기본 트레이[Default Tray] ▸ 스
타일[Styles]]을 항목을 클릭하면 왼쪽에 스타일[Styles] 도구 창이 화면상에 나타
납니다.

03 면 스타일[Face Styles] 도구 따라하기

❶ 임의의 입체 시각형을 작성한 뒤 위의 그림과 동일한 재질을 부여합니다.

① X선 스타일(X-ray Style)

② 뒷면 가장자리 + 모노 스타일
　(Back Edge + Monochrome Style)

③ 와이어프레임 스타일
　(Wireframe Style)

❷ 위의 그림에서와 같이 면 스타일[Face Styles]의 선택에 따른 객체의 변화를 확인해 봅니다.

MEMO

04 가장자리 스타일[Edge Styles] 도구 따라하기

❶ 임의의 입체 사각형을 작성한 뒤 위의 그림과 동일한 재질을 부여합니다.

◎ **TIP**
스타일 트레이에서 원래
의 기본 스타일로 돌아가
려면 [기본 스타일 ▶ 건
축 설계 스타일]을 선택

❷ [상단 메뉴 바 ▶ 창[Window] ▶ 스타일[Styles]]을 항목을 클릭합니다.

❸ 가장자리 스타일[Edge Styles] 창이 화면상에 나타나면 선택[Select] 항목의 스타
일[Style] 리스트를 클릭합니다. 펼쳐진 리스트에서 스타일 모음[Assorted Styles]
항목을 클릭합니다.

❹ 다양한 스타일의 샘플[Sample]이 리스트에 표시됩니다.

❺ 스타일 샘플 리스트에서 위의 그림에서 표시된 메이소나이트의 자유곡선[Scribble on masonite] 스타일을 선택합니다. 만약 이와 동일한 스타일 샘플이 없으면 사용자가 원하는 스타일 샘플을 선택합니다.

◎ TIP
[메이소나이트의 자유곡선] 스타일은 아래의 이미지와 같음

❻ 스타일 변경과 동시에 스케치업의 화면이 위와 동일해집니다.

❼ 스타일 트레이의 편집[Edit] 항목을 선택합니다.

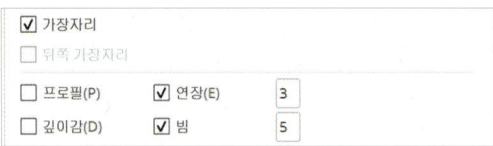

❽ 스타일 세부 조정 옵션들이 나타납니다.

❾ 가장자리[Edge] 항목의 체크를 해제하면 물체의 모든 경계선들이 사라집니다.

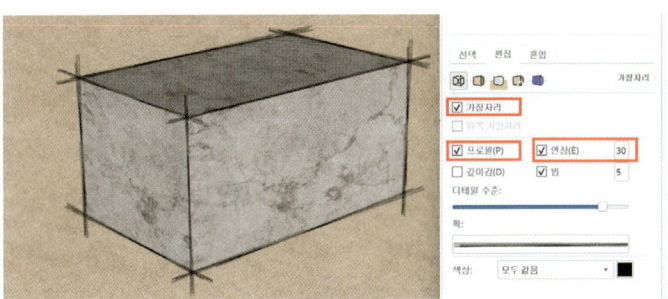

◎ TIP
[연장] 항목을 적용 후 캐
드파일(.dwg)로 내보내기
하면 아래의 그림과 같이
캐드 상에서 표현

⑩ 가장자리[Edges]와 프로필[Profiles] 항목을 체크하고 연장[Extension] 항목의 수
치를 [30]으로 입력하면 위의 그림과 동일하게 각 경계선들이 외부로 연장되어 보
입니다. 마치 손으로 그린 듯한 이미지와 같은 느낌을 줍니다.

⑪ 다시 선택[Select] 항목의 스타일리스트에서 드롭다운 버튼을 눌러 기본 스타일
[Default Styles]를 선택하고 샘플 중 기본 스타일[Default Style]이나 건축설계 스
타일[Architectural Design Style]을 선택합니다.

⑫ 화면이 기본 스타일의 화면으로 되돌아옵니다.

◎ TIP
키보드에서 [K]를 입력
하면 뒷면 가장자리가 동
일하게 표시

⑬ 뒷면 가장자리[Back Edges]를 체크하면 면에 의하여 가려져 있던 선이 점선으로 표시됩니다.

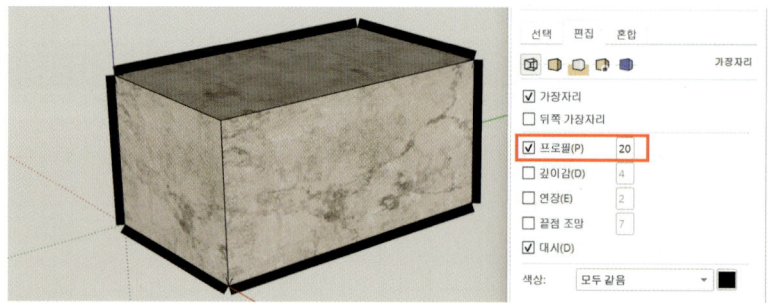

⑭ 프로필[Profiles] 항목의 수치입력창에 [20]을 입력하면 위와 동일하게 객체 외곽선이 두꺼워집니다.

◎ TIP
[끝점 조망]은 모서리뿐
만 아니라 선의 끝점에
모두 적용. 하나의 선으
로 보여지지만 실제 두
개의 선이 이어진 것이라
면 아래와 같이 표현됨

⑮ [프로필]의 수치를 [2]로 입력하고, 끝점[Endpoints] 조망의 수치를 [50]으로 입력하면 각 모서리 끝점의 크기가 변화되는 것을 알 수 있습니다.

CHAPTER

04 태그[Tag] 도구

스케치업 태그[Tag]는 기존 레이어[Layer]를 대체한 개념이며, 작업 과정 중 객체를 분류/관리하기 위한 속성 도구입니다. 요소별 태그 작업은 복잡한 모델링을 작업할 경우 더욱 유용합니다.

◎ **TIP**
스케치업 **2020** 이전 버전에서는 [태그, **Tag**]가 아닌 [레이어, **Layer**]로 등록

상단 메뉴 바 ▶ 보기[View] ▶ 도구 모음[Toolbars] ▶ 태그[Tag]를 클릭하면 위의 태그 [Tag] 도구 창이 화면상에 나타납니다.

❶ ⊕ ⌸⊕ : 태그[Tag]를 생성[+]하거나 기존 태그를 선택하여 제거[-]합니다.

❷ 👁 이름 ⌄ 대시 기본값 ✏ : 태그이 이름과 색상, 그리고 선 종류이 부여와

아이볼의 클릭 유무를 활용하여 화면상에 해당 태그를 숨길 수 있습니다.

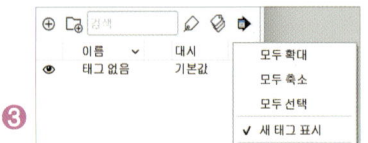

③ 세부정보[➡]를 좌측 클릭하면 태그를 모두 선택

또는 사용하지 않는 태그를 제거할 수 있습니다. 또한 [태그별 색]를 클릭하면 화

면상에 객체가 부여된 태그의 색상으로 보입니다.

④ : 객체 선택 후 만들어진 태그를 선택하여 적용시킵니다.

01 태그[Tag] 도구 살펴보기

◎ TIP

[태그] 이름은 객체 구분
과 편집의 효율성을 고려
하여 부여함.

① 태그 추가[Add Tag] 버튼을 눌러 신규 태그를 생성시킵니다.

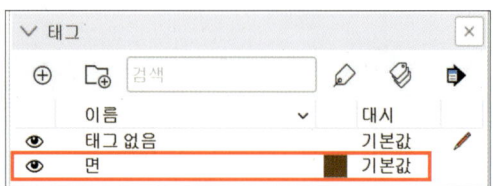

② 신규 생성된 태그 1[Tag 1] 이름을 [면 1]으로 수정합니다. 이미 수정된 이름은 마
우스 좌측 버튼으로 더블클릭하면 재수정이 가능합니다.

③ 태그 추가[Add Tag] [⊕] 버튼을 클릭하여 위의 그림과 동일하게 [면 2] 태그를 추
가로 생성시킵니다. 태그를 생성시킬 때마다 태그의 색은 자동으로 바뀌어서 적

용됩니다.

사용자가 원하는 색을 선택하고자 한다면 해당 태그의 색을 클릭하면 재질 편집 [Edit Material] 창이 나타납니다. 이곳에서 색뿐만 아니라 투명도, 재질까지도 변환시킬 수 있습니다.

◎ TIP
태그의 [이름]을 클릭하면 오름차순과 내림차순으로 태그를 정렬할 수 있음

④ 원[Circle ⊙] 도구와 밀기/끌기[Push/Pull ◆] 도구를 활용하여 지름 [1000]의 높이 [500]인 위와 동일한 원기둥을 작성합니다.

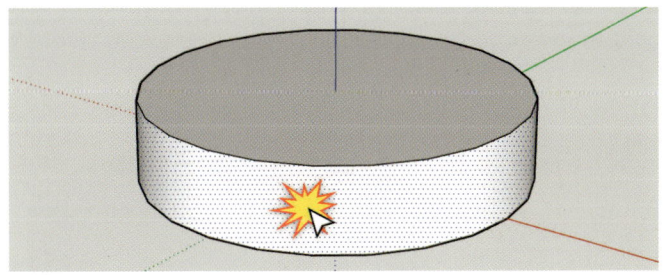

◎ TIP
[태그별 색]은 정확한 태그의 적용 여부를 판단할 경우 유용

⑤ 선택[Select ▶] 도구를 선택하여 위의 그림과 같이 원기둥의 측면을 선택합니다.

MEMO

⑥ 태그 리스트의 내림[☑] 버튼을 눌러 [옆면 1] 레이어를 선택합니다.

⑦ 태그 변경 즉시 해당 면의 색상이 변경됩니다. 색상 변경이 없을 경우 세부 정보 [Detail ➡]버튼을 눌러 ▶ ⊕ 🏷검색　　 ✎ 🏷 ➡ 의 태그별 색[[Color by layer]를 체크합니다.

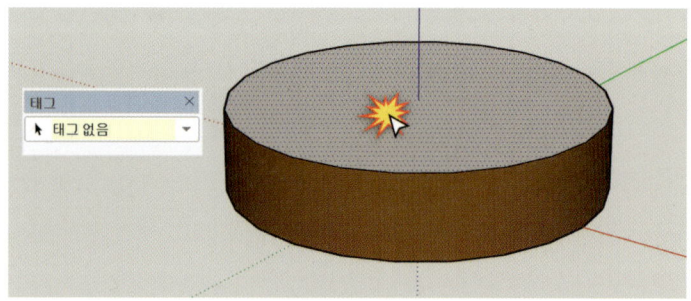

⑧ 선택[Select ▶] 도구를 선택하여 위의 그림과 같이 원기둥의 윗면을 선택합니다.

⑨ 태그 리스트 내림[☑] 버튼을 눌러 [면 2]를 선택하면 동시에 위의 그림과 동일하게 변경됩니다.

02

객체정보[Entity Info] 기능을 활용한 태그[Tag] 변경 따라하기

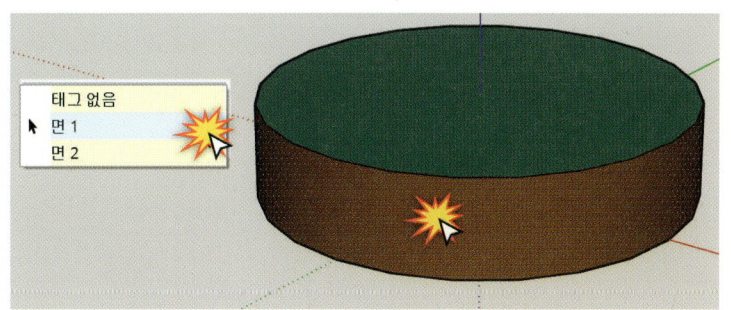

◎ TIP

선택된 객체에 따라 [요소 정보]에서 파악하거나 변경할 수 있는 내용이 다양함

❶ 태그 리스트 내림[☑]버튼을 눌러 [면 1] 태그를 선택합니다.

❷ 선택[Select ▶] 도구로 해당 면을 선택 후 마우스 우측 버튼을 클릭하여 객체정보 [Entity Info]를 선택합니다.

❸ [면 1] 태그를 [태그 없음] 태그로 변경하면 색과 태그의 명칭이 변경되는 것을 확인할 수 있습니다.

태그 관리자[[Tag Manager]의 제거[Purge] 기능 활용법 살펴보기

◎ **TIP**
스케치업을 활용한 모델
링 작업 시 태그 적용은
필수. 더불어, 수시로 태
그 제거를 수행하여 사용
하지 않는 태그를 삭제하
는 것이 향후 작업의 편
의성을 높이는 방법

❶ 세부 항목[Detail] 내의 제거[Purge] 항목은 사용되지 않거나 해당 객체가 삭제되
어 버린 불필요한 해당 태그[Tag]를 정리해 주는 기능입니다. 태그 제거[Tag
Delete]는 선택한 태그를 삭제해 주며 모두 선택[Select all] 항목은 모든 객체를 선
택하여 줍니다.

04 **선의 종류와 활용법 살펴보기**

◎ **TIP**
AutoCAD는 도면 작성에
필요한 선의 종류를 다양
하게 변경 가능. 스케치
업으로 CAD 파일을 가져
오기하면 CAD에서 적용
된 선 종류가 그대로 표
현

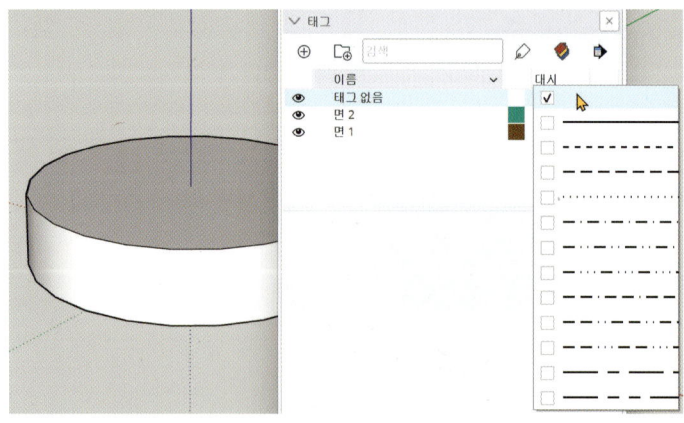

❶ 별도의 도구 또는 루비를 사용하지 않고 태그별로 선 종류를 선택하여 설정할 수
있습니다.

◎ **TIP**
태그별로 선의 종류를 변경할 수 있어 중심선 및 숨은선 등 다양하게 적용할 수 있어 3차원이 아닌 2차원 드로잉 표현에 유용

❷ 태그를 추가하여 이름을 입력하고 선의 종류를 바꾼 후 각 태그에 지정합니다. 각 태그의 색상과 선 스타일이 지정되는 것을 볼 수 있습니다.

MEMO

CHAPTER

05 그림자[Shadow] 도구

스케치업에서는 날짜와 시간을 설정하여 빛에 의하여 변화되는 그림자를 생성합니다. 사용자는 그림자 도구를 활용하여 일조 및 일영 시뮬레이션을 작성할 수 있습니다.

01 그림자[Shadow] 도구 살펴보기

상단 메뉴 바 ▶ 보기[View] ▶ 도구 모음[Toolbars] ▶ 그림자[Shadow]를 클릭하면 그림자[Shadow] 툴바가 화면상에 나타납니다.

◎ TIP
보다 세부적인 그림자 표현을 하기 위해서는 [그림자 트레이]의 사용을 권장

그림자

UTC+09:00 ▼		▣
시간 07:08 AM 정오 05:22 PM	01:30 오후	▲▼
날짜 J F M A M J J A S O N D	11/08	▼
밝음	80	▲▼
어두움	45	▲▼

☐ 음영 처리를 위해 태양 사용

표시:
☑ 면에
☑ 바닥에
☐ 가장자리에

❶ 창[Window] ▶ 기본 트레이[Default Tray] ▶ 그림자[Shadows]를 클릭하면 아래 그림과 동일한 트레이가 나타납니다. 세부 옵션들을 조정하여 보다 세밀하고 정확

한 그림자를 작성할 수 있습니다.

❷ : 그림자 표시/숨기기[Show/Hide Shadows] 도구는 사용자가 설정값의 그림자를 화면에 보여줍니다. 모델이 복잡하거나 용량이 클 경우 그림자를 활성화하면 작업의 속도가 현저히 저하됨으로 주의하세요.

◎ TIP
[그림자 도구]와 [애니메이션 도구]를 활용하면 시간 변화에 따른 그림자의 변화를 동영상으로 표현할 수 있음

❸ 시간 07:08 AM 정오 05:22 PM : 시간[Time] 도 : 시간을 정합니다.

❹ 날짜 J F M A M J J A S O N D : 날짜[Date] : 월[月]과 일[日]을 정합니다.

02 그림자 설정 따라하기

① 뷰(View) 1

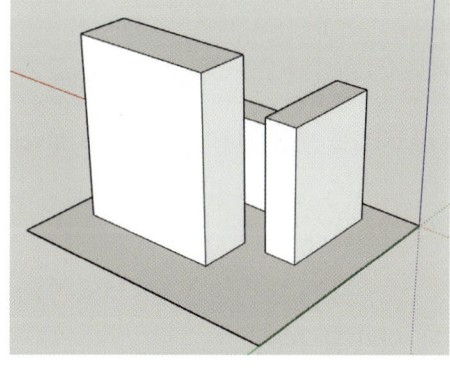

② 뷰(View) 2

❶ 그림자 설정, 창[Window] ▶ 기본 트레이[Default Tray] ▶ 그림자를 실습하기 위하여 직사각형 그리기[Rectangle 🔲] 도구와 밀기/끌기[Push/Pull 🔷] 도구를 활용하여 위의 뷰 1과 뷰 2를 참고하여 위약 동일한 모델을 작성합니다.
[위의 뷰(View) 1과 뷰(View) 2는 하나의 작성 모델을 서로 다른 시점에서 본 것입니다.]

MEMO

❷ 창[Window] ▸ 기본 트레이[Default Tray] ▸ 그림자[Shadows]를 클릭합니다.

❸ 그림자 [Shadow settings] 도구창이 화면상에 나타납니다.

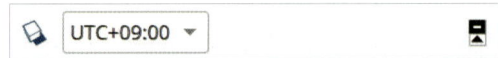

❹ UTC를 세팅합니다. UTC란 [Universal Time Coordinated] 즉 협정 세계시간을 의미하며, 영국 그리니치 천문대[경도가 0]의 시간을 세계의 표준시간으로 정의한 것입니다.

우리나라(한국)는 동경 135도 자오선을 사용합니다. 이에 135/15 = 9 즉 [UTC + 9]가 됩니다.

◎ TIP
조절 바를 이동하여 그림자를 조정하기보다는 정확한 시간과 날짜를 지정하는 것을 권장

❺ 월/일을 변경해 봅니다. 변경 방법은 시간[Time]과 날짜[Date] 조절 바를 마우스로

클릭한 채 좌우로 움직여 변경할 수 있습니다. 다른 방법으로는 위 그림의 표시한 ①번과 ②번 버튼을 클릭하여 정확한 월/일을 지정할 수 있습니다. 마지막 방법으로 직접 월/일 수치를 마우스로 클릭 후 바로 해당 숫자를 입력할 수 있습니다.

❻ 빛이 사물에 비치면 밝음[Light]과 어두움[Dark] 부분이 발생합니다. 위의 수치를 조정함으로 빛으로 인한 모델의 밝은 부분과 어두운 부분의 밝고 어둡기를 재조정할 수 있습니다. 위의 그림과 동일한 수치값을 적용합니다.

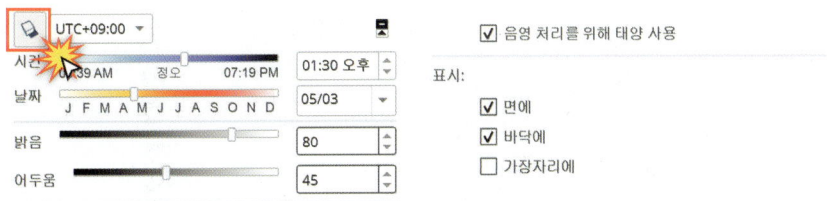

❼ 그림자[Shadows] 창에서 그림자 표시/숨기기[] 도구를 선택하면 그림자 설정 창 하단의 Display 옵션들이 활성화됩니다.

① 면에[On faces]는 면에 그림자를 표시합니다.

② 바닥에[On ground]는 바닥 면에 그림자를 표시합니다.

③ 가장자리에[From edges]는 경계선에 그림자를 표시합니다. 보통 경계선 그림자는 체크를 하지 않습니다.

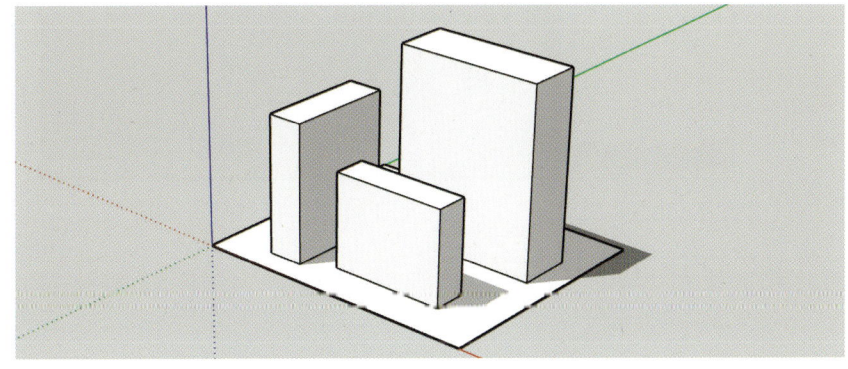

❽ 현재까지의 설정값에 의해 화면에 보이는 모델은 위의 그림과 같습니다.

◎ TIP
용량이 큰 스케치업 모델링 작업이 진행 중이라면 그림자를 표시하지 않는 것이 작업의 효율을 높임

◎ TIP
[Curic Sun]이라는 무료 루비를 활용하면 보다 다양한 그림자 분석을 수행할 수 있음

Curic Sun
Make Solar chart

45,628 Views   Free

❾ [상단 메뉴바 ▸ 창[Window] ▸ 모델 정보[Model Info]]를 클릭합니다.

❿ 좌측 메뉴 항목에서 지리적 위치 [Geo-Location]을 선택합니다. 이후 위의 그림과
   동일하게 위치 추가 [Add Location] 버튼을 클릭합니다.

◎ TIP
지역명은 [한글] 보다는
[영문]으로 입력하는 것
이 정확한 위치를 검색하
는 데 유리

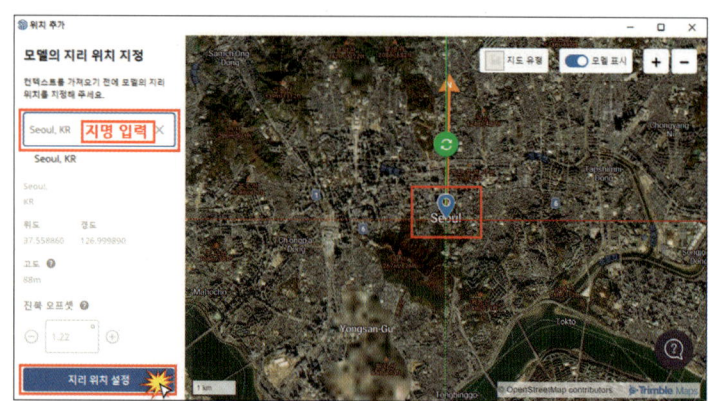

⓫ 지역명을 [Seoul]로 입력 후 검색[Search] 버튼을 클릭하면 해당 지역의 대표 건물
   이 있는 위치로 위성지도가 검색됩니다.

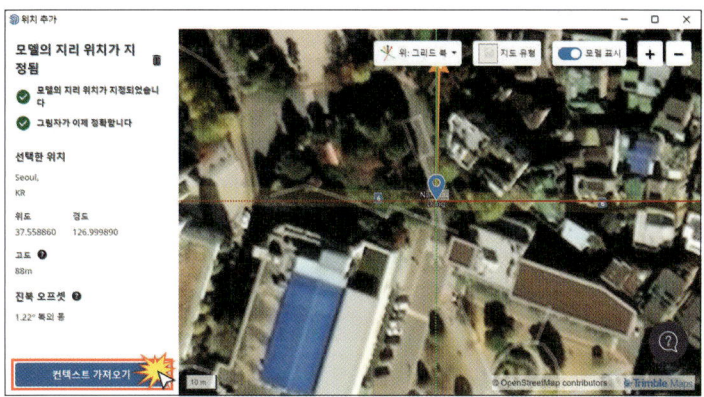

⓬ 사용자가 원하는 영역 선택을 위하여 지역선택[Select Region] 버튼을 클릭합니다.

⓭ 고정 Pin과 위치 중심점[**＋**]을 사용자가 원하는 지점과 크기로 조정 후 가져오기
[Grab] 버튼을 클릭합니다.

⑭ 가져온[Grab] 위성지도 이미지가 작업 화면의 작성 모델 아래에 나타나며 사용자가 앞서 그림자 설정대로 모델에 그림자가 보입니다.

⑮ 그림자[Shadows] 도구상자의 월/일/시간을 마우스로 조절바를 움직여 재조정할 수 있으며, 특히 시간(Time) 조절바를 움직임으로써 사용자가 작성한 모델의 시간대별 일조 변화 추이를 관찰해봅니다.

⑯ 화면상에 보이는 위성지도가 불필요하다면 해당 위성지도를 마우스로 클릭합니다.

◎ TIP
위성지도는 기본적으로 [잠금]상태. 이동 등의 편집 작업을 위해서는 [잠금 해제]를 하여야 함

⑰ 마우스 우측 버튼을 누르면 확장 메뉴가 펼쳐집니다. 메뉴 중 잠금 해제[[Unlock] 항목을 선택 후 키보드의 [Delete] 버튼을 누르면 해당 위성지도가 사라집니다. 그러나 사용자가 그림자 표현을 위하여 설정한 내용은 그대로 유지됩니다.

◎ TIP

반드시 모델링 작업을 할 경우 [지리적 위치]를 정확하게 설정할 필요는 없음. 대지 및 건축법적 규제에 대한 분석 작업을 수행해야 할 경우 선택적으로 사용할 수 있음

⑱ [상단 메뉴] ▶ 창[Window] ▶ 모델 정보[Model Info]를 클릭 후 지리적 위치 [Geo-Location]의 수동 위치 설정[Set Manual Location] 버튼을 클릭합니다. 사용자가 지정한 도시의 국가명이 위성지도가 사라진 이후에도 그대로 유지됨을 알 수 있습니다.

CHAPTER

06 이미지[Image] 가져오기[Import]와 내보내기[Export]

외부의 이미지를 스케치업으로 가져와 재질 또는 이미지 객체 등으로 다양하게 활용할 수 있습니다. 특히 스케치업에 기본적으로 포함된 재질 외에 사용자가 원하거나 재질을 가져오므로 모델에 대한 다양한 재질 표현이 가능합니다. 또한 작성된 모델을 이미지로 변환하여 Photoshop 등의 소프트웨어로 확인할 수 있습니다.

01 그림으로 사용하기[Use as Image] 기능 따라하기

◎ TIP
세워진 직사각형을 작성하기 위하여 뷰를 돌리지 않고 [회전된 직사각형] 도구를 활용하면 보다 편리하게 작성할 수 있음

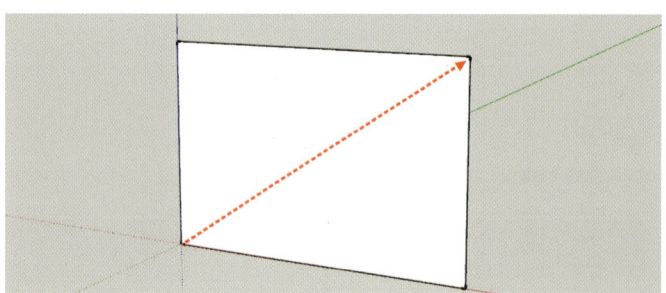

❶ 직사각형 [Rectangle ▱] 도구를 활용하여 [가로 3000, 세로 2000]의 사각형을 작성합니다.

❷ [상단 메뉴] ▸ 파일[File] ▸ 가져오기[Import] 메뉴를 클릭합니다.

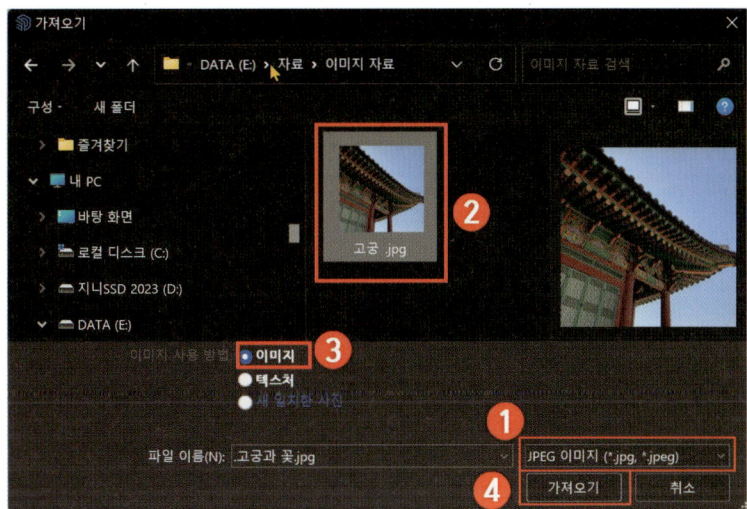

◎ **TIP**
[이미지]로 가져올 경우
면 위뿐만 아니라 빈 공
간에도 이미지를 배치할
수 있으나 독자적인 단일
객체로 존재함.

❸ 파일 형식을 [JPEG Image] 타입으로 설정하고 사용자가 원하는 JPEG 형식의 그림 파일을 선택합니다. 이미지[Use as Image] 항목을 체크한 뒤 가져오기[Import] 버튼을 클릭합니다. 외부 재질을 이미지로 사용할 경우 해당 이미지는 개별 객체로 인식합니다.

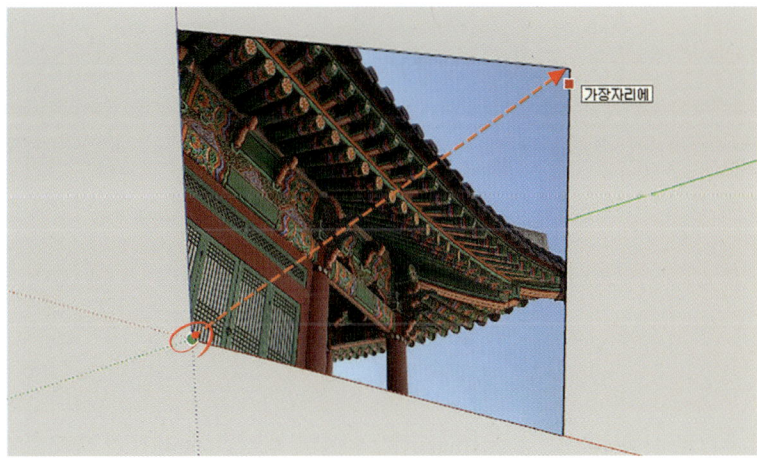

❹ 이미지[Image]의 시작점을 먼저 작성된 사각형의 좌측 하단 모서리점으로 지정하고 마우스를 드래그하여 위의 그림과 동일하게 사각형 윗변에 이미지[Image]의 크기를 맞춥니다.

◎ TIP
[배율, Scale] 도구의 단
축키는 [S]

❺ 사각형에 이미지가 맞지 않을 경우는 선택[Select ▶] 도구로 해당 그림을 클릭 후
배율[Scale 🔲] 도구를 활용하여 우측 경계선 중심의 크기조정 녹색 포인트를 클
릭합니다. 이 포인트를 사각형의 우측 경계선으로 드래그하여 해당 이미지의 크
기를 재조정합니다.

◎ TIP
"Use As Image" 기능은
가져온 이미지를 면에 투
영하거나 재질로 쓰지 않
고, 단순 참고용 2D 이미
지로 삽입할 때 사용. 도
면 스캔본, 입면 사진, 스
케치 자료 등을 모델링
참고용 배경 이미지로 활
용할 때 유용함.

❻ 이미지로 사용하기[Use as Image]로 부여한 재질은 독자적인 객체로 인식하기에
언제든지 삭제 가능합니다. 단, 크기 조정은 반드시 배율[Scale 🔲] 도구를 사용해
야 합니다.

02 텍스처로 가져오기[Use as Texture] 기능 따라하기

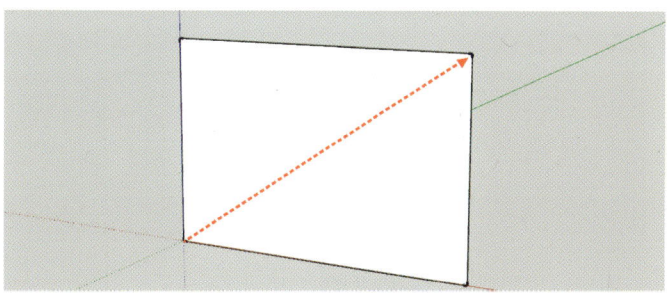

◎ **TIP**
[텍스처] 항목을 클릭하면 개별 객체로 인식하지 않음. 반드시 면에 재질로 적용하여야 함. 면 위가 아닌 빈 공간에 마우스 포인트를 위치하면 [금지] 표시가 나타남

❶ 직사각형 [Rectangle] 도구를 활용하여 [가로 3000, 세로 2000]의 사각형을 빨간색과 청색 축에 맞춰 작성합니다.

❷ [상단 메뉴] ▶ 파일[File] ▶ 가져오기[Import]를 클릭합니다.

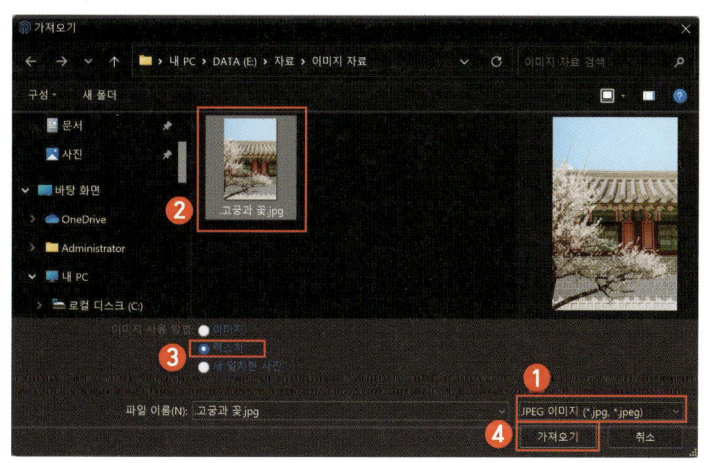

◎ **TIP**
배경이 투명한 [PNG] 타입의 이미지를 텍스처로 적용할 경우 울타리 등의 다양한 장면 표현을 수행할 수 있음

❸ 파일형식을 JPEG Image 타입으로 설정하고 사용자가 원하는 JPEG형식의 그림

파일을 선택합니다. 텍스처[Use as Texture]를 선택한 뒤 가져오기[Import]를 누릅니다.

❹ 페인트 통[Paint Bucket] 도구가 화면에 나타납니다. 사각면의 좌측 하단 모서리점을 시작점으로 지정 후 드래그[Drag]하여 클릭합니다.

◎ TIP
재질을 적용하고자 하는 면에 범위를 작게 하여 재질을 적용할 경우 타일 형태로 재질이 적용

❺ 이미지로 가져오기[Use as Image] 방식과는 다르게 해당 이미지가 텍스처[Use as Texture]로 적용되었기에 사각면에 빈 공간이 남지 않습니다.

◎ TIP
"Use As Texture" 기능은 이미지를 재질(Texture)로 설정하여 면에 반복 적용하거나 정확히 매핑할 때 사용. 벽지, 타일, 벽돌, 마루 등의 재질 표현에 활용되며, 모델의 사실감을 높이는 데 효과적임.

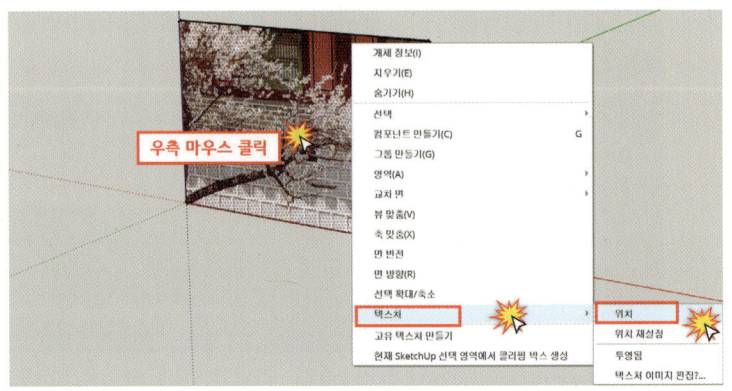

⑥ 선택[Select 🔺] 도구로 재질을 선택한 뒤 마우스 우측 버튼을 클릭하여 확장 메뉴를 펼칩니다. 텍스처[Texture] ▸ 위치[Position]를 선택합니다.

◎ **TIP**
적용된 재질의 크기를 정의된 크기로 편집할 경우 해당 재질을 스포이트 툴로 클릭한 다음 [재질 트레이]의 [편집] 탭에서도 수정가능

⑦ 화면에 나타나는 네 개의 고정핀을 마우스로 클릭하여 사용자가 원하는 재질의 위치와 크기를 재지정할 수 있습니다. 위치[Position]를 활용한 재질 크기 재지정은 선행 학습한 36Page의 [[2-3-2] 위치 기능을 활용한 크기 재조정] 내용을 다시 참고하세요.

03 이미지로 내보내기 기능 따라하기

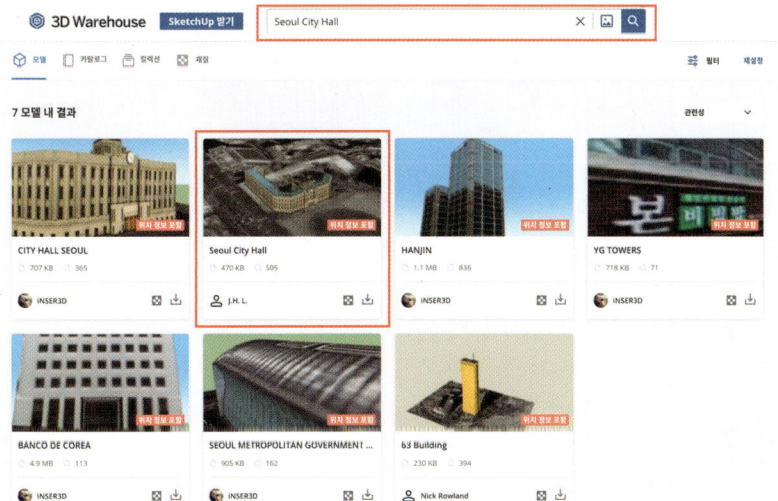

① 3D Warehouse에서 [서울시청]을 검색[Search]해 [Seoul City Hall] 모델을 찾습니다.

❷ 스케치업으로 다운받아 가져옵니다.

❸ 위성지도와 함께 [서울시청] 모델이 스케치업 화면에 나타납니다.

❹ [상단 메뉴] ▸ 파일[File] ▸ 내보내기[Export] ▸ 2D 그래픽[2D Graphic]을 선택합니다.

❺ 저장 폴더 위치와 파일 이름, 파일 형식을 지정합니다. 이어 우측 하단의 옵션 [Options] 버튼을 클릭합니다. 뷰 크기 사용[Use view Size]에 체크를 해제하고 사용자가 원하는 이미지의 폭과 높이 값을 입력합니다. 반드시 안티 앨리어스([Anti-alias] 계단 현상 방지)란은 체크가 되어야 합니다. 확인[확인] 버튼을 누르고 내보내기 버튼을 누릅니다.

◎ TIP

[계단 현상]이란 이미지 경계에 나타나는 톱니 형태의 불규칙한 형상을 의미. 아래의 좌측 그림은 계단현상이며, 우측 그림은 계단 현상 방지를 체크하여 경계를 부드럽게 처리한 것

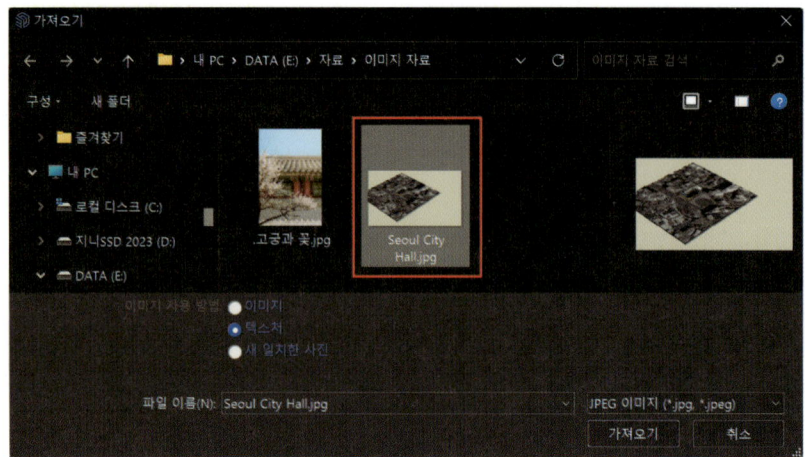

❻ 가져오기[Import] 하면 위의 그림처럼 사용자가 지정한 저장 폴더에 내보내기 [Export]한 이미지가 저장되어 있습니다.

MEMO

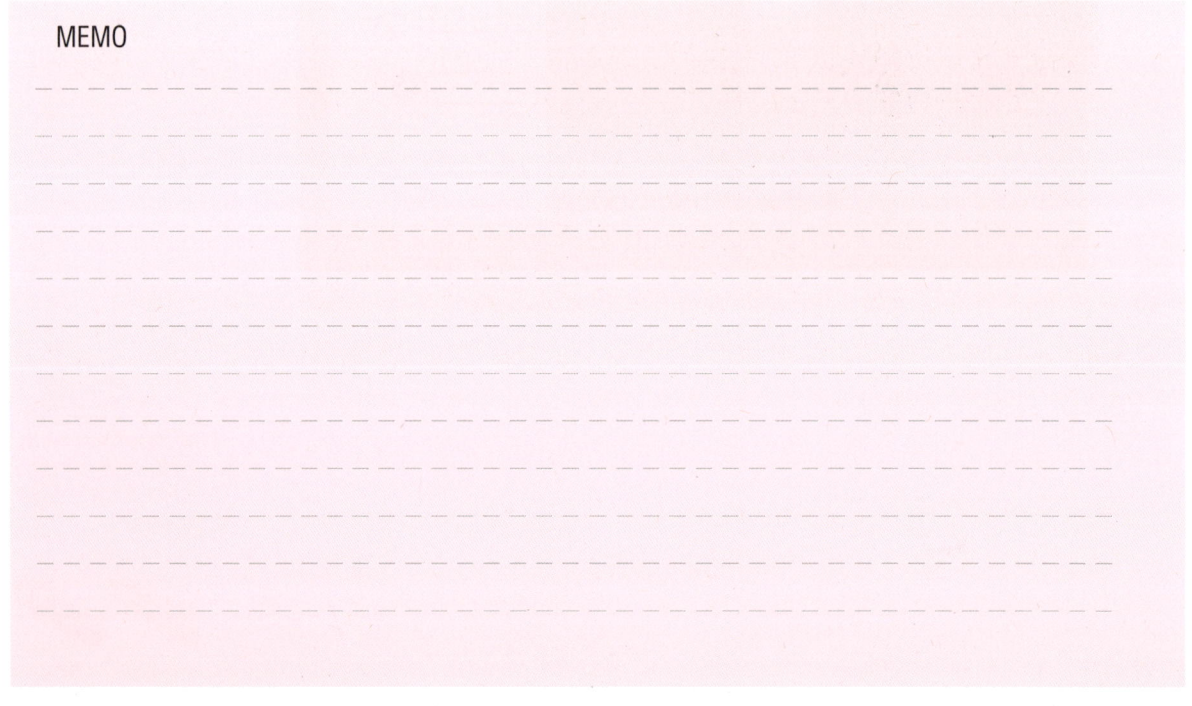

CHAPTER

07 CAD 도면 가져오기[Import]

가져오기[Import] 기능은 이미지뿐만 아니라 AutoCAD, 3DS-MAX 등의 다양한 형식의 파일을 가져올 수 있습니다. 이 중 CAD 파일인 [.dwg] 파일 포맷은 건축 인테리어 디자인 과정 중 스케치업에서 자주 활용됩니다.

01 CAD 도면 가져오기[Import] 따라하기

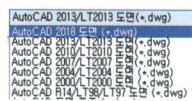

◎ **TIP**
CAD에서 도면을 작성 후 저장할 경우 사용 중인 스케치업 버전보다 낮은 버전으로 저장하여야 함

❶ Autodesk사의 AutoCAD를 활용하여 위의 그림에서 제시된 치수에 맞춰 해당 도면을 작성한 후 저장합니다.

◉ AutoCAD 소프트웨어 다루지 못하는 학습자는 다음 페이지에서의 과정을 참고하세요.

❷ [상단 메뉴] ▸ 파일[File] ▸ 가져오기[Export] 메뉴를 클릭합니다.

◎ TIP
CAD에서 작업하였던 단
위와 동일하게 스케치업
에서도 단위를 지정하여
야 함. 그렇지 않으면 향
후 모델링 작업에서 높
이 값 등을 부여할 경우
혼돈을 줄 수 있음

❸ 파일 형식을 AutoCAD파일 [dwg]로 지정합니다. 사용자가 작성한 CAD 파일을 선택합니다. 중앙부 하단의 옵션[Options] 버튼을 클릭합니다. 단위[Units]를 밀리미터로 선택 후 [확인] 버튼을 누르고 다시 가져오기[Import] 버튼을 클릭합니다.

◎ TIP
중심선 태그를 삭제하
지않고 [👁]을 클릭하
여 [숨김] 처리하여도 무
방

❹ 화면에 CAD에서 작성된 도면이 나타납니다. 중심선을 선택[Select ▸] 도구로 선택한 후 키보드의 [Delete] 버튼을 눌러 삭제합니다. 불러온 CAD 도면에는 태그

[Tag]가 존재합니다. 스케치업 태그[Tag] 창에서 각각의 태그[Tag] 제어가 가능합니다.

❺ 위의 그림과 동일하게 벽체 선만 남겨져 있습니다. 그러나 면이 생성되어 있지 않습니다. 면이 없으면 벽체의 높이 값을 줄 수 없습니다.

❻ 전체를 선택하여 우측 버튼의 메뉴 중 분해를 실행합니다. 그리고 선[Line ✏] 도구와 추정 기능을 활용하여 위의 그림과 동일하게 끝점과 끝점을 따라 그려주면 자동으로 없었던 면이 새롭게 생성됩니다.

◎ TIP
추정(Inference)이란 모델링 작업시 이동 및 복사, 회전, 시작 및 끝점 등의 포인팅 위치점이나 방향 등을 미리 제시해주는 기능을 의미

파일 속해

MEMO

🔴7 위의 방법대로 선[Line ✏]을 활용하여 나머지 벽체의 면을 위의 그림과 동일하게 생성시킵니다.

우측 마우스 클릭

🔴8 스케치업의 면은 앞/뒷면이 각기 다른 색상을 가집니다. 위의 그림과 같이 어두운 회색은 뒷면을 의미하기에 이를 앞면으로 만들기 위해서는 해당 뒷면을 선택 [Select ▶] 도구로 선택 후 마우스 우측 버튼을 눌러 확장 메뉴를 펼친 후, 면 반전 [Reverse faces]을 선택하면 됩니다.

🔴9 면 반전[Reverse faces]을 활용하여 위 그림과 같이 벽체 모두 면을 뒤집습니다.

⑩ 밀기/끌기[Push/Pull] 도구로 벽체의 면을 선택 후 위쪽으로 마우스 방향을 지시합니다. 이어 수치입력창에 [3000]의 높이 값을 입력하면 위의 그림과 동일해집니다.

◎ TIP
나머지 면을 [더블클릭]하여 앞서 입력한 높이 값을 반복하여 적용시킬 수 있음

⑪ 밀기/끌기[Push/Pull] 로 나머지 벽체의 면을 선택 후 위의 그림과 동일하게 작성합니다.

MEMO

08 애니메이션[Animation] 기능 활용

스케치업에서는 장면[Scene]과 장면[Scene]들을 각각 설정하고 저장하여 이를 조합한 애니메이션[Animation]을 제작할 수 있습니다. 동영상을 제작할 경우에는 앞서 학습한 태그[Tag] 기능과 아웃라이너[Outliner], 태그 기능을 활용할 수 있습니다.

01 애니메니션 따라하기

◎ TIP
원활한 애니메이션 수행을 위해 반드시 모든 객체는 [그룹]이나 [구성요소]로 작성하는 것이 좋음

❶ 직사각형[Rectangle ▱] 도구, 줄자 도구[Tape measure ✐], 밀기/끌기[Push/Pull ⬆] 도구를 활용하여 위의 그림의 치수를 참고하여 모델을 작성 후 그룹 만들기 [Make Group]로 지정합니다.

❷ 아웃라이너[Outliner]에서 생성된 해당 그룹을 선택합니다. 마우스 우측 버튼을
  눌러 요소 정보[Entity Info]의 명칭 인스턴스-[Instance]항목에서 해당 그룹의 명
  칭을 [벽]으로 변경합니다.

❸ 직사각형[Rectangle] 도구와 밀기/끌기[Push/pull] 도구를 활용하여 갈려
  져 비워진 공간에 직사각형의 모델을 작성 후 그룹 만들기[Make Group]로 만듭니
  다. 아웃라이너[Outliner]에서 그룹 명칭을 [닫힌 문]으로 변경합니다.

◎ TIP

[아웃라이너]에서 그룹
명칭을 두 번 클릭하거나
그룹 명칭을 선택한 뒤
마우스 우측 버튼을 누르
고 펼침 메뉴에서 [이름
바꾸기] 항목을 선택하
여 변경할 수 있음

❹ 화면상에서 [닫힌 문] 그룹을 선택합니다. 이어 회전 복사[　　]도구를 활용하여
  위의 그림과 동일한 위치의 중심점을 지정하고 기준 축을 지정한 다음 [90°]로 회

전 복사시킵니다. 복사된 모델을 선택 후 아웃라이너[Outliner]에서 그룹 명칭을 [열린 문]으로 변경합니다.

◎ TIP
회전을 하기 위해서는 회전 중심점과 회전 기준축의 시작과 끝점을 정확하게 지정할 필요가 있음

❺ 아웃라이너[Outliner] 창에 보이는 각 모델별 그룹 명칭은 위와 같습니다.

◎ TIP
[아이볼]을 클릭하여 [숨김]처리할 수 있음

❻ [열린 문] 그룹을 아웃라이너[Outliner] 창에서 선택 후 마우스 우측 버튼을 클릭한 뒤 숨기기[Hide]합니다.

❼ [상단 메뉴] ▶ 보기[View] ▶ 애니메이션[Animation] ▶ 장면추가[Add Scene]를 클

릭합니다.

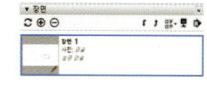

◎ TIP
[장면 트레이]에서 장면 이름 바꾸기 및 다양한 속성 등을 제어할 수 있음

❽ 상단 메뉴 아래에 [장면 1(Scene1)] 탭이 생성됩니다.

❾ 궤도[Orbit 🔄] 도구를 활용하여 위와 유사한 뷰[View]로 변경합니다.

◎ TIP
반드시 현재 뷰를 [업데이트]하여야만 장면 탭에 등록됨으로 주의

❿ [장면 1] 탭을 선택 후 마우스 우측 버튼을 클릭하여 확상 메뉴를 별칩니다. 메뉴 중 업데이트[Update]를 선택하여 현재 모델의 현재 시점을 등록합니다.

◎ TIP

스케치업의 애니메이션
장면(Scene Animation)
기능은 여러 장면(Scene)
을 연속적으로 전환시켜
카메라 이동, 가시성 변
화, 태그 상태 변화 등을
통해 애니메이션 효과를
만드는 기능임.

⓫ [장면 1] 탭을 선택 후 마우스 우측 버튼을 눌러 확장 메뉴를 펼칩니다. 메뉴 중 장면 추가[Add]를 클릭합니다.

⓬ 상단 메뉴바에 [장면 2(Scene 2)] 탭이 추가됩니다.

⓭ 아웃라이너[Outliner] 창에서 [열린 문]를 숨기기 취소[Unhide]하고 [닫힌 문]을 숨기기[Hide] 합니다.

MEMO

⓭ [장면 2] 탭을 선택 후 마우스 우측 버튼을 눌러 확장 메뉴를 펼칩니다. 메뉴 중 업데이트[Update]를 클릭하여 현재의 모델의 시점을 등록합니다.

장면 왼쪽 이동[Move Left]과 장면 오른쪽 이동[Move Right] 버튼을 눌러 장면의 순서를 변경할 수 있으며, 장면 삭제[Delete] 메뉴들을 활용하여 해당 장면을 삭제[Delete]할 수 있습니다.

⓯ [장면 1] 탭을 선택 후 마우스 우측 버튼을 눌러 확장 메뉴를 펼칩니다. 메뉴 중 애니메이션 재생[Play Animation] 메뉴를 클릭합니다.

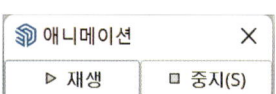

⓰ 일시 중지[Pause]와 중지[Stop] 버튼으로 영상을 제어합니다.

02 애니메이션[Animation] 속도 제어 따라하기

❶ [상단 메뉴] ▸ 보기[View] ▸ 애니메이션[Animation] ▸ 설정[Settings] 메뉴를 클릭합니다.

◎ TIP
[장면 전환]은 장면을 넘
기는 속도임. [장면 지연]
은 해당 장면에서 잠시
대기하는 시간. 즉, [장면
지연]에 시간이 입력되
면 그 만큼 순간순간 영
상이 끊기게 됨

❷ 장면 전환 가능[Enable scene transitions]을 체크한 뒤 장면 전환 빠르기를 0.5초[Seconds]로 변경합니다. 장면 지연을 0초[Seconds]로 변경합니다.

◎ TIP
애니메이션은 [아웃라
이너], [태그], [그림자],
[안개] 등의 기능과 연계
시켜 다양하게 제작할 수
있으며, 원리는 동일

❸ [장면 1] 탭을 선택 후 마우스 우측 버튼을 눌러 확장메뉴를 펼칩니다. 메뉴 중 애니메이션 재생[Play Animation] 메뉴를 클릭합니다. 설정[Setting] 값에 의하여 애니메이션[Animation]이 보다 빠르게 재생되는 것을 확인할 수 있습니다.

03 장면(Scene) 트레이 활용하기

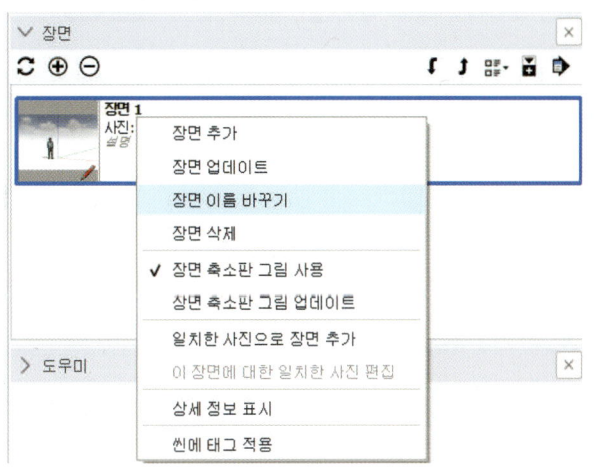

◎ **TIP**
장면 트레이(Scene Tray)
는 사용자가 만든 장면
(Scene) 목록을 한눈에
보고 관리, 수정, 전환할
수 있는 인터페이스임.

❶ ⊕ ⊖ : 장면을 생성(⊕)하거나 삭제(⊖)합니다.

❷ ⟳ : 장면을 업데이트합니다.

❸ ⤵ ⤴ : 생성된 장면의 순서를 변경합니다.

❹ 장면을 클릭하고 마우스 우측 버튼을 누르면 [장면 이름 바꾸기] 등의 작업을 동일
하게 수행할 수 있습니다.

MEMO

CHAPTER

09 샌드박스[Sandbox] 도구 활용

스케치업에서는 격자 그리드의 그물망을 활용하여 높낮이의 변화가 있는 지형이나 수면 그리고 사람의 얼굴과 같은 부정형의 입체 표면을 생성할 수 있습니다. 또한 경사지의 평탄한 부지 조성 및 이형의 평면에 대한 부정형의 바닥면 생성 등의 다양한 기능을 가지고 있습니다.

◎ TIP

[샌드박스]를 활용하여 마구조와 유사한 다양한 비정형의 형상을 표현할 수 있음. 격자의 간격이 좁고 많을 수록 상세한 비정형의 표면 생성에는 유리하지만 작업 속도에 영향을 줄 수 있음

❶ 윤곽에서 [From Contours 🖼] 도구 : 높이의 차가 있는 Auto-CAD 등에서 작업된 등고선을 기준으로 3차원 지형 모델을 생성합니다.

❷ 스크래치에서 [From Scratch 🏃] 도구 : 기본적인 삼각망을 생성하는 도구입니다. 격자망 생성 도구라고도 합니다.

❸ 고르지 않게 [Smoove 🔼] 도구 : 고르지 않게 도구는 [smooth]와 [move]의 합성어로 부드럽게 조작한다는 의미를 담고 있습니다. 조작 반경을 설정하면 조작 범위 내에 면과 선을 선택하여 형태를 변형시킵니다.

❹ 스탬프[Stamp 🖼] 도구 : 경사 지형에 평탄한 건물 바닥 면이나 도로와 같은 길의 평탄면을 지형에 복사시킵니다.

❺ 드레이프[Drape 🖼] 도구 : 삼각망에 도로/하천/건축물의 바닥선 등을 투영시키거나 투영 받을 수 있습니다. 이를 활용하여 다양한 형태의 부정형 삼각망을 작성할 수 있습니다.

❻ 디테일 추가[Add Detail 🖼] 도구 : 기존의 삼각망의 면을 더 세분하여 분할합니다. 이를 활용하여 세밀한 면 조작을 할 수 있습니다. 과도한 면 분할은 작업 파일 용량의 증가를 가지고 오며 컴퓨터의 속도 저하를 가져옵니다.

❼ 가장자리 대칭 이동[Flip Edge 🔷] 도구 : 삼각형을 연결하는 경계[Edge]선의 방

향을 뒤집을 수 있습니다. 경계선 반전으로 면의 방향을 제어하여 세밀한 면 조작
을 이룰 수 있습니다.

01 ## 등고선 생성[From Contours] 도구 따라하기

> **◎ TIP**
> AutoCAD에서 작성된 등
> 고선을 작성할 경우 **Pline**
> 으로 작성 후 **Pedit** 명령
> 을 실행하여 [맞춤(F)] 옵
> 션을 적용하면 지점을 잇
> 는 곡선의 등고선을 작성
> 할 수 있음

❶ AutoCAD를 활용하여 등고선을 작성합니다. 평면으로 보면 2차원으로 보이지만
각각의 등고선은 높이차가 있어야 합니다. 위의 우측 그림과 같이 3차원으로 보았
을 때 각각의 등고선은 높이를 가지고 있습니다.

> 예제파일 및 참고 동영상 파일은 아래 웹하드에서 다운로드 가능하며, 무단 복제 및 전제를 금합
> 니다. LG웹하드 https://only.webhard.co.kr/login
>
> ID : pnpbook1, PW : 8282 [공개자료 - AutoCad + SketchUp]

❷ [상단 메뉴 바 ▸ 파일[File] ▸ 가져오기[Import]를 클릭합니다.

❸ 파일 형식을 [dwg]로 지정 후 해당 등고선 파일을 선택합니다. 가져오기[Import] 을 클릭하기 전 옵션[Options] 버튼을 눌러 단위를 반드시 밀리미터[Millimeters] 로 변경합니다.

◎ TIP
AutoCAD에서 작업된 [.dwg]
파일은 동일한 방법으로
가져오기 하면 됨

❹ 화면에 CAD에서 작업한 등고선이 가져오기[Import] 되었습니다.

❺ CAD 상에서 높이의 변화를 주어 작성된 등고선을 스케치업에서의 원활한 지형

생성을 위하여 반드시 분해[Explode, 단축키= X]하여 저장합니다.

대각선 방향 선택

❻ 선택 [Select ↖] 도구를 활용하여 가져온 등고선을 전체 선택합니다.

윤곽에서[From contours]를 클릭합니다.

◎ TIP
높이차가 있는 닫혀진 도
형만이 아니라 닫혀있지
않는 열린 선분들을 이용
하여 표면을 생성할 수
있음

❼ 자동 그룹화되이 등고선을 잇는 부드러운 지형이 생성되었습니다.

우측 마우스 클릭

개체 정보(I)
지우기(E)
숨기기(H)
잠금
그룹 편집(G)
분해
컴포넌트 만들기(C)
선택
연결 해제
배율 재설정
가장이기 재설정
교차 면
가장자리 부드럽게/매끄럽게
선택 확대/축소

❽ 생성된 지형을 선택 후 마우스 우측 버튼을 눌러 확장 메뉴를 펼칩니다. 가장자리
부드럽게/매끄럽게[Soften/Smooth Edges] 메뉴를 클릭합니다.

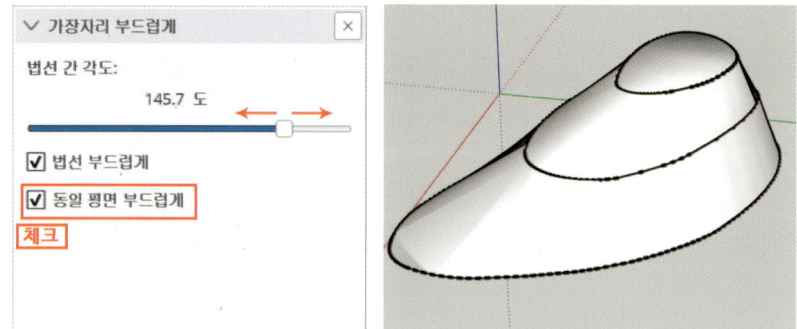

❾ 동일 평면 부드럽게[Soften coplanar]를 체크 후 법선 간 각도[Angle between] 바를 마우스로 클릭하여 우측으로 이동시키면 해당 모델의 면을 더욱 부드럽게 만들 수 있습니다.

02 스크래치에서[From Scratch 📊] 및 고르지 않게[Smoove 🔺] 도구 따라하기

❶ 스크래치에서[From Scratch 📊]를 선택합니다.

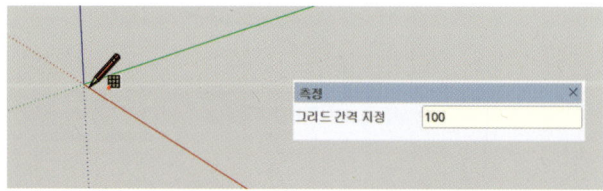

❷ 그리드 간격을 수치 입력[VCB] 창에 [100]으로 입력합니다. [가로 및 세로 간격 100]의 그리드가 생성됩니다.

③ 그리드 생성[✏️] 도구가 화면에 나타나면 세 축의 교차점에 그리드의 시작점을 지정합니다. 빨간 축(X축) 방향으로 그리드의 첫 번째 방향을 지시 후 수치입력창에 [2000]을 입력합니다.

◎ **TIP**
시작점 지정 후 키보드에서 [SHIFT] 키를 누른 채 마우스를 이동하면 빨간색의 그리드 눈금이 표현

④ 그리드 생성[✏️] 도구를 녹색 축(Y축) 방향으로 그리드의 두 번째 방향을 지시 후 수치입력창에 [2000]을 입력 후 키보드의 [ENTER]키를 입력합니다.

◎ **TIP**
시스템 사양에 따라 격자가 많을수록 그리드 플랜 [Grid Plan] 생성 시간이 지연될 수 있거나 간혹 컴퓨터가 정지(Down) 될 수 있음

⑤ 간격이 [100]인 [전체 가로 2000 세로 2000]의 그리드 플랜[Plan]이 작성되었습니

다. 현재 그리드 플랜[Grid Plan]은 그룹[Group] 상태입니다.

❻ 선택[Select] 도구를 활용하여 생성된 삼각망 즉 그리드 플랜을 더블클릭합니다. 그룹 편집[Edit Group] 상태로 전환됩니다.

◎ TIP
[Smoove]는 Smooth와 Move
의 합성어. 선택된 범위
의 표면을 부드럽게 올리
거나 내릴 수 있음

❼ 샌드박스에서 고르지 않게[Smoove] 도구를 선택합니다.

❽ 수치입력창의 면 조작을 하기 위한 적용 반지름(반경, Radius)값을 [300]으로 입력합니다.

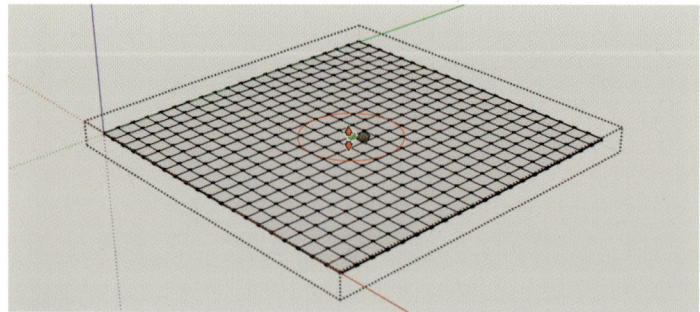

❾ 곡면조작[ ] 도구 표시와 함께 화면상에 빨간색 반경 표시가 보입니다.

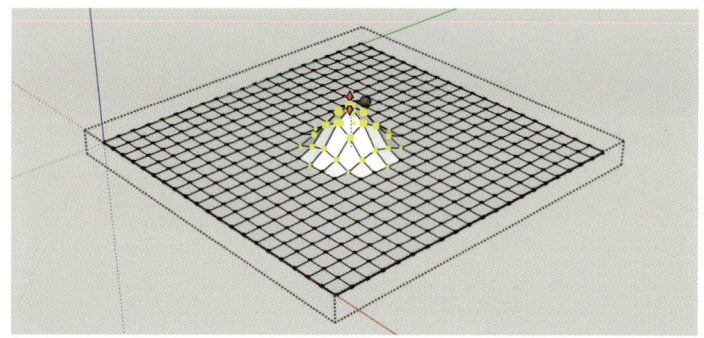

⑩ 사용자가 원하는 지점을 선택 후 마우스를 파란 축(Z축) 방향으로 올리면 반경 내의 면과 선이 함께 올라가게 됩니다. 올라가는 높이 값은 수치입력창에서 사용자가 정확히 입력해도 됩니다.

⑪ 면의 높낮이 변화를 준 후 화면 빈 공간에 마우스 좌측 버튼으로 더블클릭하면 그룹 수정 상태에서 벗어나게 됩니다.

◎ TIP
[고르지 않게] 도구를 활용하면 단순히 지형 뿐만 아니라 수면, 바람에 날리는 커튼 등 다양한 표면의 표현이 가능

⑫ 생성된 지형을 선택 후 마우스 우측 버튼을 클릭하여 확장 메뉴를 펼칩니다. 가장자리 부드럽게/매끄럽게[Soften/Smooth Edges] 메뉴를 선택합니다.

◎ TIP
[법선 부드럽게] 옵션을
체크하지 않으면 삼각
형 면의 형상으로 표현

⑬ 동일 평면 부드럽게 하기[Soften coplanar]를 체크 후 법선 간 각도[Angle between] 바를 클릭하여 우측으로 이동시키면 면을 더욱 부드러운 면을 생성할 수 있습니다.

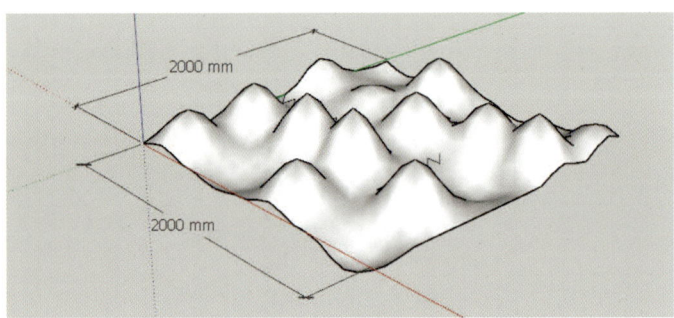

⑭ 가장자리 부드럽게/매끄럽게[Soften/Smooth Edges]를 적용한 결과입니다.

03 스탬프[Stamp 📷] 도구 따라하기

❶ 샌드박스의 스크래치에서[From Scratch 📷]를 도구를 선택합니다.

❷ 그리드 간격을 수치입력[VCB]창에 [100]으로 입력합니다. [가로 및 세로 100]의
그리드가 생성됩니다.

◎ TIP
[샌드박스]에서 그리드
생성은 다양한 곡선의 형
상을 만드는 기초가 됨

❸ 그리드 생성[✏️⊞] 도구가 화면에 나타나면 세 축의 교차점에 그리드의 시작점을
지정합니다. 빨간 축(X축_ 방향으로 그리드의 첫 번째 방향을 지시 후 수치입력
창에 [2000]을 입력합니다.

❹ 그리드 생성[✏️⊞] 도구를 녹색 축(Y축) 방향으로 그리드의 두 번째 방향을 지시
후 수치입력창에 [2000]을 입력합니다.

◎ **TIP**
그룹을 더블클릭하는 것
을 보통 [그룹 열기] 또는
[그룹 편집]이라고 함

❺ 그리드 간격이 [100]인 [전체 가로 2000 세로 2000]의 그리드 플랜[Plan]이 작성되
었습니다. 현재 그리드 플랜[Grid Plan]은 그룹[Group] 상태입니다.

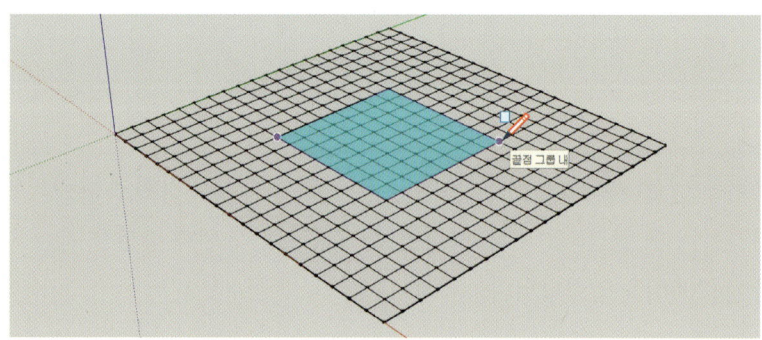

◎ **TIP**
건물의 토대가 될 면은
반드시 사각형일 필요가
없음. 다양한 형상의 토
대면이 가능

❻ 생성된 삼각망 그리드 플랜[Plane] 위에 사각형[Rectangle ▨] 도구를 활용하여
건물이 놓일 토대가 될 사각면을 작성합니다. 작성된 사각면은 그룹[Make Group]으
로 만들어 줍니다.

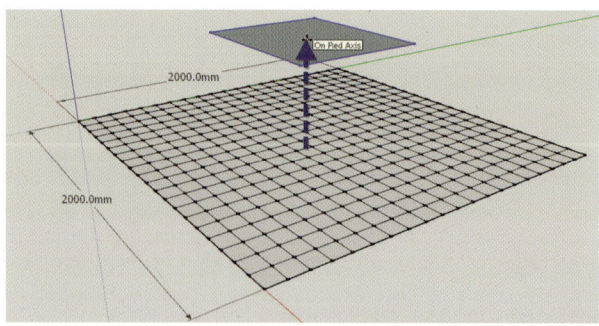

❼ 사각형 면을 선택하여 Z축 방향으로 들어 올립니다. 키보드의 [↑] 방향 버튼을
누른 후 Z축 방향으로 움직이면 고정된 축 상태에서 편리하게 들어올릴 수 있습니

다. 즉 앞서 학습하였던 추정 기능을 활용하는 것입니다.

◎ TIP
[스탬프]는 마치 도장을 찍어 격자 표면을 들어올 리거나 내리는 작업을 수 행함

❽ 샌드박스[Sandbox]에서 스탬프[Stamp 📗]를 클릭합니다.

❾ 사각형 형태를 클릭한 후 스탬프[Stamp 📗] 도구 선택하고 수치입력창에 [30]을 입력합니다. 값 30은 선택한 사각면의 외곽선으로부터 외부로 [30]간격인 확장 범 위를 지정한 것입니다. 확장 범위 값이 삼각망 그리드 플랜보다 클 경우 바닥면 생 성이 이루어지지 않거나 원하는 결과를 얻지 못할 수 있습니다.

◎ TIP
[스탬프]에서 입력되는 값은 건물 토대면을 들어 올리거나 내릴 경우 격자 표면과의 간격을 의미하 는데 완만한 경사면을 원 할 경우 그 값을 높일 수 있음. 값이 작으면 절벽 같은 수직면으로 작성됨

❿ 삼각망 그리드 플랜을 스탬프[Stamp 📗] 도구로 선택합니다.

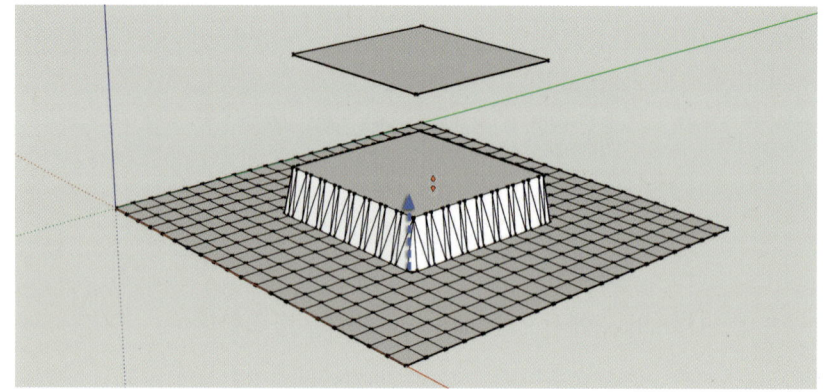

⑪ 사각면이 그리드 플랜에 투영됩니다. 이어 마우스를 움직여 아래와 위로 투영된 면을 끌어내리거나 올릴 수 있습니다.

⑫ 스탬프[Stamp 🖊] 도구로 완성된 결과입니다.

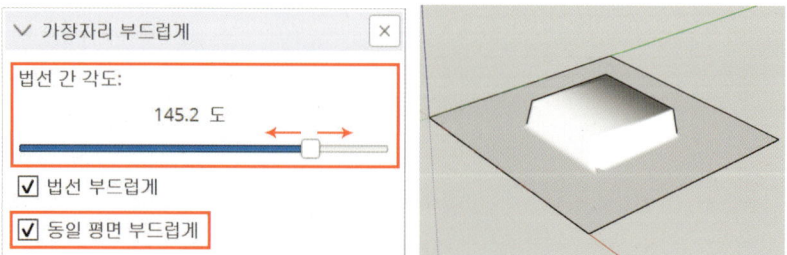

⑬ 동일 평면 부드럽게[Soften coplanar]를 체크 후 법선 간 각도[Angle between] 바를 클릭하여 우측으로 이동시키면 면을 더욱 부드럽게 만들 수 있습니다.

04 드레이프[Drape 🖐] 도구 따라하기

◎ TIP
[드레이프, Drape]란 [씌우다]라는 의미로 격자 표면에 대상 그룹의 형상을 투영시킬 경우 활용

① 샌드박스[Sandbox]에서 스크래치에서[From Scratch 🔲]를 클릭합니다.

② 그리드 간격을 수치입력창에 [100]으로 입력합니다. [가로 및 세로 100]의 그리드가 생성됩니다.

◎ TIP
[샌드박스]에서 그리드 생성은 다양한 곡선의 형상을 만드는 기초

③ 그리드 생성[✏] 도구가 화면에 나타나면 세 축의 교차점에 그리드의 시작점을 지정합니다. 빨간 축(X축) 방향으로 그리드의 첫 번째 방향을 지시 후 수치입력창에 [2000]을 입력합니다.

MEMO

❹ 그리드 생성[] 도구를 녹색 축(Y축) 방향으로 그리드의 두 번째 방향을 지시 후 수치입력창에 [2000]을 입력합니다.

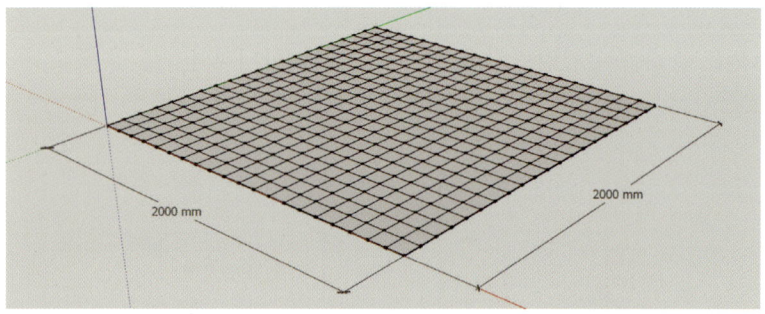

❺ 그리드 간격이 [100]인 [전체 가로 2000 세로 2000]의 그리드 플랜[Plan]이 작성되었습니다. 현재 그리드 플랜[Grid Plan]은 그룹[Group] 상태입니다.

◎ TIP
[프리핸드]로 다양한 형상을 작성할 경우 반드시 면이 생성되어야 함

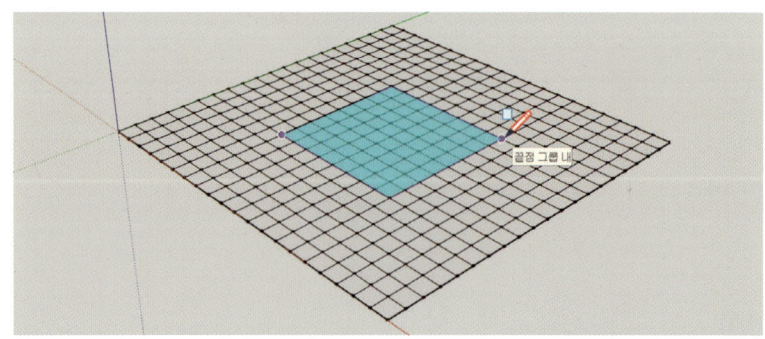

❻ 생성된 삼각망 그리드 플랜 위에 직사각형[Rectangle ▨] 도구를 활용하여 건물의 바닥면이 될 사각면을 작성합니다. 작성된 사각면은 그룹[Make Group]으로 만듭니다.

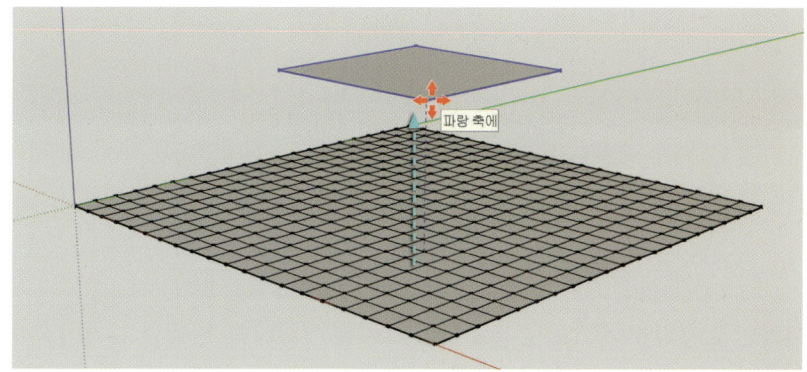

❼ 사각형 면을 선택하여 파랑 죽(Z죽) 방향으로 늘어 올립니다. 키보느의 [↑] 방향 버튼을 누른 후 Z축 방향으로 움직이면 편리합니다. 즉 선행 학습하였던 추정 기능을 활용하는 것입니다.

◎ TIP
Drape는 한 객체의 선 (Edge)이나 윤곽을 다른 표면(특히 지형)에 투영하여 선을 새기듯 "덮어 씌우는" 기능을 의미함.

❽ 샌드박스[Sandbox]에서 드레이프[Drape 🗒] 도구를 클릭합니다.

❾ 드레이프[Drape 🗒] 도구로 먼저 그리드 플랜을 지정합니다.

⑩ 사각면을 클릭하면 그리드 플랜이 사각면 투영됩니다. 반대로 사각면을 먼저 선택하고 그리드 플랜을 선택하면 사각면이 그리드 플랜에 투영됩니다.

⑪ 그리기 도구 중 자유 그림[Freehand ✍] 도구를 선택 후 시작점의 지정과 함께 마우스 좌측 버튼을 누른 채 움직이면 다양한 형태의 바닥면을 작성할 수 있습니다.

◎ TIP
그리드 플랜을 먼저 선택한 후 프리핸드로 작성된 면을 선택하면 프리핸드로 작성된 격자가 투영

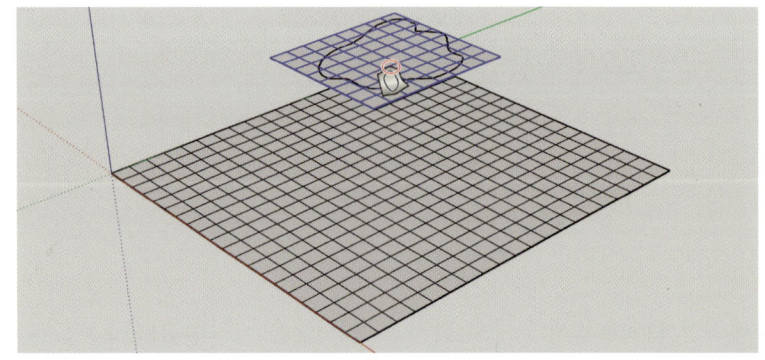

⑫ 드레이프[Drape 🏳] 도구로 먼저 자유 그림 도구로 작성한 도형을 선택 후 그리드 플랜에 클릭하면, 그리드 플랜에 해당 도형이 투영된 것을 확인할 수 있습니다.

⑬ 그리드 플랜을 더블클릭하여 그룹 편집 상태로 전환 시킨 뒤 투영된 면만 선택하여
재질[브릭_01_1K, Brick_01_1K]을 적용하면 위의 그림과 동일해집니다.

05 **디테일 추가[Add Detail 🖾] 및 가장자리 대칭 이동[Flip Edge 🔷] 도구 따라하기**

◎ TIP
[디테일 추가]는 격자표
면을 보다 상세하게 편집
할 경우 활용

❶ 샌드박스[Sandbox]의 스크레치에서 [From Scratch 🖾]를 선택합니다.

❷ 그리드 간격을 수치입력창에 [100]을 입력합니다. [가로 및 세로 100]의 그리드가
생성됩니다.

❸ 그리드 생성[▦] 도구가 화면에 나타나면 세 축의 교차점에 그리드의 시작점을 지정합니다. 빨간 축(X축) 방향으로 그리드의 첫 번째 방향을 지시 후 수치입력창에 [2000]을 입력합니다.

❹ 그리드 생성[▦] 도구를 녹색 축(Y축) 방향으로 두 번째 방향을 지시 후 수치입력창에 [2000]을 입력합니다.

❺ 해당 그리드 플랜을 더블클릭하여 그룹 편집[Edit Group] 상태로 전환시킨 뒤 위 그림과 같이 그리드 한 부분을 마우스 휠을 돌려 확대[Zoom in]해 봅니다.

❻ 디테일 추가 [Add Detail] 도구를 샌드박스[Sandbox]에서 선택합니다.

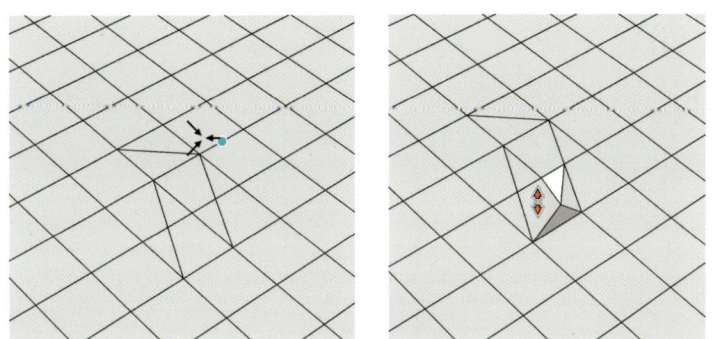

◎ TIP

[디테일 추가]는 세밀한 작업에서 요구되는 도구임으로 화면을 확대한 후 작업할 필요가 있음

❼ 디테일 추가 [ ] 도구를 분할하고자 하는 면에 두고 마우스 좌측 버튼을 누르면 위의 그림과 동일하게 면이 세분화되고 아래 위로 움직이면 형태의 변화를 줄 수 있다.

❽ 가장자리 대칭 이동[Flip Edge] 도구를 샌드박스[Sandbox]에서 선택합니다.

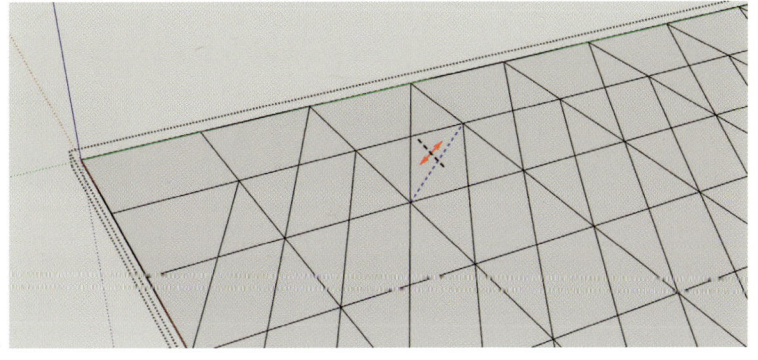

◎ TIP

[가장자리] 방향에 따라 삼각면의 방향도 달라지게 됨으로 형상이 변화됨

❾ 뒤집고자 하는 경계선에 경계선 반전[✕] 도구를 활용하여 클릭합니다.

⓾ 위의 그림과 동일하게 선택된 경계선의 위치가 반전됨이 화면상에서 확인됩니다.

06 샌드박스[Sandbox]를 활용한 실례

❶ 자유선 그림 [Freehand 🖊] 도구, 드레이프[Drape 🛢] 도구, 고르지 않게[Smoove
🔺] 도구를 활용한 예입니다.

◎ **TIP**
[3D Warehouse]의 모델
들을 가져오려면 반드
시 [로그인]을 해야 함

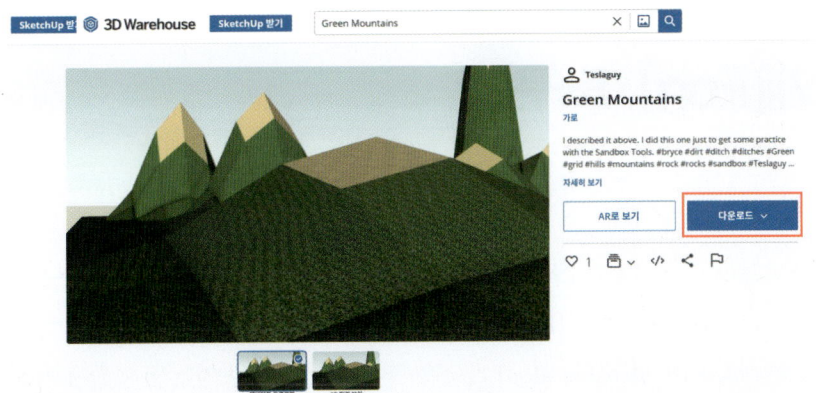

❷ 샌드박스[Sandbox]를 활용한 3D Warehouse에서 공유된 실례 모델입니다. 다운
로드하면 스케치업에서 모델이 생성됩니다.

❸ 샌드박스[Sandbox]를 활용한 [3D Warehouse]에서 공유된 실례 모델입니다.
다운로드하면 스케치업에서 모델이 생성됩니다.

CHAPTER

10 안개[Fog] 도구

스케치업에서는 그림자[Shadows] 도구와 더불어 안개[Fog] 효과 기능을 지원하고 있습니다. 사용자는 안개[Fog] 효과를 활용하여 다양한 장면 연출이 가능하며, 앞서 학습한 애니메이션[Animation] 기능을 활용하여 분위기 있는 동영상을 작성할 수 있습니다.

01 안개[Fog] 도구 따라하기

◎ TIP
[안개] 도구의 연습을 위해 **3D Warehouse**에서 **[City]**와 관련한 모델링 다운로드 받아 활용하면 더욱 유용

City
sans799

❶ 직사각형[Rectangle ▱] 도구와 밀기/끌기[Push/Pull ◆] 도구를 활용하여 위의 그림과 동일한 치수의 입체 사각형 모델을 작성합니다. 이후 상단 메뉴 바 ▶ 보기 [View] ▶ 안개 메뉴[Fog]를 클릭합니다.

MEMO

◎ TIP

[안개 트레이]의 슬라이더(조절 바)에는 0%와 100%가 있음. 0% 바를 움직여 카메라의 시작 범위를 지정한 후 100% 바를 움직여 안개가 100%로 채워지는 범위를 지정. 0%와 100%로 사이 범위는 안개가 점점 짙어지는 변화 구간. 0%와 100% 바가 같은 위치에 있으면 명확한 안개 경계선이 작성됨.

❷ 안개[Fog] 세부 옵션 창이 나타납니다. 화면상에 안개 효과가 보이도록 안개 표시 [Display Fog]를 체크합니다. 거리[Distance]의 스크롤을 클릭하여 위의 그림과 동일하게 조정합니다. 배경색 사용[Use Background Color]에 체크를 해제하고 우측의 색상[Color] 버튼을 누르면 색상 선택[Color Wheel]이 나타나며 이어 사용자가 원하는 색상을 찾습니다. 선택한 색상에 따라 안개 효과가 화면상에 나타납니다.

❸ 사용자는 스케치업의 애니메이션 기능을 활용하여 도시 경관 또는 건물에 대한 안개 효과 애니메이션을 제작할 수 있습니다.

MEMO

MEMO

필수 활용 도구 학습

SketchUp

CHAPTER

01 면 교차[Intersect Faces] 기능

스케치업에서는 선행 학습하였던 고체[Solid Tools] 도구 중 차집합[Subtract]과 분할 [Split] 도구와 유사한 기능을 가진 면 교차[Intersect Faces] 기능을 담고 있습니다. 고체 도구아는 달리 겹친 각각의 모델이 그룹[Group]이 될 필요가 없습니다. 오랜 스케치업 버전에서는 고체 도구가 없었으며 오직 면 교차[Intersect Faces] 기능만을 활용하여야 했습니다.

01 면 교차[Intersect Faces] 기능 따라하기

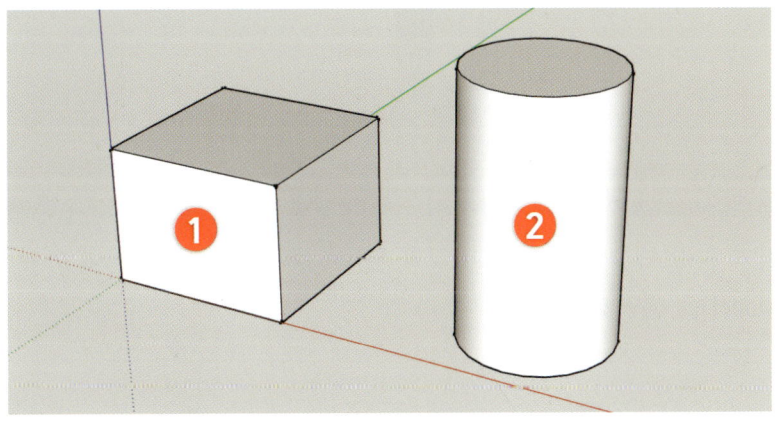

◎ TIP
교차된 면을 편집하고자 할경우 오히려 고체도구 보다도 훨씬 편리할 경우가 있음

❶ 직사각형[Rectangle ✐], 원형[Circle ◉] 도구와 밀기/끌기[Push/Pull ◆] 도구를 활용하여 위의 그림과 유사한 두 개의 모델을 작성합니다.

MEMO

◎ TIP
박스와 원통 형태를 모델
링할 때 처음부터 겹쳐진
상태로 모델링하지 않도
록 주의해야 함

❷ 이동[Move ✛] 도구를 활용하여 입체 원형 모델을 입체 사각형 모델 겹치도록 배
치합니다.

❸ 선택[Select ▶] 도구를 활용하여 전체 모델을 선택한 후 마우스 우측 버튼을 클릭
하여 확장 메뉴를 펼칩니다. 교차 면[Intersect Faces] 메뉴 내 모델 사용[With
Model]을 선택합니다.

◎ TIP
사각형 면을 지우면 아래
와 같은 형상을 작성할
수 있음

❹ 선택[Select ▶] 도구를 활용하여 면을 선택해 보면 각각의 가장자리[Edge] 선을

기준으로 모델의 면들이 각기 분리되어 있음을 알 수 있습니다.

02 경계박스 신규 그립 기능

뒤쪽 모서리, 중심점과 같이 오브젝트에 가려진 포인트를 잡고 이동시키기 시작하면 자동으로 오브젝트가 투명하게 변화합니다. 이동하는 요소가 무언가에 의해 겹쳐졌을 때 나타납니다. '회전'과 '이동' Tool을 사용할 때 작동합니다.

◎ **TIP**
Grip(그립)은 모델링 도구나 **CAD** 프로그램에서 객체의 주요 제어점(핸들)을 나타내는 시각적 마커임.

사각형 박스를 작성하고 이동(Move) Tool을 사용하려 커서를 박스로 가져가면 안쪽 모서리 부분이 보이도록 반투명 형태로 전환되며 다른 객체의 모서리에 정확하게 이동되는 것을 확인할 수 있습니다.

MEMO

02 재질 투영[Projected] 기능

기본적으로 모델에 재질을 부여하는 방법은 앞선 학습에서 다루었습니다. 그러나 곡면에 특정 재질을 외부에서 가져와 적용시키고자 할 경우 종종 사용자는 원하지 않는 결과를 맞이하게 됩니다. [①번 그림 참고] 이번 학습에서는 재질 투영 기능을 활용한 자연스러운 곡면 재질 부여 기법에 대하여 알아보도록 하겠습니다. [② 그림 참고] 위의 그림에서 보듯이 동일한 입체 모델에 대한 동일한 외부 재질을 부여한 결과 재질 투영 기능을 활용한 ②번 그림이 보다 자연스러운 재질 부여 결과를 보입니다.

◎ TIP
정형화된 모델만 존재하진 않음. 곡면을 가진 모델에 재질을 부여하기 위해서는 반드시 투영[Project -ed] 기능을 학습해야 함

01 재질 투영[Projected] 기능 따라하기

1000 mm
1000 mm
1000 mm

❶ 선[Line ✏️]과 호[Arc ✒️] 그리고 밀기/끌기[Push/Pull 🔷]도구를 활용하여 위의 그림과 동일한 치수의 입체 모델을 작성합니다.

❷ 앞서 작성된 입체 모델 전면에 위의 그림과 동일한 크기의 세워진 사각면을 작성합니다. 생성되는 사각면은 재질을 부여하고자 하는 곡면의 폭과 높이와 반드시 동일하거나 보다 넓게 작성되어야 하며, 또한 재질 투영 대상 전면부에 정확히 배치되어야 합니다.

◎ TIP
이미지를 [가져오기] 방법으로 가져올 수 있지만 [재질 트레이]의 [재질 만들기]로 재질을 만들어 객체에 재질을 적용할 수 있음. 그러나, [가져오기] 방법이 가장 단순한 절차로 편리

❸ [상단 메뉴] ▸ 파일[File] ▸ 가져오기[Import] 메뉴]를 선택합니다.

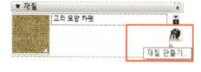

❹ 예제 파일인 [고궁.jpg]를 다운받아 해당 파일을 선택합니다. 텍스처[Use as Texture] 항목을 체크 후 가져오기[Import] 버튼을 선택합니다.

◎ TIP
반드시 [고궁.jpg] 이미
지가 아니여도 무방

❺ 전면에 작성한 사각면에 가져온 이미지[Import]를 재질로 부여합니다. 재질에 대한 크기의 재조정을 원할 경우 이미지를 선택 후 마우스 우측 버튼을 눌러 텍스처[Texture] ▸ 위치[Position] 메뉴를 활용하여 재조정합니다.

❻ 사각면에 부여된 재질을 선택 후 마우스 우측 버튼을 눌러 확장 메뉴를 불러옵니다. 텍스처[Texture] ▸ 위치[Position] 메뉴를 선택합니다.

◎ TIP
🖱 단축키는 [B]

❼ 파란색 버튼을 누르고 하단 쪽으로 드래그하여 원래 이미지의 형태로 맞추어 줍니다.

❽ 페인트 통[Paint Bucket 🪣]도구를 선택 후 키보드의 [alt] 버튼을 눌러 샘플 페인트[Sample Paint 🖊] 도구로 전환시킨 뒤 재질을 흡수합니다.

❾ 완료된 이미지 객체에 우측 마우스 클릭하여 텍스처[Texture] ▶ 투영됨[Projected]을 선택하여 이미지를 다른 면에 투영할 수 있도록 지정합니다.

MEMO

⑩ 페인트 통[Paint Bucket]도구로 위의 그림과 동일한 곡면을 클릭합니다. 곡면을 감싸는 자연스러운 재질 부여가 완성됩니다.

MEMO

CHAPTER

03 모델 정보[Model Info] 설정

모델 정보[Model Info]에서는 작업 모델의 다양한 정보 즉, 치수, 문자, 단위, 재질의
질 등의 설정을 할 수 있습니다.

01 모델 정보[Model Info] 설정 기능 살펴보기

❶ [상단 메뉴] ▶ 창[Window] ▶ 모델 정보[Model Info]를 클릭합니다.

◎ TIP
[장면 전환] 시간은 장면
을 넘기는 속도로, [장면
지연]은 해당 장면에서
잠시 대기하는 시간임.
즉, [장면 지연]에 시간이
입력되면 그 만큼 순간
순간 영상이 끊기게 됨

❷ 애니메이션[Animation] 항목은 이미 학습한 바 있으며, 애니메이션 재생에 관련
된 장면 전환과 지연 속도를 제어합니다
① 장면 전환 사용[Enable scene transitions] : 체크를 해제하면 장면이 전환 효과
가 사라집니다.

② 장면 전환 설정[Scene Transitions seconds] : 장면 전환 시간을 초 단위로 설정합니다.

③ 장면 지연 설정[Scene Delay seconds] : 장면 전환 사이의 지연 시간을 설정합니다.

◎ TIP
[구성요소]는 동일한 형상의 반복적인 패턴의 모델링 작업에 유용하게 활용

❸ 컴포넌트[Component]란 구성요소로 완성된 모델을 의미하며, 구성요소를 복사하여 사용할 경우 원본 구성요소의 수정이 생기면 복사된 구성요소도 함께 수정됩니다. 그룹[Group]과 유사한 것 같으나 성격이 엄연히 다릅니다.

① 비슷한 구성요소 숨기기[Fade similar components] : 더 밝게[Lighter]에 가까울수록 원본 구성요소를 편집[Edit Components]할 경우 복사된 구성요소의 화면 표시 색이 흐려집니다. 숨기기[Hide]를 체크하면 복제 구성요소가 화면상에서 사라집니다. [원본의 구성요소 객체를 더블클릭하면 수정 상태로 전환됩니다. 수정 후 화면 빈 곳을 클릭하면 수정 상태에서 벗어납니다]

다음 그림을 참고하세요.

◎ TIP
선택된 [구성요소]나 [그룹]과 나머지 모델들의 표현이 유사하면 편집 작업 시 모델 구분의 불편함이 많아지게 됨

② 모델의 나머지 부분 숨기기[Fade rest of model] : 더 밝게[Lighter]에 가까울수록 구성요소 편집 상태[Edit Components]외 타 구성 요소나 그룹 등의 모델 화면 표시 색이 흐려집니다. 숨기기[Hide]를 체크하면 수정 상태의 구성요소 외

타 모델들은 화면상에서 사라집니다.

다음 그림을 참고하세요.

❹ 치수[Dimensions] 항목에서는 치수와 치수선의 크기, 모양 등을 수정합니다.

① 텍스트[Text] : 치수 문자의 크기와 글꼴, 색상을 선택합니다. 스케치업에서 문자의 크기를 변경하는 방법에는 점[Points] / 높이[Height]가 있습니다. 높이[Height]를 선택하면 화면의 축소 및 확대에 따라 치수 문자의 크기도 축소 및 확대되어 보입니다.

점[Points]은 화면 축소 및 확대에 영향을 받지 않고 동일한 크기로 화면에 보입니다.

다음 페이지 그림을 참고하세요.

② 채움선 라인[Leader Lines] : 치수선 끝점 형식을 설정합니다.

다음 그림을 참고하세요.

◎ TIP
분야마다 [끝점]에 형식
이 다를 수 있지만 건축
분야에서는 보통 [닫힌
화살표]를 사용

| 없음 | 슬래시 | 도트 | 닫힌 화살표 | 열린 화살표 |
| (None) | (Slash) | (Dot) | (Close Arrow) | (Open Arrow) |

③ 치수[Dimension] : 치수선 위 치수문자의 정렬 방식을 설정합니다.
화면에 맞춤[Align to screen]을 체크하면 치수 문자는 항상 수평으로 보입니다.
치수선에 맞춤[Align to dimension line]을 선택하면 위[above]/가운데[center]/
외부[outside] 세 가지의 형식에 따라 치수선의 방향에 일치되어 보입니다.
현재 작성된 치수 전체에 설정 변경 사항을 적용시키려면 모든 치수 선택
[Select all dimensions] 버튼을 클릭 후 선택한 치수 업데이트[Update selected
dimensions] 버튼을 누릅니다. 다음 그림을 참고하세요.

◎ TIP
건축분야에서는 보통 [위]
로 설정

위(Above)　　　가운데(Center)　　　외부(Outside)

MEMO

❺ 지리적 위치[Geo-Location]는 현재 작업 모델에 실제의 위치를 지정해 줌으로써 실제에 가까운 일조와 일영을 적용시켜 줍니다.

지리적 위치[Geo-Location]는 [117 Page]에서 학습하였으므로 참고합니다.

◎ TIP
[계단 현상]이란 이미지 경계에 나타나는 톱니 형태의 불규칙한 형상을 의미함

❻ 렌더링[Rendering] 항목에서는 모델에 부여된 재질의 품질을 제어합니다. 재질의 계단 현상 방지 사용[앤티 앨리어스 텍스처 사용[Use Anti-Aliased Textures]]을 체크하면 재질의 품질이 향상됩니다. 그러나 조금은 흐릿하게 보이는 경향이 보입니다. 사용자의 선택에 의하여 체크 유무를 판단하기 바랍니다.

❼ 텍스트[Text] 항목에서는 문자의 크기와 글꼴을 설정합니다.

　① 채움선 라인[Screen Text] : 문자[Text 🔽]도구로 작성되는 문자의 크기 및 글꼴
　　을 조정합니다. 다음 그림을 참고하세요.

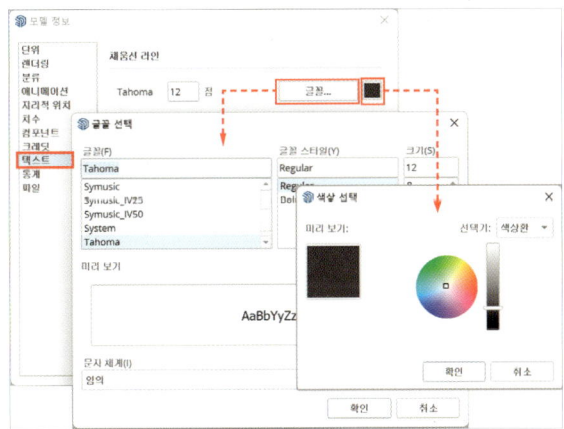

　② 모든 화면 텍스트 선택[Leader Text] : 문자[Text 🔽] 도구로 작성되는 지시 문
　　자의 크기 및 글꼴을 조정합니다. 설정 방법은 채움선 라인[Screen Text]과 동
　　일합니다.

　③ 채움선 라인[Leader Lines] : 문자[Text 🔽] 도구로 작성되는 지시선 끝점의 형
　　식과 화면 표현 형식을 설정합니다. 다음 그림을 참고하세요.

ⓘ TIP
[건축분야]에서는 보통
[닫힌 화살표]를 활용

없음　　　　도트　　　닫힌 화살표　열린 화살표

- 보기 기반[View Based] : 화면의 시점의 궤도[Orbit] 도구에 따라 지시선이 함께 움직여 사용자의 문자 내용 파악에 도움을 줍니다.
- 푸시 핀[Pushpin] : 화면의 시점과 관계없이 지시선이 고정됩니다.

❽ 단위[Units] 항목에서는 길이와 각도의 단위 설정과 소수점 자릿수를 제어합니다.

① 측정 단위[Length Units] : 길이의 단위를 설정합니다.

- 형식[Format] : 기본적으로 십진수를 선택 후 밀리미터 단위를 선택합니다.
- 표시 정밀도[Precision] : 내림[⌄] 버튼을 눌러 소수점의 자릿수를 조정합니다.
- 길이 스냅 사용[Enable length snapping] : 지정한 값에 의하여 길이마다 스냅이 잡히도록 합니다.
- 단위 형식 표시[Display units format] : 치수 문자 뒤에 단위가 보이도록 합니다.

◎ TIP
[길이 스냅]은 [선], [이동] 등의 방향성이 있는 작업에 영향을 줌

다음 그림을 참고하세요.

② 각도 단위[Angle Units] : 각도의 단위를 설정합니다.

- 표시 정밀도[Precision] : 내림[☑] 버튼을 눌러 소수점의 자릿수를 조정합니다.
- 각도 스냅 사용[Enable length snapping] : 지정한 값에 의하여 길이마다 스냅
  이 잡히도록 합니다.

  다음 그림을 참고하세요.

각도 단위	
각도	표시 정밀도
각도	0.0 ▼
☑ 각도 맞추기 사용	15.0 ▼

◎ TIP
[각도 스냅]은 [회전]에
영향을 줌

MEMO

CHAPTER

04 환경 설정[Preference] 따라하기

환경 설정이란 단어의 의미 그대로 스케치업 사용자가 선호하는 확장 기능, 연계 응용프로그램 설정, 각종 파일의 경로, 단축키 설정, 템플릿 설정 등을 할 수 있습니다.

01 환경 설정[Preference] 기능 살펴보기

◎ **TIP**
[환경 설정]과 [모델 정보] 내의 세부 설정 사항 등은 모델링 작업 전에 변경 해두는 것이 좋음

❶ [상단 메뉴] ▶ 창[Window] ▶ 환경 설정[Preferences]을 선택합니다.

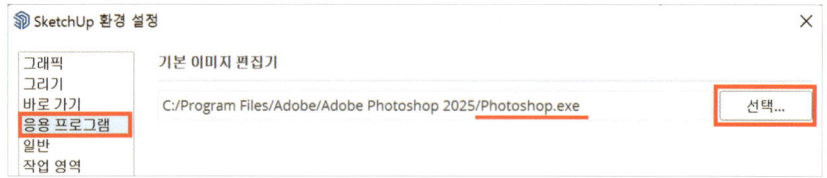

❷ 응용프로그램[Applications] 항목은 스케치업의 재질을 편집해주는 외부 프로그램을 등록시킬 수 있습니다. 보편적으로 재질 편집을 위하여 자주 활용되는 프로그램은 Adobe Photoshop 프로그램입니다. 선택[Choose] 버튼을 클릭합니다.

❸ 포토샵이 설치된 폴더로 찾아 들어가 [Photoshop.exe] 실행 파일을 선택 후 열기
[Open]을 누르면 재질 편집을 위한 응용프로그램의 등록이 완료됩니다.

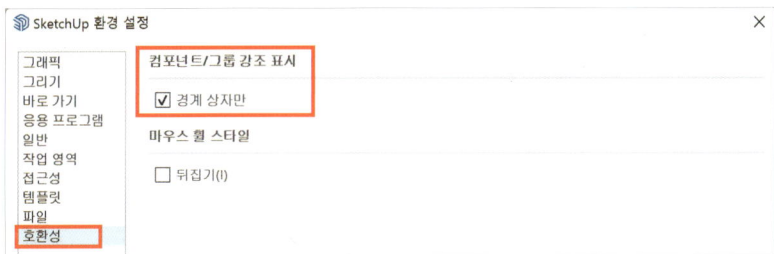

❹ 호환성[Compatibility] 항목에서는 구성요소/그룹 모델을 선택할 경우 나타나는
화면상 표현 방식과 화면의 축소 및 확대를 위하여 사용하는 마우스 휠의 돌림 방
향을 설정합니다.

경계 상자 체크   경계 상자 미체크

• 경계 상자만[Bounding box only]에 체크 후 컴포넌트 또는 그룹을 선택할 경우에
  는 모델이 경계선들은 선택 표시가 되지 않고 오로지 전체 범위만 표시됩니다.

◎ TIP
특별하지 않은 경우를 제
외하고 [뒤집기]를 체크
할 필요는 없음

- 마우스 휠의 방향을 제어합니다. 기본적으로 마우스 휠을 손 바깥쪽으로 돌려
야 화면이 확대되지만 뒤집기[Invert]를 체크하면 손 안쪽으로 돌려야 화면이
확대됩니다.

❹ 그리기[Drawing] 항목은 선[Line ✏] 도구를 활용할 경우 클릭에 관한 형식을 설
정합니다.

① 클릭 스타일[Click Style]

- 클릭-끌어가기-놓기[Click-drag-release] : 시작점을 마우스 좌측 버튼으로
지정 후 계속 누른 채 마우스를 드래그[Drag]하여 다음 점 위치에 두고 좌측
버튼을 놓으면 선이 그려집니다.

- 클릭-이동-클릭[Click-move-click] : 시작점과 다음 점을 마우스로 이동하면
각각 지정하여 선을 작성합니다. 가장 일반적인 형식입니다.

- 자동 탐지[Auto detect] : 클릭-끌어가기-놓기[Click-drag-release]와 클릭-이
동-클릭[Click-move-click] 두 가지 형식을 모두 사용합니다.

- 선 그리기 계속[Continue line drawing] : 연속성을 가진 선을 작성합니다. 체
크를 해제하면 선을 작성할 때마다 연속된 선의 작성일 경우라도 시작점을
각각 다시 지정해 줘야 하는 번거로움이 있습니다.

② 올가미 방향[Lasso Direction] : 선택 경계를 수동으로 그려서 사용자 지정선택을 합니다.

- 시계 방향 교차 선택[Clockwise crossing selection] : 시계 방향으로 선택이 가능합니다.
- 시계 반대 방향 교차 선택[Counterclockwise crossing selection] : 시계 반대 방향으로 교차 선택이 가능합니다.

③ 기타[Miscellaneous] : 그리기의 부수적인 편리성을 도모합니다.

- 십자선 표시[Display crosshairs] : 그리기[ ] 도구 등을 활용하여 모델 작성 시 십자축 선이 도구와 함께 보입니다.

❺ 파일[File] 항목은 모델, 컴포넌트, 재질, 스타일, 재질 이미지 등의 경로를 설정합니다.

◎ TIP
파일의 위치는 사용자가 십게 접근할 수 있는 곳으로 변경해 두거나 기본 위치를 파악해 두는 것이 좋음

◎ TIP
[자동 저장]의 [간격]을
너무 좁히면 향후 모델링
작업 시 방해를 줄 수 있
음. 보통 5분 또는 10분으
로 설정합니다. 자동 저
장되면서 [.skb] 파일을
생성하게 됨

❻ 일반[General] 항목은 작업 과정 중에 발생하는 문제점들에 대하여 경고하고 예방
하는 기능을 담고 있습니다.

- 저장 중[Saving] : 백업 파일을 작성할 수 있으며, 분 단위의 자동저장 시간을 설
  정합니다.
- 모델 문제점 확인[Check models of problems] : 모델의 문제점을 자동 체크합니다.
- 경고 메시지[Scenes and Styles] : 장면과 스타일 변경 시 경고합니다. 경고 메시
  지 초기화도 가능합니다.
- 소프트웨어 업데이트[Software Updates] : 자동으로 소프트웨어를 체크하고 업
  데이트합니다.

❼ 단축키[shortcuts] 항목에서는 사용자가 자주 활용하는 도구마다 임의의 단축키를
재설정할 수 있습니다.

- 필터[Filter] : 사용자가 찾고자 하는 도구의 명칭[예, zoom의 z]을 입력합니다.

- 기능[Function] : 필터[Filter]에서 입력한 명칭과 관련된 도구들이 리스트로 보입니다. 단축키를 재설정하고자 하는 도구 명칭을 선택합니다.
- 단축키 추가[Add shortcut] : 선택된 도구에 단축키를 재부여합니다. 단축키를 입력하면 우측 추가[+] 버튼이 활성화되며 + 버튼을 누르면 할당됨[Assigned] 창에 등록됩니다.
- 할당됨[Assigned] : 등록된 단축키는 우측 [−] 버튼을 눌러 제거할 수 있습니다.
- 모두 재설정[Reset All] : 모든 도구의 단축키를 변경 전의 원래 값으로 되돌립니다.

◎ TIP
사용자가 즐겨 사용하는 [스타일, 환경 설정, 모델 정보] 등을 변경하여 별도의 [템플릿]을 만들어 활용하면 더욱 편리. 사용자 템플릿은 [상단 메뉴 ▶ 파일 탭 ▶ 템플릿으로 저장]을 통해 등록할 수 있음

❽ 템플릿[Template]이란 전반적인 사용자 작업 환경을 의미합니다. 스케치업에는 미리 만들어진 기본 템플릿이 있으며 보편적으로 건축 : 단위(Millimeter) [Architectural Design - Millimeters]를 사용합니다.

MEMO

CHAPTER

05 루비[Ruby] 등록

스케치업에서 루비 스크립트[Ruby script]는 단어 해석 그대로 보석과도 같습니다. 즉 스케치업의 기본 기능에 날개를 달아 주는 것이며, 보다 난해한 모델 작성 과정을 편리하게 도와주는 유용한 외부 도구들입니다.

스케치업 사용자는 누구나 언제든지 작업 중 필요한 플러그인이나 루비 등을 수많은 공유 사이트에서 다운받아 편리하게 활용할 수 있습니다.

01 루비[Ruby] 등록 따라하기

스케치업에서 기본으로 제공되는 기능 외에 다양한 모델링을 구현하기 위한 옵션 즉 플러그인을 루비라고 부르며 이를 등록하여 사용할 수 있습니다.

[1] Extension Warehouse를 통해 설치해보기

◎ TIP
보다 더 다양한 루비는 'https://sketchucation.com' 사이트에서 검색하고 다운로드 가능. 회원가입과 로그인이 필요하며 유료와 무료를 구분하여 다운로드하여야 함

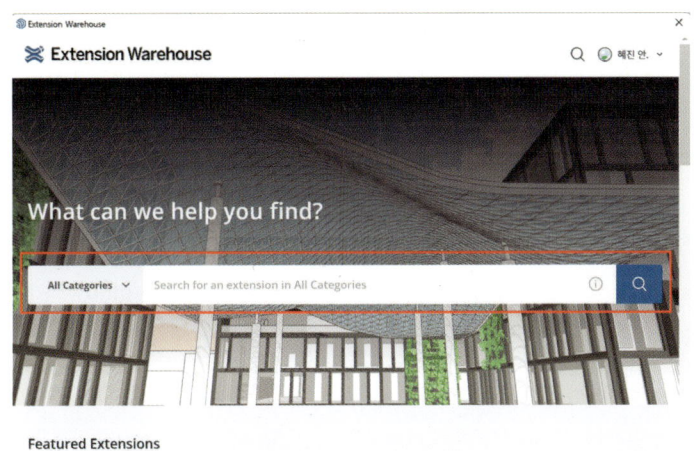

❶ 상단 메뉴 바 ▸ 창[Window] ▸ Extension Warehouse를 선택합니다.

또는 보기[View] ▸ 도구모음[Toolbars] ▸ 이미지갤러리 ▸ Extension Warehouse를
실행해도 됩니다.

스케치업에서 제공하는 Extension Warehouse를 이용하면 다양한 루비를 설치할
수 있습니다. 사용자가 필요로 하는 루비를 검색하여 다운받으면 됩니다.

◎ TIP

다양한 루비를 설치하게
되면 모델링 작업 화면
범위가 협소해 질 수 있
음. 자주 사용하는 루비
들로 화면상에 플로팅하
는 것이 좋음

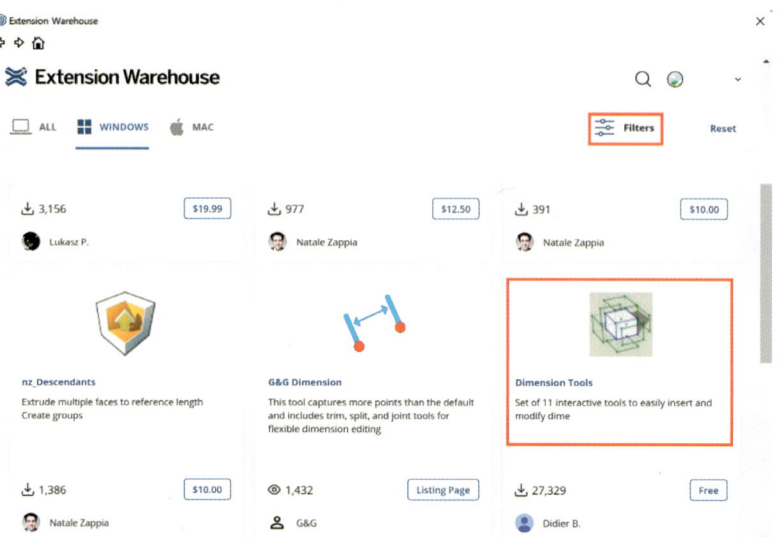

❷ 검색란에 찾고자 하는 검색어를 입력합니다. Dimension Tools를 입력하면 Dimension Tools과 관련되며 사용할 수 있는 루비들이 나열되며 Window와 Mac 을 선택하여 사용할 수 있습니다.

Filters를 클릭하면 또 다른 설정이 가능합니다.

◎ TIP
[루비]를 다운로드할 경우 반드시 가격과 스케치업 설치 가능 버전을 확인할 필요가 있음

Price   Free

Version 3.0.5

2013/05/16

SketchUp Compatibility

SketchUp 2019, SketchUp 2018, SketchUp 2017, SketchUp 2016, SketchUp 2015, SketchUp 2014, SketchUp 2013, SketchUp 8, SketchUp 7, SketchUp 6

◎ TIP
SketchUcation 웹 사이트 (https://sketchucation.com)에서는 SketchUp 사용자들을 위한 글로벌 커뮤니티 포럼 및 리소스 플랫폼으로, 다양한 플러그인, 튜토리얼, 팁, 사용자 지원을 제공

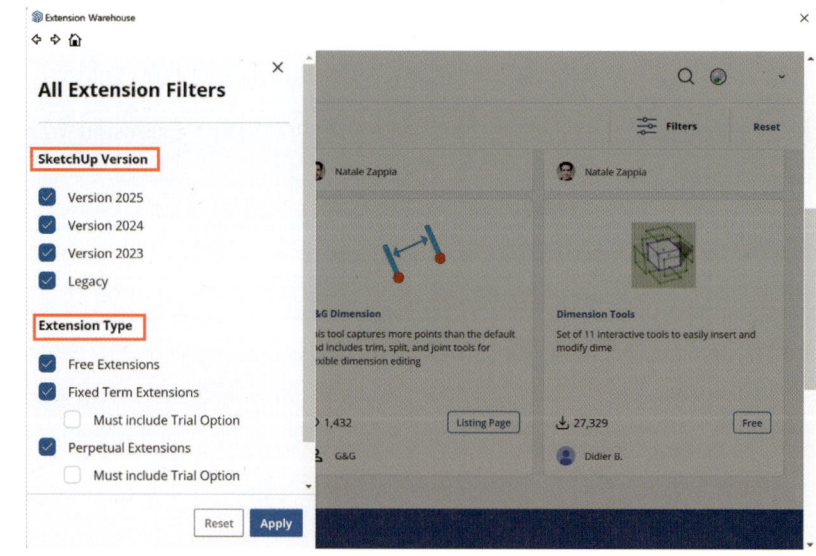

❸ Filters에서는 다운 받을 [SketchUp Version]을 선택할 수 있고 확장 유형 [Extension Type]에 대한 선택을 할 수 있습니다.

❹ 찾은 검색어 중 다운 받고자 하는 검색어를 다운로드합니다.

❺ Extension Warehouse에서 다운 받고자 하는 도구의 특성을 살펴볼 수 있습니다.

◎ TIP
다운 받은 [루비]에 대한
사용법은 [유튜브] 검색
을 통해 학습 가능

❻ 위의 그림에서와 같이 다운로드 된 'Dimension Tools'가 도구 모음에 추가된 것을
볼 수 있습니다.

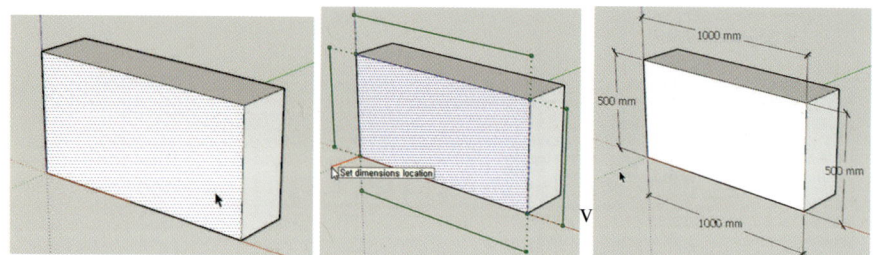

❼ 'Dimension Tools'은 치수를 기입하는 여러 가지 도구를 살펴볼 수 있습니다. 'Dim Bounds' 도구는 한 면(Face)이나 전체의 치수를 한꺼번에 기입할 수 있습니다.

◎ TIP
스케치업 기본 기능을 충실히 익히고 해결되지 못하는 특정 상황에 맞는 [루비]들만 선택적으로 설치 사용하기를 권장하며 사소한 기능의 [루비]를 무분별하게 설치하는 것은 스케치업 성능을 저하시키는 이유가 됨

❽ 다운 받은 루비를 삭제하려면 상단의 도구막대의 확장관리자를 실행하고 해당 루비의 [제거] 버튼을 클릭하면 삭제됩니다.

MEMO

CHAPTER 06 대칭이동(Mirror) 도구

대칭이동(Mirror) 도구를 활용하여 작성된 모델을 대칭축을 기준으로 대칭시킬 수 있습니다.

01 대칭축의 활용

◎ TIP
스케치업 2024버전부터 뒤집기(Flip) 도구가 사라짐. 그러므로 대칭이동(Mirror) 도구의 학습이 필수임.

❶ [큰 도구 세트 ▶ 대칭이동[Mirror, 🔺] ▶ 대칭할 객체 선택합니다.

◎ TIP
대칭이동 도구는 객체를 지정 축 기준으로 좌우 또는 상하 반전시켜 정확한 대칭 구조를 빠르게 생성함. 이를 통해 창문, 가구, 구조물 등 반복 대칭 요소의 제작 시간을 절약하고, 설계의 정밀성과 일관성을 유지할 수 있음.

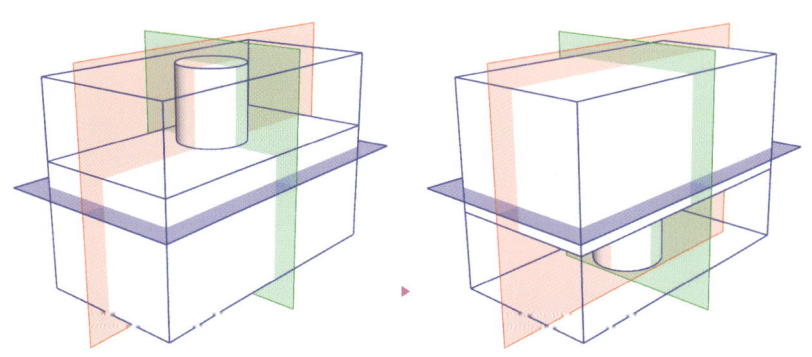

❷ 좌측 그림의 청색 축을 클릭하면 우측 그림처럼 제자리에서 대칭됩니다.

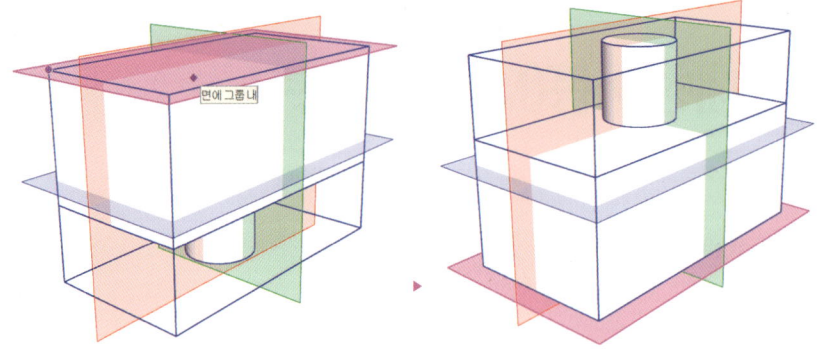

❸ 우측 그림에서와 같이 축이 아닌 객체의 면을 클릭(면을 기준으로)하면 클릭된 면
  을 축으로 좌측 그림처럼 대칭됩니다.

MEMO

CHAPTER

07 보고서 생성(Generative Report) 기능

스케치업을 활용하여 작성된 전체 또는 선택된 객체를 대상으로 치수, 볼륨, 재질, 레벨 등의 정보를 정리하여 보고서로 생성할 수 있습니다. 간단한 물량 산출 보고서 작성에 응용 가능합니다.

01 보고서 생성 따라하기

❶ 그림과 같이 제시된 크기의 박스와 원통을 작성하고 벽돌(좌)과 나무(우) 재질을 부여합니다.

MEMO

◎ TIP
추출 양식을 템플릿으로
저장하여 반복 사용 가능

❷ 상단 메뉴바 ▸ 파일 탭 ▸ [보고서 생성] 메뉴를 클릭합니다.

🔷 보고서 생성

🔷 Generate Report | Template Manager

⬍ Most Recent

+ Create New Template

Template Title

Component Quantities Report

Component Quantities Report

Creation Date

❸ 보고서 생성 창 ▸ +Create New Template를 클릭합니다.

◎ TIP
보고서 생성 기능은 모델
내 컴포넌트와 그룹의 속
성 데이터를 표 형식으로
추출하여 수량산출이나
견적 작업에 활용할 수
있음. 이를 통해 재료 목
록, 부품 정보, 치수 등의
정보를 자동화하여 문서
화하고, 설계-시공 간 데
이터 연계를 효율화할 수
있음.

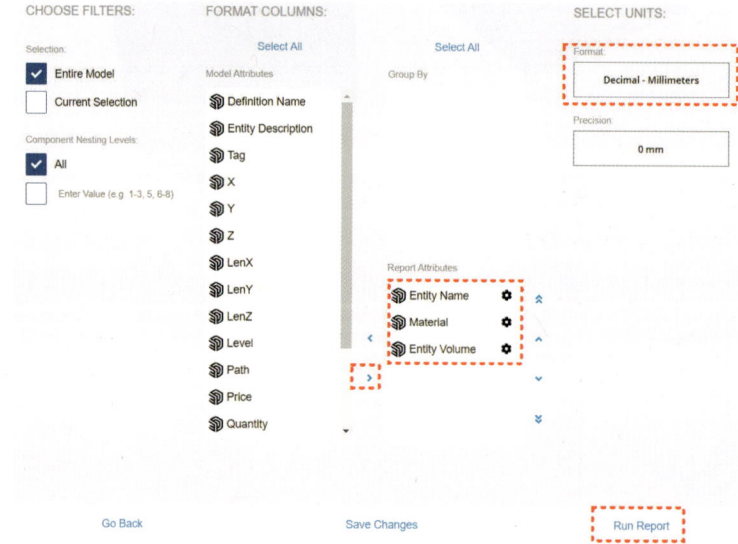

CHOOSE FILTERS: FORMAT COLUMNS: SELECT UNITS:

Selection: Select All   Select All   Format:
☑ Entire Model   Model Attributes   Group By   Decimal - Millimeters
☐ Current Selection   🔷 Definition Name
                      🔷 Entity Description   Precision:
Component Nesting Levels: 🔷 Tag   0 mm
☑ All   🔷 X
☐ Enter Value (e.g. 1-3, 5, 6-8) 🔷 Y
                      🔷 Z
                      🔷 LenX   Report Attributes
                      🔷 LenY   🔷 Entity Name   ⚙
                      🔷 LenZ   🔷 Material   ⚙
                      🔷 Level   🔷 Entity Volume ⚙
                      🔷 Path
                      🔷 Price
                      🔷 Quantity

Go Back   Save Changes   Run Report

❹ Model attributes에서 원하는 특성 선택 ▸ Report attributes로 이동 ▸ Format에서

Decimal-Millimeters로 변경 ▶ Run Report 클릭합니다.

UNTITLED 1

Entity Name	Material	Entity Volume
Model		0 cubic mm
BOX	Brick_01_1K	27000000000000004 cubic mm
CYLINDER	Wood_Veneer_15_1K	20964342653304180 cubic mm

❺ 작성된 보고서를 확인합니다.

❻ Download 버튼 클릭 ▶ 파일 이름 지정(확장자 .csv) ▶ 저장 버튼을 클릭합니다.
  저장된 파일은 엑셀(Excel)에서 열어 재편집할 수 있습니다.

MEMO

CHAPTER

08 스케치업 Diffusion 루비

스케치업 Diffusion은 Trimble에서 개발한 AI 기반 이미지 생성 기능으로, 스케치업 모델링과 연동하여 실시간으로 스타일화된 이미지, 컨셉 렌더링, 시각적 아이디어 스케치를 자동 생성할 수 있게 해주는 도구입니다.

01 스케치업 Diffusion 루비 설치

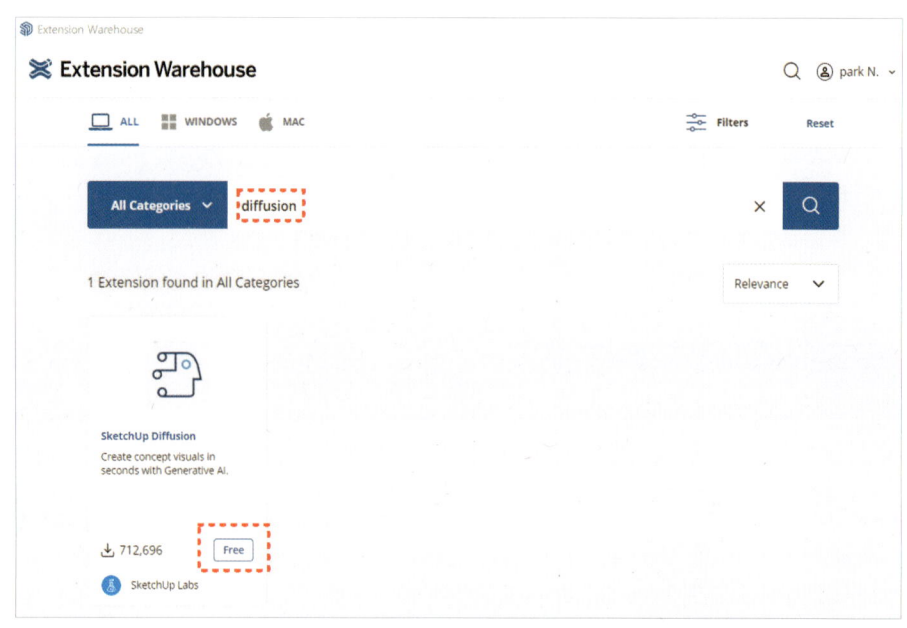

❶ Extension Warehouse -> [Diffusion] 검색 ▸ 설치 진행 ▸ 아이콘 생성 확인 합니다.

❷ 작성된 모델의 장면(Scene)을 설정 ▶ 아이콘을 클릭합니다.

◎ **TIP**
프롬프트(Prompt)란 생성형 AI에게 무엇을 만들어야 할지 지시하는 입력 문장 또는 명령어임. 텍스트 기반의 생성형 AI(예: ChatGPT, Stable Diffusion 등)에서 출력 결과의 방향과 스타일을 결정짓는 핵심 요소임.

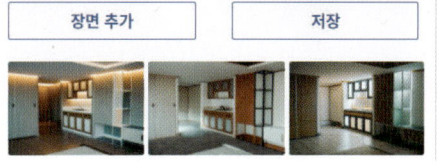

❸ Prompt를 입력하거나, [스타일]에서 미리 설정된 Prompt 스타일 선택 ▶ [생성] 버튼 클릭 ▶ 3가지 AI 기반 이미지 생성 ▶ 원하는 이미지를 선택합니다.

❹ [설정]에서 [모델 형상 준수] 값을 높이면 3D 모델 형상을 최대한 유지합니다. [프롬프트 영향] 값을 높이면 Prompt에 입력된 문자의 시각적 요소를 강하게 반영합니다. 두 값을 균형 있게 조절하면 모델 형상을 따르면서도 원하는 스타일의 AI 이미지를 생성할 수 있습니다.

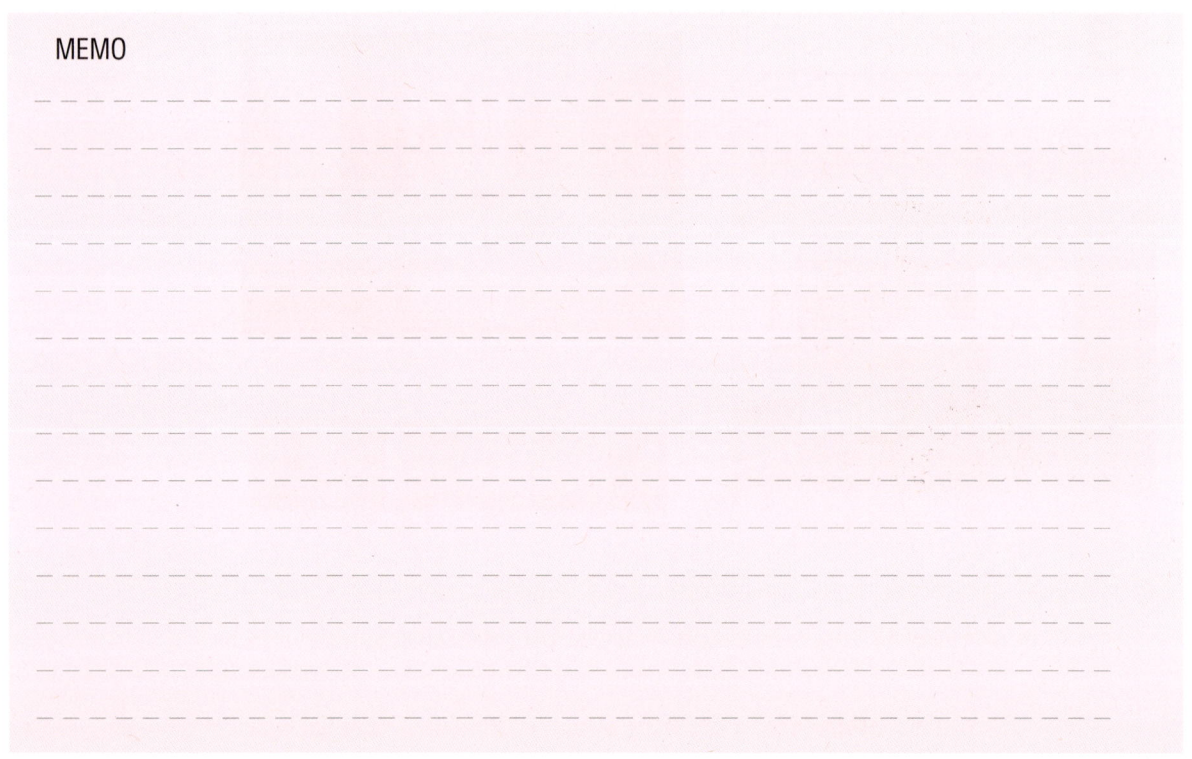

❺ [장면 추가]를 클릭하면 애니메이션 장면으로 등록됩니다. [저장]을 클릭하면 .png 포맷의 이미지 파일로 저장합니다.

MEMO

■ SketchUp 예제 1

TOP

FRONT

RIGHT

TOP

FRONT

RIGHT

TOP

PERSPECTIVE

FRONT

RIGHT(X-RAY)

■ SketchUp 예제 3

TOP

PERSPECTIVE

FRONT

RIGHT

50

450

450

TOP

목재 재질

PERSPECTIVE

따라가기 단면

R50

450

900

450

R50

50

FRONT

RIGHT

TOP

PERSPECTIVE

FRONT

RIGHT(X-RAY)

TOP

PERSPECTIVE

FRONT

RIGHT

TOP

PERSPECTIVE

FRONT

RIGHT

TOP

PERSPECTIVE

FRONT

RIGHT

TOP

PERSPECTIVE

금속 재질

컬러 : 진회색

950

200　550　200

200
200

FRONT

RIGHT

1600

100

25

132

122

33

R50

60

TOP

목재 재질

PERSPECTIVE

FRONT(X-RAY)　　　　　**RIGHT**

TOP

PERSPECTIVE

FRONT

RIGHT(X-RAY)

PERSPECTIVE

투명 재질
회색 컬러
노랑 컬러
금속 재질
글자체 : **Tahoma** / 깊이 1mm
문자크기 : 9mm

R15

TOP

RIGHT

LEFT

BACK(X-RAY)

목재 재질

색상 재질

50

PERSPECTIVE

50

550

1650

TOP

1500

400

BOTTOM

40

10

400

50

RIGHT

PERSPECTIVE

3DWarehouse : 'faucet' 찾아 삽입
삽입 후 축척 및 위치 조정

TOP

RIGHT

FRONT

LEFT

모깎기는 임의 처리

PERSPECTIVE

1500

600

TOP

625

105

35

20

705

650

550

570

50

25 30

RIGHT

25 25

LEFT

금속 재질

목재 재질

PERSPECTIVE

25

2

5

50

3

30

30

FRONT

25

15

HY견고딕

TOP

중심점
중심점
중심점

1/2 1/2
1/4 1/4 1/4 1/4

중심점

치수에 상관없이
자유롭게 제시된
로고들을 작성해
보세요

사각형의 중심과 일치함

임의 위치

모서리 호와 내부 원의 중심점은 동일함

1. 반경 1000mm / 조각 12개의 원을 작성 후 500mm로 돌출
2. 돌된출 상단면을 [배율, Scale] 도구를 활용하여 축소
3. [숨겨진 형상 표시] 체크 후 색상 적용

기준 면 하나를 모델링한 후 회전 복사 적용

PERSPECTIVE

조각 : 12개
반경 : 1000mm

2000
200
500
100
100
100
100
400

LEFT

1000

TOP

LEFT(X-RAY)

재질 : 패턴

재질 : 목재

PERSPECTIVE

150

중간점

호
돌출부
30mm

200

끝점

반경 : 15mm

TOP

반경 : 150mm

반경 : 75mm

절반 완성 후 따라가기 도구 활용하여 회전

150

돌출부 : 30mm

200

330

165

LEFT

150

300

반경 : 15mm

425

200

25

LEFT(X-RAY)

PERSPECTIVE

50

반경 5mm

50

돌출 3mm

가장자리 선을 선택 후 마우스 우측버튼을 클릭하여
[나누기] 기능으로 분할하여 주사위 점의 위치를 계획

■ SketchUp 예제 21

3D Modeling

Dimension 1

Dimension 2

Dimension

3D Modeling

■ SketchUp 예제 23

Dimension

3D Modeling

Dimension & 3D Modeling

Dimension & 3D Modeling

Dimension & 3D Modeling

Dimension & 3D Modeling

Dimension

3D Modeling

■ SketchUp 예제 28

Dimension

3D Modeling

■ SketchUp 예제 29

Dimension

3D Modeling

평면도

등각투상도

정면도

우측면도

■ SketchUp 예제 31

평면도

등각투상도

정면도

우측면도

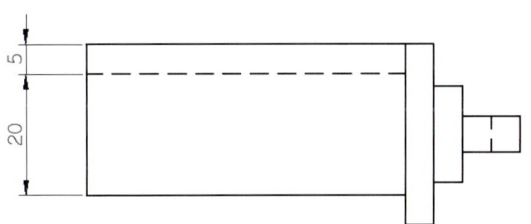

■ SketchUp 예제 32

Dimension   등각투상도

■ SketchUp 예제 33

평면도

등각투상도

정면도

우측면도

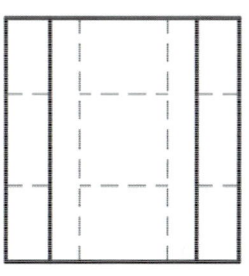

■ SketchUp 예제 34

평면도

등각투상도

정면도

우측면도

평면도

등각투상도

정면도

우측면도

■ SketchUp 예제 36

Dimension & 3D Modeling

3D Modeling

Dimension 1

Dimension 2

■ SketchUp 예제 38

Dimension

3D Modeling

■ SketchUp 예제 39

3D Modeling

Dimension 1

Dimension 2

Dimension & 3D Modeling

Dimension & 3D Modeling

저자
약력

[박남용]

건축공학박사

현) 전문건설공제조합 기술교육원 디지털건축설계과 전임교수

현) 한국기술교육대학교 능력개발원 건축분야 강사

현) 한국기술교육대학교 온라인평생교육원 건축분야 강사

현) ITGO 건축분야 온라인 콘텐츠 운영강사

현) Autodesk 국제 공인 강사

현) SketchUp 국제 공인 강사

현) 직업능력개발훈련교사(건축설계감리 · 건축시공 · 건축설비설계)

[인혜진]

미술학석사

현) 서울사이버대학교 건축공간디자인과 겸임교수

현) 그린컴퓨터아카데미 BIM강사

현) KG 아이티뱅크 평생교육원 설계, 운영강사

현) 한국기술교육대학교 능력개발원 건축분야 강사

현) 한국기술교육대학교 온라인콘텐츠 운영강사

현) 직업능력개발훈련교사(건축설계감리, 디자인, 문화컨텐츠, 영상제작)

현) 그린디자인테크 디자인 실장, 디자인연구소 소장

예제가 풍부한
AutoCAD & SketchUp

발　　행 | 2021년 1월 8일 초판1쇄
　　　　 | 2025년 9월 15일 개정1쇄

저　　자 | 박남용 · 안혜진
발 행 인 | 최영민
발 행 처 | 피앤피북
주　　소 | 경기도 파주시 신촌로 16
전　　화 | 031-8071-0088
팩　　스 | 031-942-8688
전자우편 | pnpbook@naver.com
출판등록 | 2015년 3월 27일
등록번호 | 제406-2015-31호

ISBN　979-11-94085-72-0　(93560)